Begabungsgerechtigkeit

Carolin Kiso · Judith Lagies
(Hrsg.)

Begabungsgerechtigkeit

Perspektiven auf stärkenorientierte
Schulgestaltung in Zeiten von Inklusion

 Springer VS

Herausgeberinnen
Carolin Kiso
Institut für Erziehungswissenschaft,
Schulpädagogik
Universität Osnabrück
Osnabrück, Deutschland

Judith Lagies
Institut für Erziehungswissenschaft,
Schulpädagogik
Universität Osnabrück
Osnabrück, Deutschland

ISBN 978-3-658-23273-3   ISBN 978-3-658-23274-0   (eBook)
https://doi.org/10.1007/978-3-658-23274-0

Die Deutsche Nationalbibliothek verzeichnet diese Publikation in der Deutschen National-
bibliografie; detaillierte bibliografische Daten sind im Internet über http://dnb.d-nb.de abrufbar.

Satz (extern): Swantje Kröger

Springer VS ist ein Imprint der eingetragenen Gesellschaft Springer Fachmedien Wiesbaden GmbH
und ist ein Teil von Springer Nature
Die Anschrift der Gesellschaft ist: Abraham-Lincoln-Str. 46, 65189 Wiesbaden, Germany

Danksagung

In erster Linie danken wir ganz herzlich unserer Mentorin, Prof. Dr. Claudia Solzbacher, die uns seit Jahren fördert und fordert und nicht müde wird, uns in unseren Begabungen zu stärken, weiter herauszufordern und anzuspornen und ohne die dieser Herausgeberinnenband gar nicht umgesetzt hätte werden können! Danke auch für die inhaltlichen und organisatorischen Anregungen und dafür, dass du all deine Erfahrungen mit uns geteilt hast. Danke, Claudia!

Wir danken allen Autorinnen und Autoren für ihre spannenden Beiträge und ihre je individuelle Perspektive auf die Themen des Herausgeberinnenbands. Danke auch für die Einhaltung des straffen Zeitplans! Danke an alle Autorinnen und Autoren!

Zudem danken wir Swantje Kröger für die akribische Durchsicht der Texte, die überaus fleißige und zuverlässige redaktionelle Arbeit sowie die Unermüdlichkeit beim wiederholten Überarbeiten des Manuskripts! Danke, Swantje!

Osnabrück im Juli 2018,
Carolin Kiso und Judith Lagies

Inhaltsverzeichnis

Perspektiven auf Lehrerinnen- und Lehrerbildung

Einleitung

Judith Lagies & Carolin Kiso

Begabungsgerechtigkeit – eine pädagogische Einordnung

Begabungsförderung ist ein Thema, das viel diskutiert wird. Die von der Kultusministerkonferenz beschlossene »Förderstrategie für leistungsstarke Schülerinnen und Schüler« wird aktuell in die Praxis transferiert. Ziel ist die begabungsgerechte Förderung von Schülerinnen und Schülern, »die bereits sehr gute beobachtbare Leistungen erbringen, ebenso wie Schülerinnen und Schüler, deren Potenziale es zu erkennen und durch gezielte Anregung und Förderung zu entfalten gilt« (KMK 2015: 3). Im wissenschaftlich pädagogischen Diskurs existieren einige Publikationen, die die Verschränkung von ›Begabung‹ beziehungsweise ›Hochbegabung‹ und ›Inklusion‹ thematisieren (vgl. z.B. Seitz et al. 2018; Preuß 2018; Behrensen/Solzbacher 2016). Unter der Prämisse von Inklusion wird ein uneingeschränkter Zugang zu Bildung anvisiert und das Ziel verfolgt, jedem Individuum die bestmögliche Entwicklung zu gewährleisten. Durch diesen Anspruch müsste auch die Frage nach Bildungsgerechtigkeit diskutiert werden. Ziel dieses Herausgeberinnenbandes ist es, Begabung vor dieser Hintergrundfolie einzuordnen und Anregungen für eine begabungsgerechte Schulgestaltung zu geben. Innerhalb der Einleitung soll daher der Begriff der Begabungsgerechtigkeit für den Herausgeberinnenband grundgelegt werden.

In der Grundsatzposition der Länder der Kultusministerkonferenz zur begabungsgerechten Förderung in Schule von 2009 wird der Begriff der Begabungsgerechtigkeit mit Aufgabenfeldern inhaltlich gefüllt:

»Die begabungsgerechte und entwicklungsgemäße Förderung ist Aufgabe aller Bildungseinrichtungen. Dabei sind alle Kinder und Jugendlichen einzubeziehen. Die Bildungseinrichtungen werden der Vielfalt vorkommender Begabungsausprägungen am besten durch eine individuelle Ansprache, durch eine fordernde und fördernde Lern- und Arbeitsatmosphäre sowie durch ein begabungsförderndes Umfeld gerecht. [...] Begabungsgerechte Förderung ist grundständiger Bestandteil des Bildungs- und Erziehungsauftrages aller Bildungseinrichtungen und soll in der gesamten Lernbiographie der Kinder und Jugendlichen vom Elementarbereich über die Primar- und Sekundarstufe hinaus bis in den Tertiärbereich umgesetzt werden. [...] Begabungsgerechte Förderung orientiert sich an der individuellen Begabung und der Persönlichkeit des Kindes bzw. Jugendlichen und an deren jeweils spezifischen Bedürfnissen. Vor dem Hintergrund des individuellen Entwicklungsstandes, der Lern- und Leistungsfähigkeit und der Belastbarkeit sind Fördermaßnahmen sowohl integrativ als auch in speziellen Gruppen möglich« (KMK 2009: 2).

© Springer Fachmedien Wiesbaden GmbH, ein Teil von Springer Nature 2019
C. Kiso und J. Lagies (Hrsg.), *Begabungsgerechtigkeit*,
https://doi.org/10.1007/978-3-658-23274-0_1

Die von der Kultusministerkonferenz angesprochenen Aufgabenfelder zur begabungsgerechten Förderung zielen insbesondere auf ein »begabungsförderndes Umfeld«, welches hauptsächlich durch eine Orientierung an den individuellen Bedürfnissen und Voraussetzungen der Schülerinnen und Schüler gekennzeichnet wird. Dabei bleibt die Kultusministerkonferenz in der Ausgestaltung der begabungsgerechten Förderung vage. Eine definitorische Ausdifferenzierung des Begriffs der Begabungsgerechtigkeit bleibt aus und es bleibt die Frage, wie das Konstrukt der Begabungsgerechtigkeit inhaltlich gefüllt werden kann. Im soziologischen Diskurs versteht Stojanov (2008) Begabungsgerechtigkeit als eine Unterkategorie der Verteilungsgerechtigkeit in dem Sinne, dass die Bildungsressourcen innerhalb der Schülerschaft entsprechend deren feststehenden Begabungen im Gegensatz zu Herkunft oder Leistung verteilt werden (vgl. Kap. 1). Stojanov kritisiert, dass eine so verstandene Begabungsgerechtigkeit auf einem statischen Verständnis von Begabung fußt und warnt vor einer Engführung des Konstruktes. Die Annahme, dass Schüler und Schülerinnen »durch genetische Dispositionen und oder frühkindliche Sozialisation in ihrer Persönlichkeitsentwicklung festgelegt sind«, widerspreche dem Prinzip des moralischen Respekts, »wonach bei jedem menschlichen Individuum das Potenzial vorausgesetzt werden muss, die Limitierungen seiner Dispositionen und Sozialisationsmuster zu überschreiten« (Stojanov 2008: 214). Von dieser Vorstellung von Begabungsgerechtigkeit soll sich im Folgenden abgegrenzt werden. Hoyer, Weigand und Müller-Oppliger (2013) ordnen den Begriff der Begabungsgerechtigkeit innerhalb eines begabungssensiblen Pädagogikdiskurses im Hinblick auf Teilhabeaspekte ein. Sie stellen fest: »Die Forderung nach entsprechender Begabungsgerechtigkeit angesichts gegenwärtiger gesellschaftlicher Verhältnisse stellt eine pädagogische, aber auch eine große politische Herausforderung dar« (2013: 85).

Ziel dieser Einleitung ist es die drei Säulen, die diesen Herausgeberinnenband maßgeblich bestimmen (Begabungsförderung, Bildungsgerechtigkeit und Inklusion), integrativ zu denken und Verbindungslinien zwischen ihnen herzustellen. Dazu wird sich zunächst dem Begriff der Bildungsgerechtigkeit genähert, um daran anschließend – ausgehend von einem breiten, dynamischen und individuell variierenden Begabungsverständnis – aufzuzeigen, wie Begabungsförderung zu Bildungsgerechtigkeit beitragen kann. Durch diese Annäherung kann schließlich der Begriff der Begabungsgerechtigkeit inhaltlich gefüllt und eingeordnet werden. Eine in diesem Herausgeberinnenband verstandene pädagogische Perspektive auf Begabung impliziert einen pädagogischen Blick auf Bildungsgerechtigkeit in einem inklusiven Setting, um daraus Handlungsempfehlungen auf der Unterrichtsebene ableiten, aber auch Impulse für Schulgestaltung geben zu können.

1 Begriffliche Auseinandersetzung: Bildungsgerechtigkeit

Seit 2009 das durch die UN-Charta ratifizierte Menschenrechtsabkommen die Handhabung für die Teilhabe von Menschen mit Behinderungen unter anderem auch im Bildungswesen festschreibt, spielt das Thema Inklusion vor allem in Bezug auf Schule eine große Rolle. Im Zuge eines weiten Inklusionsverständnisses, das Menschen in ihrer Vielfalt und Heterogenität anerkennt, stellen sich auch Fragen nach Bildungsgerechtigkeit.

Bildungsgerechtigkeit ohne expliziten Bezug zum Inklusionsdiskurs besagt beispielsweise bei Giesinger, dass Menschen ungeachtet ihrer finanziellen Möglichkeiten, ihres Geschlechts, ihrer Hautfarbe oder ethnischen Herkunft ein Bildungsniveau erreichen sollen, »das [ihnen] ein gutes Leben in einer modernen Gesellschaft ermöglicht«[1] (Giesinger 2007: 379). Heterogenität ist hier das Stichwort, welches maßgeblich mitzudenken ist, wenn in einem pädagogischen Kontext über die Frage nach Inklusion und Bildungsgerechtigkeit diskutiert wird. Dabei gilt es die verschiedenen Heterogenitätsdimensionen intersektional (Walgenbach 2012) zu denken, das heißt, die Überschneidung verschiedener Differenzlinien zu berücksichtigen und Zuschreibungen nicht aufgrund einer Merkmalsausprägung vorzunehmen.

Stojanov (2008) benennt drei den Gerechtigkeitsdiskurs aktuell prägende Formen der Bildungsgerechtigkeit: Verteilungs-, Teilhabe- und Anerkennungsgerechtigkeit. Die Verteilungsgerechtigkeit umfasst Fragestellungen nach einer gerechten Verteilung vorhandener Bildungsressourcen und -gütern. Bildungsgerechtigkeit kann in diesem Zusammenhang als »Ausgleich primär-sozialisatorischer Ungleichheiten« oder als »formell-gleiche Behandlung aller Schüler/innen nach ihren Leistungen« aufgefasst werden (Stojanov 2011: 29). Die Teilhabegerechtigkeit beinhaltet nach Nussbaum

---

[1] Giesinger beschreibt das Adjektiv ›gut‹ als dann erfüllt, wenn bei der Vergabe von gesellschaftlichen Positionen jedem der Platz zugesprochen wird, der ›faktisch am geeignetsten‹ (Giesinger 2007: 379) sei.

(2006) die Ermöglichung eines menschenwürdigen Lebens, in dem das Mi-
nimum an Eigenschaften und Fähigkeiten ausgebildet wird, das jedes Individuum zur Erreichung eines solchen benötigt. Die Anerkennungsgerechtigkeit ist als »Gewährleistung solcher institutionalisierten Interaktionsstruk-
turen im Bildungswesen aufzufassen, welche die Überschreitung der partikularen Herkunftslimitierungen der sich zu Bildenden [...] ermöglichen«
(Stojanov 2011: 29). Dabei unterscheidet Stojanov die Anerkennungsformen
des moralischen Respekts, die Fähigkeit, die Perspektive des ›generalisierten
Anderen‹ einzunehmen und die Anerkennungsform der Wertschätzung, die
Fähigkeit, »seine persönlichen und unverwechselbaren, biographisch einge-
betteten Eigenschaften und Kompetenzen so zu artikulieren, dass sie als ein
potentieller Beitrag und/oder eine Bereicherung für die Gesamtgesellschaft
gelten können« (Stojanov 2011: 42). Eine solche Anerkennung ermöglicht
den Schülerinnen und Schülern nach Stojanov die »Entfaltung ihres Potenzials zur individuellen Autonomie« (Stojanov 2008: 212). Da nicht alle Heranwachsende von vornherein in der Lage sind, eigenes Potenzial zum auto-
nomen Handeln zu nutzen, bedarf es Personen, die ohne Manipulation diese
Aufgabe begleitend unterstützen. Lehrkräfte können im Oevermannschen
Sinne (1996) vorübergehend als stellvertretende Krisenlöserinnen und -löser
für die Schülerinnen und Schüler fungieren. Als dauerhaftes Ziel gilt es, die
Schülerinnen und Schüler dann darin zu befähigen, ihre Krisen in naher
Zukunft alleine zu lösen beziehungsweise zu bewältigen. Hier kann dann
erneut mit Stojanov argumentiert werden, dem zufolge »Bildungsinstitutio-
nen und -interaktionen dann gerecht [sind], wenn sie diese Kultivierung bei
allen Educanden ermöglichen und wenn sie die entsprechenden sozialen
Voraussetzungen dafür bereitstellen« (Stojanov 2013: 57). In Bezug auf Giesinger bedeutet das, dass die Kinder und Jugendlichen in der Lage sein sollen, über die Möglichkeiten des von ihm anvisierten ›guten Lebens‹ selbst zu
entscheiden. Dimensionen dieser Art können den Anspruch erweisen, in
Zeiten von Inklusion auf besondere Bedarfe angewendet zu werden, um im
weiten Sinne inklusiv und gerecht zu handeln. Im Folgenden soll nun dargelegt werden, wie Begabungsförderung hie anknüpfen und einen Beitrag zu
Bildungsgerechtigkeit, wie sie hier verstanden wird leisten kann.

2 Begabungsförderung als Beitrag zu mehr Bildungsgerechtigkeit

Anliegen des Herausgeberinnenbands ist es unter anderem, in die Diskurse von Bildungsgerechtigkeit und Inklusion Begabung und Begabungsförderung mitzudenken. Dabei wird Begabungsförderung quer zu diesen Überlegungen angelegt und der Begriff der Begabungsgerechtigkeit eingeordnet. Im soziologischen Diskurs versteht Stojanov (2008) Begabungsgerechtigkeit als eine Unterkategorie der Verteilungsgerechtigkeit in dem Sinne, dass die Bildungsressourcen innerhalb der Schülerschaft entsprechend deren feststehenden Begabungen im Gegensatz zu Herkunft oder Leistung verteilt werden. Stojanov kritisiert, dass eine so verstandene Begabungsgerechtigkeit auf einem statischen Verständnis von Begabung fußt und warnt vor einer Engführung des Konstruktes. Die Annahme, dass Schüler und Schülerinnen »durch genetische Dispositionen und oder frühkindliche Sozialisation in ihrer Persönlichkeitsentwicklung festgelegt sind«, widerspreche dem Prinzip des moralischen Respekts, »wonach bei jedem menschlichen Individuum das Potenzial vorausgesetzt werden muss, die Limitierungen seiner Dispositionen und Sozialisationsmuster zu überschreiten« (Stojanov 2008: 214). Von dieser Vorstellung von Begabungsgerechtigkeit soll sich im Folgenden abgegrenzt werden. Es wird davon ausgegangen, dass Begabungsförderung dann gerecht ist, wenn sie geprägt ist durch die Annahmen, dass Begabung sich nicht immer in Performanz zeigt (2.1.), dass Begabung ein dynamischer Prozess ist (2.2.), dass Selbstkompetenzförderung die Begabungsentwicklung und Potenzialentfaltung stützt (2.3.), dass Begabungen ein breites Spektrum umfassen können und dass alle Menschen Begabungen besitzen (2.4.). Was diese Annahmen konkret bedeuten und inwiefern sich diese auf die Begabungsförderung auswirken, soll im Folgenden dargelegt werden.

2.1 Begabung zeigt sich nicht zwingend in Performanz

Das Verständnis von Begabung als Fähigkeitspotenzial impliziert, dass Faktoren existieren, die die Begabungsperformanz positiv oder negativ beeinflussen. Begabung ist somit nicht immer in Performanz sichtbar. Welche Faktoren eine Performanz von Potenzial in Leistung beeinflussen, wird in zahlreichen Mehrfaktorenmodellen grafisch dargestellt (vgl. z.B.

das Drei-Ringe-Modell nach Renzulli 1978, das Differenzierte Begabungs-
und Talentmodell von Gagné 2012 oder das Münchner (Hoch-
)Begabungsmodell nach Heller/Perleth 2007). Neuere Modelle nehmen in
ihrer Aufteilung der Faktoren zumeist eine Unterscheidung in personale
Merkmale, wie beispielsweise Stressbewältigung, Motivation sowie
Umweltmerkmale, z.B. Familienklima, finanzielle Ressourcen, Schulkli-
ma, vor (vgl. Trautmann 2016; Heller/Perleth 2007).

Begabung kann vor diesem Hintergrund als eine Dimension der Intersektionalität gesehen werden, die von weiteren Heterogenitätsdimensionen, wie beispielsweise Herkunft, Gender oder Ethnizität beeinflusst
wird (siehe hierzu Graalmann in diesem Band). Hoyningen-Süess und
Gyseler fordern aus einer sonderpädagogischen Perspektive heraus daher, auch »diejenigen Kinder und Jugendlichen im Blick [zu haben], die
zwar über ein hohes Begabungspotenzial verfügen, das sie jedoch aus
biologischen, emotionalen oder sozialen Gründen nicht umzusetzen in
der Lage sind und bei denen deshalb Beeinträchtigung der Entwicklung
diagnostiziert oder prognostiziert werden« (Hoyningen-Süess/Gyseler
2006: 24). Es gilt für solche Wechselwirkungen, die die Begabungsperformanz möglicherweise verstellen können, sensibilisiert zu sein. Hier
schließt sich der Kreis: wenn es gelingt, die Potenziale der Schülerinnen
und Schüler zu entfalten, können diese im Sinne einer Bildungsgerechtigkeit nach Giesinger ein Bildungsniveau erreichen, welches ihnen ein
»gutes Leben in einer modernen Gesellschaft ermöglicht« (Giesinger
2007: 379)[2]. Ziel sollte es daher sein, die eigenen Potenziale zu erkennen,
anzunehmen und zu zeigen, um diese als Chance auf ein gutes Leben
nutzen zu können.

---

[2] Kritisch festzuhalten bleibt, dass sich durch die Verwendung nicht weiter definierter
Konstrukte in der Definition weitere Fragen ergeben, wie beispielsweise wodurch ein ›gutes
Leben‹ gekennzeichnet ist und wer diese Bedeutung festlegt. Denkbar wäre, dass Schülerinnen und Schüler diese inhaltliche Füllung selbst übernehmen, diskutiert werden kann
dann, inwiefern dies eine Verantwortungsabschreibung an Schülerinnen und Schüler impliziert, die nicht alle die gleichen Ausgangsvoraussetzungen besitzen, und damit zu mehr
Bildungsungerechtigkeit beiträgt. Denkbar wäre auch, dass Lehrkräfte festlegen, was ein
gutes Leben ausmacht, allerdings würde dies den Schülerinnen und Schülern einen erheblichen Teil ihrer Mündigkeit absprechen

2.2 Begabung ist ein dynamischer Prozess

Begabungen wurden lange als angeborene Fähigkeitspotenziale definiert und mit einer darwinistischen Ausrichtung gekoppelt auch als Auslesekriterium herangezogen (vgl. z.B. Galton 1869)[3]. Mittlerweile ist unter der Annahme, dass Umweltmerkmale, aber auch personenbezogene Faktoren die Entwicklung von Begabungen beeinflussen, von einem Prozess des Begabens die Rede (vgl. z.B. Seitz et al. 2018). Somit wird Begabung zu einem lebenslangen Prozess. Diese dynamische Vorstellung zu Begabung kann in die Zeit der Bildungsreform der 1960er Jahre eingeordnet werden, in der für Chancengerechtigkeit[4] vor allem für ›Arbeiterkinder‹ (Dahrendorf 1965) plädiert wurde. Die Annahme, Begabung sei ein dynamischer Prozess, der von verschiedenen Faktoren abhängig sei, trug dazu bei, hemmende Sozialisationsfaktoren durch Förderung zu kompensieren.

Andererseits bedeutet eine dynamische Auffassung auch, dass bereits vorhandene Begabungen der Förderung bedürfen, sollen diese beibehalten werden bzw. optimalerweise sich noch weiterentwickeln. In einer Studie von Solzbacher et al. (2012) sehen Grundschullehrkräfte als Hauptziel von individueller Förderung das Fördern leistungsschwacher Schülerinnen und Schüler. Im Sinne einer Verteilungsgerechtigkeit (vgl. u.a. Rawls 1979; Stojanov 2013) wird Schülerinnen und Schülern, die leistungsschwach sind, eine besondere Bedürftigkeit zugesprochen, über die die vermehrte Förderung gerechtfertigt wird (vgl. auch Behrensen 2014). Diesem Grundgedanken versucht die Kultusministerkonferenz entgegenzuwirken, indem sie 2015 eine »Förderstrategie für leistungsstarke Schülerinnen und Schüler« beschlossen hat. Ziel ist die begabungsgerechte Förderung von Schülerinnen und Schülern, »die bereits sehr gute beobachtbare Leistungen erbringen, ebenso wie Schülerinnen und Schüler, deren Potenziale es zu erkennen und durch gezielte Anregung und Förderung zu entfalten gilt« (KMK 2015: 3). Ziel von Begabungsförderung ist es in diesem Sinne, Potenziale in einem dynamischen Prozess zu erkennen und anzuerkennen und Faktoren entgegenzuwirken, die das Entwickeln und Entfalten von Begabungen behindern.

---

[3] Auch in der ersten Hälfte des 20. Jahrhundert wurde beispielsweise das Modell des g-Faktors nach Spearman (1904) dazu verwendet, rassistische Auslesedurchführungen auf staatlicher Ebene zu legitimieren (siehe Boger in diesem Band).

[4] Zum politischen Diskurs zur Chancengleichheit bzw. Chancengerechtigkeit vgl. Stötzel/Wengeler (1995: 180-185).

2.3 Begabung wird durch Selbstkompetenzförderung begünstigt

Zu den bereits erwähnten personalen Merkmalen, die die Begabungsperformanz und Begabungsentwicklung beeinflussen, kann Selbstkompetenz gezählt werden (vgl. Behrensen/Solzbacher 2016). Selbstkompetenz
ist unter anderem dafür verantwortlich, dass »alle persönlichen Erfahrungen so ausgewertet und integriert werden, dass in jeder schwierigen
Situation, auch beim Lernen immer diejenige persönliche Kompetenz
eingesetzt werden kann, die gerade benötigt wird« (Kuhl/Künne/
Aufhammer 2011: 16). Selbstkompetenz ist auf der Grundlage der PSI-
Theorie (der Theorie der Persönlichkeits-System-Interaktionen) für die
Affektregulation, die Regulation von Emotionen verantwortlich (Kuhl
2001). Zur Selbstkompetenz zählen Einzelkompetenzen wie beispielsweise die Selbstmotivation, die Selbstbremsung, die Selbstberuhigung und
die Selbstkonfrontation. Als entscheidende Faktoren der Affektregulation
tragen diese unter anderem eine bedeutende Rolle dabei, ob Potenzial
sich in Performanz zeigen. »Je besser diese Fähigkeiten ausgebaut sind,
umso eher kann ein Kind oder Jugendlicher aus eigener Kraft Desinteres-
se oder Unlust überwinden und Energie für Handlung bzw. Lernen auf-
bringen« (Behrensen/Solzbacher 2016: 45)[5]. Selbstkompetenz kann damit
auch als Katalysator für negative Umweltmerkmale fungieren. Eine aus-
geprägte Selbstmotivation kann beispielsweise dabei helfen, auch unter
suboptimalen Bedingungen die Begabung auszuüben. Daher kann die
Ausbildung von Selbstkompetenz eine entscheidende Rolle in Form eines
Ausgleichs von Faktoren, die die Begabungsperformanz und -ent-
wicklung verstellen, spielen und somit zu mehr Bildungsgerechtigkeit
beitragen. Selbstkompetenzen wie beispielsweise Selbstmotivation und
Selbstberuhigung zu fördern, kann zudem dazu beitragen, dass Schülerinnen und Schüler im Oevermannschen Sinne (1996) in der Lage sind,
ihre Krisen eigenständig zu bewältigen und nicht mehr auf eine Motivation oder Beruhigung von außen angewiesen sind (vgl. auch
Kuhl/Künne/Aufhammer 2011; siehe auch Solzbacher in diesem Band).
Allerdings sind Selbstkompetenzen nicht bei jedem Kind selbstverständlich ausgeprägt. Auch hier findet sich eine heterogene Vielfalt an unter-

---

[5]   Behrensen und Solzbacher führen zudem einige Studien an, z.B. die Scholastik-Studie,
       die empirisch belegen, dass das Selbstkonzept eine Bedeutung bei der Begabungsper-
       formanz und/oder -entwicklung hat (vgl. Behrensen/Solzbacher 2016).

schiedlichsten Ausprägungen der verschiedenen Selbstkompetenzen bei jedem Individuum. Selbstkompetenzen sind ein Leben lang lernbar. Für ihre Entwicklung ist vor allem Beziehungsarbeit elementar. Vereinfacht ausgedrückt werden nach der PSI-Theorie dann Selbstkompetenzen ausgebildet, wenn negativer Affekt (z.b. Traurigkeit) extern reguliert wird (z.b. indem durch eine Bezugsperson beruhigt wird) und gleichzeitig das Selbst geöffnet ist (dies geschieht vor allem, wenn man sich angenommen und wertgeschätzt fühlt). So gelingt es, die Erfahrung der Regulation des negativen Affekts im Extentionsgedächtnis zu speichern. Beim Auftreten eines ähnlichen negativen Affekts kann dann auf diese Erfahrung zugegriffen werden und eine Selbstberuhigung stattfinden (Künne/Kuhl 2014). Auch hier ist erneut auf das Bild des Krisenlösers, der Krisenlöserin (Oevermann 1996) zu verweisen, der bzw. die maßgeblich dazu beiträgt, dass Schülerinnen und Schüler die Krisen in Zukunft selbst lösen können[6].

2.4 Begabung umfasst ein breites Spektrum und alle Menschen besitzen Begabungen

Einen ausschlaggebenden Anstoß dafür, eine Bereichsspezifizität von Begabung anzunehmen, gab vor allem die von Gardner herausgegebene Monografie »Frames of Mind«. Bei einer Analyse verschiedener neuropsychologischer Befunde hat Gardner »Indizien für multiple Intelligenzen« (Gardner 1983) gefunden und stellte sieben verschiedene, eigenständige Intelligenzen heraus, die er später noch erweiterte. Dies trug unter anderem dazu bei, den Intelligenzbegriff auszudifferenzieren und hinsichtlich nicht-intellektueller Bereiche zu erweitern (vgl. Trautmann 2016). Diese Bereichsspezifität wurde in den Begabungsdiskurs aufgenommen; so finden sich in den Mehrfaktorenmodellen beispielsweise auch kreative, musikalische und soziale Begabungen (vgl. z.B. Heller/Perleth 2007; Fels 1999).

Ausgehend von diesem breiten und dynamischen Begabungsverständnis rückte im pädagogischen Begabungsdiskurs in den letzten Jahren vor allem die Förderung der Begabungen in den Fokus (Behrensen/Solzbacher 2016). Um der Dynamik auch auf der Handlungsebene Rechnung zu tragen, wurde und wird sich für eine breit angelegte Bega-

---

[6] Für ein konkretes Konzept zur Selbstkompetenzförderung siehe auch Kuhl/Solzbacher/ Zimmer 2017.

bungsförderung ausgesprochen, die allen Kindern Begabungen unterstellt (z.B. Schenz 2012).

Wird davon ausgegangen, dass jedes Kind Begabungen besitzt und eine Entwicklung dieser zur Persönlichkeitsentwicklung und zur positiven Lebensführung beiträgt, kommt einer breit angelegten Begabungsförderung an (inklusiven) Schulen eine tragende Rolle zu. Die Frage, die bleibt, lautet, wie kann eine solch breit angelegte Begabungsförderung gestaltet werden, um »den bestmöglichen Bildungserfolg für alle Schülerinnen und Schüler zu ermöglichen«, wie es in der gemeinsamen Empfehlung der Hochschulrektorenkonferenz und Kultusministerkonferenz (2015) zur Lehrerinnen- und Lehrerbildung für eine Schule der Vielfalt heißt? Die Annahme eines dynamischen Begabungsverständnisses zielt zum einen darauf, bereits vorhandene Begabungen zu würdigen und zu fördern und zum anderen auf ein Bemühen, auch nicht sichtbare Potenziale zur Performanz zu bringen. Böker und Horvath (2018) sprechen in diesem Zusammenhang von einem »Spannungsfeld von Egalität und Exzellenz« (Böker/Horvath 2018: 9) bzw. Exklusion und Inklusion. Sie weisen darauf hin, dass eine Begabtenförderung, die lediglich dazu befähigt, diejenigen weiter »zu begaben«, die die »Spielregeln des Feldes« verstehen, also den etablierten Anforderungen zu entsprechen, dazu beiträgt, vorherrschende Ungerechtigkeiten zu reproduzieren (vgl. Böker/Horvath 2018). Es gilt folglich beide Spannungsfelder integrativ zu denken und sowohl die Tatsache anzunehmen, dass es Menschen gibt, die bestimmte Begabungen zeigen und ein Recht auf ihre Weiterentwicklung besitzen, als auch dass es Menschen gibt, die Potenziale in sich tragen, die unter Umständen verdeckt sind. Für eine entsprechende Begabungsförderung ist dann unter anderem ein abwechslungsreiches und vielschichtiges Lernangebot (das eventuell auch verdeckte Begabungen zum Vorschein bringt), aber auch das individuelle Eingehen auf die Schülerinnen und Schüler (mit ihren bereits bekannten Begabungen), relevant.

3 Begabungsgerechtigkeit: Konsequenzen für die Pädagogik

Auf der Grundlage eines solchen Verständnisses von Begabung meint der Begriff der Begabungsgerechtigkeit zusammengefasst, dass Menschen unabhängig von den unterschiedlichen Heterogenitätsdimensionen ein Recht darauf haben, entsprechend ihrer Potenziale gefördert und gefordert zu werden, wobei Potenziale und Begabungen breit und dynamisch aufgefasst werden. Werden also Begabungen ganz unterschiedlicher Art unabhängig von der sozialen Herkunft, des Geschlechts, von Gesundheit oder der Ethnizität in Schule zugetraut und anerkannt, kann dies ein Schritt in Richtung Bildungsgerechtigkeit sein. Dabei liegt eine große Herausforderung sicherlich im Dualismus von Orientierung am individuellen Kind, um dessen vorhandenen Begabungen zu fördern und Orientierung am Fächerkanon mit seinen curricularen Vorgaben und den hierzu bereits entwickelten Modellen zur Diagnostik und Förderung (vgl. z.B. Käpnick 1998; Neuber 2015).

Eine gerechte Begabungsförderung nun in einem inklusiven Schulsystem zu denken, bedarf dabei einer fundierten Reflexionsarbeit. Dazu zählt auch im Sinne eines weiten Inklusionsverständnisses Menschen nicht aufgrund einer Merkmalsausprägung dauerhaft einer Gruppe zuzuschreiben, zum Beispiel der Gruppe der Hochbegabten, sondern Leistungs- und beziehungsweise oder Lerngruppen flexibel neu zusammenzusetzen. Prozesse der De- und Rekategorisierung könnten dabei helfen, festgefahrene Zuschreibungen aufzuheben und Begabungen im Sinne der Anerkennungsgerechtigkeit (neu) zu entdecken (siehe dazu Boger in diesem Band).

Wenn unterschiedliche Auffassungen von Begabung integrativ gedacht werden, gilt es, Begabungsförderung vielfältig zu gestalten. Für die oben dargestellten Auffassungen von Begabung bedeutet dies, Förderung so zu konzipieren, dass auch noch nicht sichtbare Potenziale zur Performanz gebracht werden können. Hier eignet sich beispielsweise eine anregende Lernumgebung gekoppelt mit einer offenen und erwartungsleeren Haltung (siehe hierzu auch Algermissen oder Greiten in diesem Band). Für eine Gewährleistung des Prozesscharakters von Begabung bedarf es einer dementsprechenden Begabungsförderung, die dazu beiträgt, dass Begabungen sich entwickeln können, sich also auch ändern und verschieben können (siehe hierzu Kiso in diesem Band). Zur Umsetzung einer Selbstkompetenzförderung können eine beziehungssensible Haltung (siehe Solzbacher in diesem Band) sowie selbstkompetente Lehrkräfte eine entscheidende Rolle spielen (siehe Lagies in diesem Band). Für den breiten Charakter von Begabungen sind mehrdimensionale Zugänge nötig, damit durch eine Adressierung gezeigt wird: »wir trauen dir Begabungen zu«. Dazu muss es diese mehrdimensionalen Zugänge sowohl im Stundenplan als auch im Schulgebäude überhaupt geben (siehe hierzu Draber in diesem Band). Aber auch auf der Ebene der Unterrichtsgestaltung müssen beispielsweise passende Aufgabenformate praktiziert werden, damit eine entsprechende Begabungsförderung bereits auf der Mikroebene gelingen kann (siehe hierzu Reintjes in diesem Band). So erscheint Begabungsförderung mit einem bildungsgerechten Anspruch vereinbar, werden die einzelnen Angebote unter einer anerkennungstheoretischen Prämisse gedacht. Ein Recht auf Begabungsförderung findet sich ebenfalls in der Behindertenrechtskonvention wieder, wenn es heißt »States Parties shall ensure an inclusive education system at all levels and life long learning directed to: a) The full development of human potential and sense of dignity and self-worth, and the strengthening of respect for human rights, fundamental freedoms and human diversity« (United Nation 2006: Article 24). Dies ist unabhängig davon, ob Inklusion eng, also beschränkt auf die Inklusion von Menschen mit Behinderung oder weit, im Sinne der »Pädagogik der Vielfalt« (Prengel 1993), die die Einzigartigkeit eines jeden Menschen in den Vordergrund stellt, gedacht wird. Es resultiert eine Begabungsförderung im inklusiven Kontext, die Potenziale, Ressourcen und Begabungen im Jetzt nutzt und nicht einzig auf die Zukunft (und damit die Selektionsfunktion von Schule) ausgerichtet ist. So lässt sich eine Begabungsgerechtigkeit nicht mehr im Sinne einer statischen Verteilung verstehen, sondern als Ermöglichung individueller Autonomie im Hier und Jetzt, die dafür sorgt, dass die Schülerinnen und Schüler es unabhängig ihnen zugeschriebener Heterogenitätsdimensionen schaffen, ein »gutes Leben« im Sinne von Giesinger zu führen und dabei unabhängig des etablierten Begabungsbegriffs Möglichkeiten erhalten, Positionen innerhalb der Gesellschaft, die sie sich selbst wünschen, zu erreichen. Damit bedeutet Begabungsgerechtigkeit ausgehend von einem weiten, dynamischen und vielfältig individualisierten Begabungsbegriff eine Befähigung, eigenes Begabungspotenzial zu nutzen und weiter zu entwickeln. Begabungsgerechtigkeit ist in diesem Sinne nicht der Verteilungsgerechtigkeit zuzuordnen. Wenn davon auszugehen ist, dass eine solche Befähigung, wie sie auch in der Ausbildung von Selbstkompetenz geleistet wird, dazu beiträgt die Schülerinnen und Schüler in ihrer Autonomie zu unterstützen und »die Limitierungen und Vorformungen ihrer partikularen familiären Sozialisation – und letztlich ihrer Herkunft – überschreiten [zu] können« (Stojanov 2011: 42), kann Begabungsgerechtigkeit in diesem Sinne allenfalls der Anerkennungsgerechtigkeit zugeordnet werden.

4 Strukturierung des Herausgeberinnenbands

Die hier postulierten und ideellen Ansprüche an Individualisierung stehen dabei im antinomischen Verhältnis zur Organisation von Massenlernprozessen (vgl. Trautmann/Wischer 2010). Hier merkt Stojanov (2008) an, dass sich darüber verständigt werden müsse, welche Grundfähigkeiten alle Jugendlichen haben müssen, wenn sie die Schule verlassen, ungeachtet ihrer ihnen zugesprochenen unterschiedlichen Begabungen. Er stellt die Frage, welchen Beitrag Schule in Fragen struktureller Diskriminierung leistet, wenn es darum geht, ausgewählte Begabungen besonders zu fördern und zu fordern, andere dagegen nicht. Allein durch die Dreigliedrigkeit des Schulsystems und der Selektionsfunktion von Schule wird die Ermöglichung individueller Autonomie und Selbstverwirklichung der Kinder und Jugendlichen behindert. Damit die unterschiedlichen Begabungen der Kinder und Jugendlichen in der Schule einen Raum bekommen, sollten Lehrkräfte auf einer unterrichtlichen Ebene versuchen, hier Möglichkeiten zu geben, die eben nicht ungerecht wirken.

Dieser Herausgeberinnenband soll das Blickfeld bewusst weiten und zeigen, wie Potenziale von Schülerinnen und Schülern aufgedeckt, entfaltet und in Leistung überführt werden können. Dies umfasst sowohl an der Individual-, Kriterial- als auch der Sozialnorm festgemachte Potenziale. Wie kann es im Schulalltag gelingen, Begabungen zu erkennen und sichtbar zu machen?

Der Herausgeberinnenband »Begabungsgerechtigkeit. Perspektiven auf stärkenorientierte Schulgestaltung in Zeiten von Inklusion« trägt diesen Fragen Rechnung. Ziel ist es, in die Thematik einzuführen und einen Einblick in die Unterrichts- und Schulentwicklung auf dem Weg zu einer begabungsgerechten Schule zu geben. Der Herausgeberinnenband ist in drei Blöcke eingeteilt: in einem ersten Block werden grundlegende Perspektiven auf Begabungsförderung, Bildungsgerechtigkeit und Inklusion aufgezeigt, wobei in jedem der drei Artikel eines der Schlagworte hauptsächlich fokussiert und vor der Hintergrundfolie der Diskurse der anderen beiden Schlagworte diskutiert wird. In einem zweiten Block

werden Perspektiven auf ausgewählte schulische Handlungsfelder ge-
bündelt, die unterschiedliche Schwerpunktsetzungen liefern: beispielsweise werden Themen wie Ressourcenorientierung, Lerndispositionen
und Underachievement im Hinblick auf die drei Themenschwerpunkte
diskutiert. Ein letzter Block wirft Perspektiven auf die Lehrerinnen- und
Lehrerbildung, wobei hier die Umsetzung auf hochschuldidaktischer
sowie struktureller Ebene der Hochschule anvisiert wird.

4.1 Perspektiven auf Grundlagen von Begabungsförderung,
   Bildungsgerechtigkeit und Inklusion

In diesem ersten Teilbereich werden die Bezüge zwischen Begabungsförderung, Bildungsgerechtigkeit und Inklusion grundgelegt.

Claudia Solzbacher beleuchtet in ihrem Beitrag »Begabungsförderung
inklusiv gedacht – inklusiv gemacht: Den Potenzialen von (leistungsfähigen) Schülerinnen und Schülern gerecht werden«, welchen Stellenwert
individuelle Förderung für die Potenzialentwicklung der Schülerinnen
und Schüler hat. Solzbacher thematisiert den Diskurs zur Unterscheidung zwischen Begabungs- und Begabtenförderung und wirft einen pädagogischen Blick auf die Entwicklung und die Voraussetzungen der
Entfaltung von Begabungen. Dabei betont sie, dass Potenzial eben nicht
mit Leistung gleichgesetzt werden kann. Orientiert am Münchner Hochbegabungsmodell von Heller und Perleth (2007) wird die Frage beantwortet, welche Maßnahmen nötig sind, um Potenzial in Leistung zu
überführen. Dabei ist das Zusammenspiel von Begabungsfaktoren mit
jeweils den nicht-kognitiven Persönlichkeitsmerkmalen sowie den Umweltmerkmalen ausschlaggebend dafür, ob das Fähigkeitspotenzial in
Leistungsbereiche überführt werden kann. Für Solzbacher sind hier vor
allem sogenannte Selbstkompetenzen (wie beispielsweise die Selbstmotivierung oder Selbstberuhigung) relevant, um dieses Ziel zu erreichen.
Hierbei kann als erziehungswissenschaftliche Weiterentwicklung das
Zusammenwirken dieser Selbstkompetenzen mit den Umweltmerkmalen
verstanden werden. Lehrkräfte können somit in zweifacher Hinsicht die
Begabungsentfaltung beeinflussen: zum einen direkt, indem sie an den
Begabungen der Schülerinnen und Schüler ansetzen, und zum anderen
indirekt über eine Förderung der Selbstkompetenzen, die wiederum auf
die Begabungsentwicklung einwirkt.

Am unverstellten Blick auf Begabung setzt auch *Katharina Graalmann* mit ihrem Aufsatz »Begabungen (an-)erkennen und optimal fördern! Ein intersektionaler Blick auf Begabung und Bildungsgerechtigkeit« an. Sie versteht Begabung als multiperspektivisch und als eine eigenständige Heterogenitätsdimension. Begabung ordnet sie dabei als Teilmenge von Intersektionalität ein, die ein grundlegendes Paradigma für eine bildungsgerechte Schule darstellt und eine Möglichkeit zur Ungleichheitsanalyse bietet. Insgesamt lässt sich Begabung als Dimension von Intersektionalität in die Ebene der Bildungsgerechtigkeit einordnen, die vor allem die Ziele von Anerkennung, aber auch Teilhabe und Verteilung anvisiert. Diese strukturellen Überlegungen münden auf der Ebene der handelnden Akteure und Akteurinnen einer reflektierten Auseinandersetzung mit den theoretischen Modellen. Gemäß des Anti-Bias-Ansatzes spricht sich Graalmann für ein Kaleidoskop diverser Begabungszugehörigkeiten aus. Durch eine angestrebte Begabungssensibilisierung aufseiten der Pädagoginnen und Pädagogen können hier Strategien entwickelt werden, damit einzelne andere Heterogenitätsdimensionen eben nicht den Blick auf Begabungen verstellen.

Den Bogen zur Inklusionsdebatte schlägt *Mai-Anh Boger* mit ihrem Aufsatz »Implikationen des Dekategorisierungsdiskurses der Inklusionspädagogik für den Begabungsbegriff«. Sie zeigt verschiedene Wege der Dekategorisierung, Rekategorisierung, Dekonstruktion und Rekonstruktion von Begabung innerhalb der Inklusionspädagogik auf. Ein reflektierender und sensibilisierender Blick steht dabei im Fokus. Dabei wird kritisch mitgedacht, dass Dekategorisierung als ambivalentes Vorgehen gilt. Boger bricht also eine typische Vorgehensweise in der Pädagogik auf, indem sie Kategorien, die Struktur und Orientierung geben können, aufhebt. Wenn im heutigen Bildungssystem inklusiv gehandelt werden soll, dann bedarf es eines ungetrübten Blickes auf die Phänomene aus dem Schulalltag. Aktuelle Begabungsbegriffe sind derzeit noch nicht mit den Anforderungen inklusiver Schule vereinbar. Durch eine bewusste Reflexion und die kritische Auseinandersetzung mit Begriffsgenesen kann ein solch ungetrübter Blick angestrebt werden. Boger zeigt folgende Schritte auf, damit ein möglicher Begabungsbegriff kompatibel für eine inklusive Schule wird: Ent-Essenzialisierung, Abkehr von Substanzialisierung, Hinwendung zu dynamischen Begabungsmodellen sowie eine Ressourcenorientierung statt einer Defizitorientierung. Das Durchkonju-

gieren des Trilemmas Empowerment, Normalisierung und Dekonstruktion in Bezug auf die Inklusionsdebatte und die Verortung von Begabung
in dieser runden den Beitrag ab und laden zu einem herausfordernden
Gedankenspiel ein.

4.2 Perspektiven auf ausgewählte schulische Handlungsfelder

Ein zweiter Block mit Beiträgen zu ausgewählten Aspekten der Begabungsförderung liefert sowohl wissenschaftliche Auseinandersetzungen
als auch praktische Beispiele zur Schulgestaltung.

Ulf Algermissen zeigt in seinem Beitrag »Begabungen und individuelle
Lernvoraussetzungen bei Schülerinnen und Schülern in Förderschulen
finden und entwickeln – mit ›Kindern gemeinsame Sache machen‹« Möglichkeiten auf, wie über das Lernen an einer gemeinsamen Sache Begabungen entdeckt und gefördert werden können. Aus seinem Schulalltag
als Leiter einer Förderschule mit dem Förderschwerpunkt sozial-
emotionale Entwicklung führt er Beispiele an, wie an die individuellen
Lernvoraussetzungen der Schülerinnen und Schüler angeknüpft wird,
um ihren Potenzialen gerecht zu werden. Anschlussfragen an Regelschu-
len, die nun inklusiv arbeiten (sollen), ergeben sich zwangsläufig, wenn
sich exemplarisch mit dem Förderschwerpunkt sozial-emotional auseinandergesetzt wird. Insgesamt macht sich Algermissen für eine kollektive Haltung im Kollegium stark, die an den Stärken der Kinder und Jugendlichen ansetzt und über das Wahrnehmen unterschiedlicher Lerndispositionen einen Beitrag für Bildungsgerechtigkeit leisten kann.

Carolin Kiso schließt hier an und fokussiert eine Orientierung an den
Ressourcen von Kindern und Jugendlichen und legt dar, wie eine solche
Ressourcenorientierung als grundlegende Haltung gelebte die Bega-
bungsförderung der Schülerinnen und Schüler unterstützen kann. Res-
sourcenorientierung meint dabei nicht nur, mit einem konkreten Instru-
ment die Ressourcen aufzuzeigen, sondern viel mehr dauerhaft im
Schulalltag neben den Defiziten auch die Ressourcen in den Blick zu
nehmen. Ziel des Beitrags ist es, dafür zu sensibilisieren, was eine solche
Orientierung an den Stärken der Kinder in einem eher defizitorientierten
System Schule, in dem der Fokus häufig auf den Fehlern und dem
›Nicht-Können‹ liegt, für Vorteile bringen kann. Und zwar Vorteile in
zweifacher Hinsicht: Zum einen, indem Ressourcenorientierung direkt

dazu beitragen kann, die Begabungen der Schülerinnen und Schüler aufzudecken und zu nutzen – dort, wo Ressourcen und Stärken erwartet,
aber auch zugetraut werden und damit eine anregende Lernumgebung
gestaltet wird, können eher Potenziale, vor allem versteckte, in Performanz umgesetzt werden –, und zum anderen, indem ein Hervorheben
der Stärken zur Entwicklung von Selbstkompetenz beitragen kann.

Heike Draber gibt als stellvertretende Schulleiterin der Grundschule
auf dem Süsteresch durch ihren Artikel »Jedes Potenzial jederzeit fördern
– Erfahrungen aus der Grundschule auf dem Süsteresch in Schüttorf
(Niedersachsen)« Einblicke, wie individuelle Begabungsförderung bei ihr
an der Schule umgesetzt wird. Die Grundschule auf dem Süsteresch
wurde im Jahr 2016 vor allem für ihr individualisiertes Lernen und die
Partizipation der Schülerinnen und Schüler mit dem Deutschen Schulpreis ausgezeichnet. Innovative Strukturen überzeugen Elternschaft,
Schülerinnen und Schüler, Wissenschaft sowie Pädagoginnen und Pädagogen. Besonders begünstigend sind für eine nachhaltige Begabungsförderung offene Lernformen, der Wechsel zwischen Lern- und Freizeit
sowie der Plenumsunterricht und die Projektarbeit. Die Grundschule im
Allgemeinen hat als Schulform sämtliche Leistungsspektren zu bedienen.
Unterschiedliche und vielfältige Begabungen kommen hier zusammen,
fordern aber dementsprechend auch heraus. Draber zeigt Strategien auf,
wie bei ihr an der Schule auf dem Süsteresch trotz der oder besser gerade
durch die Heterogenität der Schülerinnen und Schüler die Begabungen
der Kinder gefördert werden und inwiefern dies ein Beitrag zu mehr
Bildungsgerechtigkeit liefern kann.

Silvia Greiten stellt in ihrem Aufsatz »Hochbegabte Underachiever –
Impulse zur Schul- und Unterrichtsentwicklung. Befunde aus Fallstudien« Ergebnisse einer qualitativen Fallanalyse vor. Zunächst setzt sich
Greiten mit dem Konstrukt Leistung auseinander und nimmt eine Unter-
teilung in Potenzial und Performanz vor. Damit versucht sie dafür zu
sensibilisieren, dass nicht immer auch das Potenzial, das erbracht werden
kann, gezeigt wird. Sie zeigt die Diskurse um das Phänomen Underachievement auf. Was bedeutet es, ein Minderleister bzw. eine Minder-
leisterin zu sein und ab wann werden Menschen als Minderleisterinnen
und Minderleister bezeichnet? Es folgt eine exemplarische Darstellung
von zwei Fällen aus ihrer Studie, mit denen sie aufzeigt, was es für Kinder und Jugendliche im Schulkontext bedeuten kann, nicht die Leistung

zu erbringen, die aufgrund des eigentlichen Potenzials angenommen werden kann. Dabei nimmt sie die Perspektive der als hochbegabt getesteten Minderleisterinnen und Minderleister ein. Ziel ist es, die Verhaltensweisen und Denkmuster der Schülerinnen und Schüler, die nicht ihr volles Potenzial ausschöpfen, darzulegen, um sie besser einschätzen und daraus resultierend besser fördern zu können. Indem nicht nur getestete ›Hochbegabte‹ mit einem Intelligenzquotienten von über 130 Punkten in diesen Blick fallen, sondern eben alle Kinder mit ihren je individuellen Begabungen und Potenziale, lässt sich ein Paradigmenwechsel von einem eindimensionalen hin zu einem mehrfaktoriellen Begabungsbegriff vollziehen. Das Auskennen mit dem Phänomen Underachievement ist eine Mindestvoraussetzung, damit Pädagoginnen und Pädagogen einen weniger verstellten Blick auf Begabungen haben und damit sensibilisiert im Handlungsfeld agieren können.

4.3 Perspektiven auf Lehrer- und Lehrerinnenbildung

In einem abschließenden Block folgen Beiträge zu inklusiver Begabungsförderung in der Lehrerinnen- und Lehrer(aus)bildung.

Auf didaktischer Ebene setzt sich *Christian Reintjes* mit der Frage auseinander, wie Aufgabengestaltungen ein Schlüssel zur Begabungsentfaltung sein können. Eine wichtige Aufgabe von Wissenschaft und Schulpraxis sieht er darin, Lernaufgaben verstärkt an die Erfordernisse des kompetenzorientierten Unterrichts anzupassen sowie ihre Wirksamkeit am Ziel des Kompetenzauf- und -ausbaus empirisch zu überprüfen. Mit zunehmender Komplexität der zu erwerbenden Fachinhalte steigen auch die Ansprüche an Lern- und Leistungsaufgaben, was die kognitiven Anforderungen, die Unterstützung des Lernens durch Materialien, die Breite und Tiefe der erfassten Fähigkeiten usw. angeht. Zusätzlich rückt die Frage in den Vordergrund, auf welche Weise Lehrkräfte selber das Entwickeln von Aufgaben erlernen sollen. Der Beitrag zeigt einerseits Forschungsfelder für die Begabten- und Begabungsförderung auf sowie andererseits Potenziale zur Reflexion und Gestaltung hochschulischer Lehre in der Lehrer- und Lehrerinnenausbildung.

Judith Lagies gibt Einblicke, inwiefern eine inklusive Begabungsförderung bereits innerhalb der Lehrer- und Lehrerinnen(aus)bildung an Universitäten etabliert ist. Neben klassischen Formen wie Stipendien und

Begabtenförderungswerken soll ein Blick auf die Struktur im Hinblick auf Enrichment und Akzeleration geworfen werden. Was wäre möglich? Wie sieht der Alltag aus? Und wie sollen angehende Lehrerinnen und Lehrer eine begabungsgerechte Förderung später in ihrem Berufsfeld Schule umsetzen, wenn sie selbst nur standardisierte Lehre erlebt und durchlaufen haben? Welche Ausbildung benötigen angehende Lehrkräfte, um gerechtes, begabungsförderndes Lehren und Lernen zu initiieren? Anhand der Definition von inklusiver Begabungsförderung nach Solzbacher und Behrensen (2015) werden die einzelnen Säulen (Begabungsverständnis, Selbstkompetenzförderung, individuelle Förderung Ressourcenorientierung und eine wertschätzende Haltung) in Bezug auf die Universität durchkonjugiert. Inwiefern kann bereits eine inklusive Begabungsförderung an der Universität stattfinden, ohne große strukturelle Änderungen vorzunehmen? Und welchen Beitrag kann dies in Bezug auf mehr Bildungsgerechtigkeit leisten? Ein Vorschlag von niedrigschwelligen Mentoring-Programmen vereint die verschiedenen Überlegungen.

Der Herausgeberinnenband versucht durch die verschiedenen Beiträge eine pädagogische Perspektive auf Begabungsgerechtigkeit stark zu machen und dabei vor allem die Einordnung von aktuellen Begabungsdiskursen zu berücksichtigen. Dabei wird sich bewusst gegen einen statischen Begabungsbegriff ausgesprochen und die Dynamik sowie Bereichsspezifität von Begabungen hervorgehoben. Durch diesen Zugang erhoffen wir uns einen Beitrag zur Diskussion über Bildungsgerechtigkeit und damit auch im weiten Sinne über Inklusion zu leisten.

Literatur

Behrensen, B. (2014): Gerechtigkeit und die professionelle pädagogische Haltung von Lehrkräften. In: Schwer, C., Solzbacher, C. (Hg.): Professionelle pädagogische Haltung. Historische, theoretische und empirische Zugänge zu einem viel strapazierten Begriff. Bad Heilbrunn: Klinkhardt, S. 125-138.

Behrensen, B., Solzbacher, C. (2016): Grundwissen Hochbegabung in der Schule. Theorie und Praxis. Weinheim, Basel: Beltz.

Böker, A., Horvath, K. (2018): Ausgangspunkte und Perspektiven einer sozialwissenschaftlichen Begabungsforschung. In: Böker, A., Horvath, K. (Hg.): Begabung und Gesellschaft. Wiesbaden: Springer, S. 7-26.

Dahrendorf, R. (1965): Arbeiterkinder an deutschen Universitäten. Tübingen: Mohr.

Fels, C. (1999): Identifizierung und Förderung Hochbegabter in den Schulen der Bundesrepublik Deutschland. Stuttgart: Haupt.

Gagné, F. (2012): Building gifts into talents: Brief overview of the DMGT 2.0. https://dl.dropboxusercontent.com/u/17557857/Site%20Web/Site%20Web%20anglais/DMGT%202%20EN%202012%20Overview.pdf. Zugriff am 11.02.15.

Galton, F. (1869): Hereditary genius. http://galton.org/books/hereditary-genius/galton-1869-Hereditary_Genius.pdf. Zugriff am 07.04.16.

Gardner, H. (1983): Frames of Mind: The Theory of Multiple Intelligences. New York: Basic Books.

Giesinger, J. (2007): Was heißt Bildungsgerechtigkeit? In: Zeitschrift für Pädagogik, Jg. 53, Nr. 3, S. 362-381.

Heller, K. A., Perleth, C. (2007): Talentförderung und Hochbegabtenberatung in Deutschland. In: Heller, K. A., Ziegler, A. (Hg.): Begabt sein in Deutschland. Berlin: Lit, S. 139-170.

Hochschulrektorenkonferenz und Kultusministerkonferenz (2015): Lehrerbildung für eine Schule der Vielfalt. https://www.schulministerium. nrw.de/docs/Recht/LAusbildung/KMK-Beschluesse/Schule-der-Vielfalt.pdf. Zugriff am 12.01.2018.

Hoyer, T., Weigand, G., Müller-Oppliger, V. (2013): Begabung. Eine Einführung. Darmstadt: Wissenschaftliche Buchgesellschaft.

Hoyningen-Süess, U., Gyseler, D. (2006): Hochbegabung aus sonderpädagogischer Sicht. Bern: Haupt.

Käpnick, F. (1998): Mathematisch begabte Kinder: Modelle, empirische Studien und Förderungsprojekte für das Grundschulalter. Frankfurt/Main: Lang.

Künne, T., Kuhl, J. (2014): Was ist eigentlich Selbstkompetenz? Persönlichkeits-System-Interaktionen als Grundlage von Selbstkompetenz(förderung) – Die PSI-Theorie. In: Solzbacher, C., Calvert, K. (Hg.):»Ich schaff' das schon ...« Wie Kinder Selbstkompetenz entwickeln können. Freiburg im Breisgau: Herder, S. 35-52.

Kuhl, J. (2001): Motivation und Persönlichkeit. Interaktionen psychischer Systeme. Göttingen: Hogrefe.

Kuhl, J., Künne, T., Aufhammer, F. (2011): Wer sich angenommen fühlt, lernt besser: Begabungsförderung und Selbstkompetenzen. In: Kuhl, J., Müller-Using, S., Solzbacher, C., Warnecke, W. (Hg.): Bildung braucht Beziehung. Selbstkompetenz stärken – Begabungen entfalten. Freiburg: Herder, S. 15-27

Kuhl, T., Solzbacher, C., Zimmer, R. (2017): WERT: Wissen, Erleben, Reflexion, Transfer: Ein Konzept zur Stärkung der professionellen Haltung von pädagogischen Fach- und Lehrkräften. (Selbst-) kompetent bilden – Kinder nachhaltig stärken. Baltmannsweiler: Schneider Hohengehren.

Kultusministerkonferenz (KMK) (2009): Grundsatzposition der Länder zur begabungsgerechten Förderung. (Beschluss 10.12.2009). Berlin.

Kultusministerkonferenz (KMK) (2015): Förderstrategie für leistungsstarke Schülerinnen und Schüler. (Beschluss 11.06.2015). Berlin.

Neuber, N. (2015): Individuelle Förderung im Sport Fachdidaktische Ansätze und Perspektiven. In: Fischer, C., Fischer-Ontrup, C., Käpnick, F., Mönks, F.-J., Solzbacher, C. (Hg.): Giftedness Across the Lifespan Begabungsförderung von der frühen Kindheit bis ins Alter. Münster: LIT, S. 155-170.

Nussbaum, M. C. (2006): Frontiers of Justice. Disahility, Nationality, Speciea membership. Cambridge! London: Bellmap Preas.

Oevermann, U. (1996): Theoretische Skizze einer revidierten Theorie professionalisierten Handelns. In: Combe, A., Helsper, W. (Hg.): Pädagogische Professionalität. Untersuchungen zum Typus pädagogischen Handelns. Frankfurt/Main: Suhrkamp, S. 70-182.

Prengel, A. (1993): Pädagogik der Vielfalt. Verschiedenheit und Gleichberechtigung in Interkultureller, Feministischer und Integrativer Pädagogik. Wiesbaden: Springer.

Preuß, B. (2018): Inklusive Bildung im schulischen Mehrebenensystem: Behinderung, Flüchtlinge, Migration und Begabung. Wiesbaden: VS.

Rawls, J. (1979): Eine Theorie der Gerechtigkeit. Frankfurt/Main: Suhrkamp.

Renzulli, J. (1978): What makes giftedness? Re-examining a definition. In: Phi Delta Kappan, Jg. 60, S. 180-184.

Roth, H. (1952): Begabung und Begaben. Über das Problem der Umwelt in der Begabungsentfaltung. In: Die Sammlung, Jg. 7, S. 395-407.

Schenz, C. (2012): Schulische (Hoch-)Begabtenförderung in der Grundschule: Inklusiver Anspruch oder exklusives Vorrecht? In Solzbacher, C., Müller-Using, S., Doll, I. (Hg.), Ressourcen stärken. Köln: Carl Link, S. 41-54.

Seitz, S., Pfahl, L., Lassek, M., Rastede, M., Steinhaus, F. (2018): Hochbegabung inklusive: Inklusion als Impuls für Begabungsförderung an Schulen: auf dem Weg zu mehr Bildungsgerechtigkeit. Weinheim, Basel: Beltz.

Solzbacher, C., Behrensen, B. (2015): Inklusive Begabungsforderung und individuelle Forderung: Grundlegungen, Chancen und Herausforderungen einer vielversprechenden Symbiose. In: Solzbacher, C., Weigand, G., Schreiber, P. (Hg.): Begabungsforderung kontrovers? Konzepte im Spiegel der Inklusion. Weinheim, Basel: Beltz, S. 13-27.

Solzbacher, C., Behrensen, B., Sauerhering, M., Schwer, C. (2012): Jedem Kind gerecht werden: Sichtweisen und Erfahrungen von Grundschullehrkräften. Köln: Link.

Spearman, C. (1904): General intelligence objectively determined and measured. In: Amer. J. Psychol, Jg. 15, S. 201-292.

Stötzel, G., Wengeler, M. (1995): Kontroverse Begriffe: Geschichte des öffentlichen Sprachgebrauchs in der Bundesrepublik Deutschland. Berlin: De Gruyter.

Stojanov, K. (2008): Die Kategorie der Bildungsgerechtigkeit in der bildungspolitischen Diskussion nach PISA. Eine exemplarische Untersuchung. In: Zeitschrift für Qualitative Forschung, Jg. 9, Nr. 1-2, S. 209-230.

Stojanov, K. (2011): Bildungsgerechtigkeit: Rekonstruktionen eines umkämpften Begriffs. Wiesbaden: Verlag für Sozialwissenschaften.

Stojanov, K. (2013): Bildungsgerechtigkeit als Anerkennungsgerechtigkeit. In: Dietrich, F., Heinrich, M., Thieme, N. (Hg.): Bildungsgerechtigkeit jenseits von Chancengleichheit. Theoretische und empirische Ergänzungen und Alternativen zu ›PISA‹. Wiesbaden: Springer, S. 57-70.

Trautmann, T. (2016): Einführung in die Hochbegabtenpädagogik. Baltmannsweiler: Schneider.

Trautmann, T., Wischer, B. (2010): Heterogenität in der Schule. Eine kritische Einführung. Wiesbaden: Springer.

United Nation (2006): Convention on the Rights of Persons with Disabilities. http://www.un.org/disabilities/convention/conventionfull/shtml. Zugriff am 09.07.2018.

Walgenbach, K. (2012): Intersektionalität als Analyseperspektive heterogener Stadträume. In: Scambor, E., Zimmer, F. (Hg.): Die intersektionelle Stadt. Geschlechterforschung und Medien an den Achsen der Ungleichheit. Bielefeld: transcript verlag. http://portal-intersektionalitaet.de/theoriebildung/ueberblickstexte/walgenbach-einfuehrung/. Zugriff am 12.01.2018.

Perspektiven auf Grundlagen von Begabungsförderung, Bildungsgerechtigkeit und Inklusion

Claudia Solzbacher

Begabungsförderung inklusiv gedacht – inklusiv gemacht: Den Potenzialen von (leistungsfähigen) Schülerinnen und Schülern gerecht werden

1 »Gruppendenken bestimmt die Praxis – individuelle Begabungsförderung bleibt auf der Strecke!?«

Die Überschrift des Artikels mag auf den ersten Blick befremdlich anmuten, denn der Aufruf zu einer Öffnung von Schule hin zur Inklusion, der seit Inkrafttreten der Behindertenrechtskonvention 2009 zu einer die Schullandschaft nahezu umwälzenden Umgestaltung beiträgt, bezieht sich doch vornehmlich auf die Inklusion von Kindern mit Behinderungen. Täuscht der Eindruck, dass dies doch eher dazu führt, die Schwachen in den Blick zu nehmen und weniger die begabten Kinder und Jugendlichen oder noch provokanter gefragt: Gehen nicht wenige davon aus, dass Behinderung und Begabung sich ausschließen? Dass dem nicht so ist, darauf muss in vielfacher Hinsicht erst aufmerksam gemacht werden (siehe auch Boger in diesem Band). Selbstverständlich finden wir bei Kindern und Jugendlichen mit Handicaps, mit Teilleistungsstörungen oder mit emotionalen Auffälligkeiten auch besonders begabte Kinder (sogenannte twice exceptionals z.B. Harder 2009). Selbstverständlich sind oder wären diese bei der richtigen Förderung auch in der Lage, leistungsfähig zu sein, auch wenn sie dafür besondere Herausforderungen zu meistern haben. Wir werden erst dann eine realitätsnahe Vorstellung von Heterogenität haben, wenn wir auch diesen Kindern mit sonderpädagogischem Förderbedarf Begabung oder auch besondere Begabung unterstellen. Dazu liefert das »Übereinkommen über die Rechte von Menschen mit Behinderung« der UN von 2006 auch die Grundlage. Die lässt sich sehr wohl ausweiten zu einer Forderung nach der jeweils besten und chancengerechtesten Förderung aller Kinder im Rahmen eines solchen weiten Heterogenitätsbegriffs und eines weiten Begabungsbegriffs (z.B. Prengel 2010; Walgenbach 2015; Behrensen/Solzbacher 2016a; siehe auch Graalmann in diesem Band). Mit den hier nämlich vertretenen Grundsätzen von Empowerment, Ressourcenorientierung und Anerkennung von Diversity als Basis der gesellschaftlichen Teilhabe von Menschen mit

© Springer Fachmedien Wiesbaden GmbH, ein Teil von Springer Nature 2019
C. Kiso und J. Lagies (Hrsg.), *Begabungsgerechtigkeit*,
https://doi.org/10.1007/978-3-658-23274-0_2

Behinderung ist durchaus eine weite Vorstellung von Heterogenität verbunden. Dies scheint aber nicht den Diskurs um Inklusion in Deutschland widerzuspiegeln.

>»Wir haben alle Hände voll damit zu tun, Inklusion umzusetzen. Da können wir uns nicht auch noch um die Hochbegabtenförderung kümmern!«

Aussagen wie diese hörten wir des Öfteren, als wir im Rahmen einer Studie zur individuellen Förderung Lehrkräfte befragten (vgl. Solzbacher et al. 2012; Kunze/Solzbacher 2008, 2016). Dies erstaunte, ist doch die Umsetzung des Beschlusses der Kultusministerkonferenz von 2004, Schulen vermehrt mit individueller Förderung zu beauftragen, zum Zeitpunkt unserer Befragung schon einige Jahre alt. Die Kultusministerkonferenz erhoffte einen Paradigmenwechsel für die Arbeit an deutschen Schulen einzuleiten, indem sie betonte: »Die individuelle Förderung aller Schülerinnen und Schüler sowie das frühzeitige Erkennen ihrer Stärken und Schwächen« (KMK 2006: 1) sei eine entscheidende Voraussetzung für das Prinzip »Fördern und Fordern«. Hier war die Förderung leistungsstarker oder begabter Schülerinnen und Schüler mitgedacht. Zum Zeitpunkt unserer Untersuchung gab es bereits eine ganze Reihe Erlasse auf Länderebene, indem die Lehrkräfte aufgefordert wurden, in ihrem Unterricht jedem einzelnen Kind und jedem Jugendlichen innerhalb des Klassenverbandes gerecht zu werden und vermehrt entsprechende Unterrichtsformen einzusetzen. Hiermit sollten sich expressis verbis neue Wege für die Begabungs- und Begabtenförderung ergeben, ging es doch darum, das einzelne Kind mit seinen individuellen Problemlagen, individuellen Interessen und Fähigkeiten in den Mittelpunkt des pädagogischen Handelns zu stellen. Aber das praktische Ergebnis dieses Diskurses war es offensichtlich auch, eher die leistungsschwachen Kinder in den Blick zu nehmen anstatt nun auch die besonders begabten Kinder (vgl. z.B. Solzbacher et al. 2012).

Das machen auch die Befunde internationaler Schulvergleiche deutlich. In den PISA-Studien zwischen 2000 und 2012 gab es in den getesteten Bereichen vor allen Dingen Fortschritte in den leistungsschwächeren Gruppen. Dagegen stagnierten die Anteile der Schülerinnen und Schüler, die die höchsten Kompetenzstufen erreichten (vgl. Klieme et al. 2010; Prenzel et al. 2013). Dies wurde u. a. auf ein Ungleichgewicht an Angeboten für leistungsschwache und leistungsstarke Kinder und Jugendliche zurückgeführt (vgl. Bos et al. 2012). Offensichtlich war es nicht gelungen eine individuelle Förderung zu etablieren, die auch eine größere Differenzierung für leistungsstarke oder besonders begabte Schüler und Schülerinnen in der Praxis bedeutet.

Es war der »Blick auf den vergleichsweise geringen Anteil von Schülerinnen und Schülern auf den beiden obersten Kompetenzstufen der PISA-Studien bzw. der Ländervergleiche der Kultusministerkonferenz« (Förderstrategie KMK: 3), der der Kultusministerkonferenz die Notwendigkeit verdeutlicht hat, sich durch eine Förderstrategie der Förderung von leistungsstarken und potenziell leistungsfähigen Schülern und Schülerinnen zu widmen (ebd.). Die hierzu implementierte Ausschreibung des Bundesministeriums für Bildung und Forschung forderte 300 Schulen auf, in diesem Bereich Förderung und Unterstützung zu entwickeln und zu implementieren und dies durch ein großes Forschungsteam wissenschaftlich begleiten zu lassen.

> »Diese Zielgruppe umfasst Schülerinnen und Schüler, die bereits sehr gute beobachtbare Leistungen erbringen, ebenso wie Schülerinnen und Schüler, deren Potentiale es zu erkennen und durch gezielte Anregung und Förderung zu entfalten gilt. Entsprechend der Mehrdimensionalität des Leistungsbegriffs geht es neben der vorrangingen Förderung der allgemeinen intellektuellen Begabungen auch um die Förderung von musischen, sportlichen und emotionalen Fähigkeiten« (ebd.).

Bei der Ausschreibung der Förderrichtlinien der Kultusministerkonferenz handelt es sich somit explizit um die Umsetzung eines breiten – das heißt umfassenden Begabungsbegriffs, bei dem nicht allein intellektuelle Fähigkeiten fokussiert werden (vgl. z.B. Gardner 2002) – und um einen dynamischen – das heißt sich entwickelnden und durch äußere Faktoren geprägten (vgl. z.B. Roth 1973) – Begabungsbegriff. Es wird folglich davon ausgegangen, dass Begabungen auch verstellt sein können und nicht immer in Leistung sichtbar sind (siehe auch Graalmann sowie Greiten in diesem Band).

2 Begabung ist noch nicht Leistung – der Zusammenhang ist komplex und eine Herausforderung für Schule und Unterricht

Spätestens seit den 1920er Jahren wird der Begriff der Begabung zwar regelmäßig aufgeführt, aber weniger definiert. Begabung wird häufig mit älteren Begriffen wie »Gabe«, »Talent« oder »Vermögen« in Verbindung gebracht oder gar synonym mit ihnen verwendet. Mehr noch als »Begabung« impliziert »Talent« die Idee einer natürlichen Gabe, die »durch Übung [...] verfeinert, aber nicht erlernt werden kann« (von der Lühe 1998: 886). Immer mehr wird im Laufe der Jahre die ideologische Festlegung auf eine entweder begabungs- oder anstrengungszentrierte Rückführung individueller Leistung durch die Annahme, Leistung sei ein Produkt der Wechselbeziehung zwischen Begabung und Anstrengung, überwindbar. Begabung im Verbund mit Leistung bekommt zunehmend eine gesellschaftliche Bedeutung, wird jedoch Grundlage für den individuellen sozialen Aufstieg wie für eine demokratisch verfasste Gesellschaft, in der vererbte Herkunftsprinzipien immer weniger mit den errungenen Werten von Freiheit, Gleichheit und gesellschaftlicher Solidarität vereinbar erscheinen. In diesem Rahmen gewinnt auch die Forderung nach größerer Bildungsgerechtigkeit ihre zentrale Bedeutung (siehe auch Graalmann in diesem Band). Sowohl die »Tüchtigkeit« des Einzelnen als auch die Chancen, die ein Bildungssystem unabhängig von der familiären Herkunft einräumt, werden zum Prüfstand für eine gerechte Gesellschaft (vgl. Wollersheim 2014). Im Zusammenhang des Streits zwischen Anlage und Umwelt kommt dem pädagogischen Handeln als Prozess der Begabungsentfaltung und -förderung eine besondere Rolle zu. Heinrich Roth hat hier für die Pädagogik Grundlegendes erarbeitet, indem er deutlich macht, dass Intelligenz eine »Anfangsleistung neuer Aufgaben gegenüber« beschreibt und Begabung die »Möglichkeit zu Entlastungen bestimmter Art und Höhe« (Roth 1973: 129 ff) ist. Auf Basis dieser entwicklungsgerichteten Perspektive verlieren Fragen nach der Herkunft von Begabung und damit der Streit um das Verhältnis von Anlage und Umwelt an Bedeutung. Eine entscheidende Rolle kommt vielmehr der Lernumwelt und dem pädagogischen Handeln zu. Begabungsförderung wird fortan als Konzept in einem Lehr-Lern-Arrangement verortet, indem das Aktiva »begaben« aller Schülerinnen und Schüler größeres Gewicht erhält als etwaige anlagebedingte Lern- und Leistungsvoraussetzungen (vgl. auch Behrensen/Solzbacher 2016a).

Gleichwohl gilt vielen Lehrkräften die Förderung besonders begabter Kinder lange Zeit als »Luxusthema« (Solzbacher 2007: 192). Dies ändert sich erst mit der im letzten Jahrzehnt geführten und oben beschriebenen Debatte: Der Wunsch-Vorstellung von einer Homogenität von Unterrichtsklassen im mehrgliedrigen System steht die einer grundlegenden

Heterogenität von Lerngruppen in allen Schulformen entgegen. Nicht zuletzt entwickelte sich aus dieser Konfrontation die Idee einer breiten Förderung begabter wie hochbegabter Schülerinnen und Schüler im Sinne einer Stärkung individueller Förderung (siehe hierzu Algermissen sowie Draber in diesem Band). Auch besonders begabte oder leistungsstarke Schüler und Schülerinnen werden nun weniger als homogene Gruppe, denn unter Berücksichtigung ihrer je »spezifischen Lernvoraussetzung, -bedürfnisse, -wege, -ziele und -möglichkeiten« als Individuen gesehen (Solzbacher et al. 2012: 31). Hochbegabung wird heute in Anlehnung an Heller (2001) als individuelles Fähigkeitspotenzial für überdurchschnittliche und außergewöhnliche Leistungen verstanden. Wenn Begabung nach Heller ein individuelles Fähigkeitspotenzial ist, dann kann sich Leistung daraus ergeben, muss aber nicht. Von Leistung kann nach Hany dann gesprochen werden, »wenn eine Person die eigenen Kapazitäten mobilisiert, um eine Aufgabe zu bewältigen, für deren Ergebnis ein Gütemaßstab als verbindlich gesetzt wird« (Hany 2012: 38).

Diese Definition weist darauf hin, dass die Wahrnehmung von Leistung immer auch an gesellschaftliche Sichtweisen gebunden ist. Schließlich hängt es von den Gütemaßstäben der Gesellschaft ab, was als Leistung definiert wird (Hany 2012: 38). Das bisher Gesagte weist darauf hin, dass im Rahmen der Begabungsförderung der Blick stärker auf den Prozess der Mobilisierung eigener Kapazitäten oder Potenziale gelenkt wird, statt auf die Bewertung des Leistungsprodukts. Damit wird Begabungsförderung aber einmal mehr zu einem wesentlichen Moment der Gestaltung von Bildungsprozessen (siehe hierzu auch Graalmann in diesem Band).

Ein multidimensionales Modell, in dem das Zusammenwirken von Begabungsdimensionen mit weiteren Persönlichkeits- und Umweltmerkmalen bei der Erbringung schulischer Leistungen deutlich wird, ist das Münchner Hochbegabungsmodell.

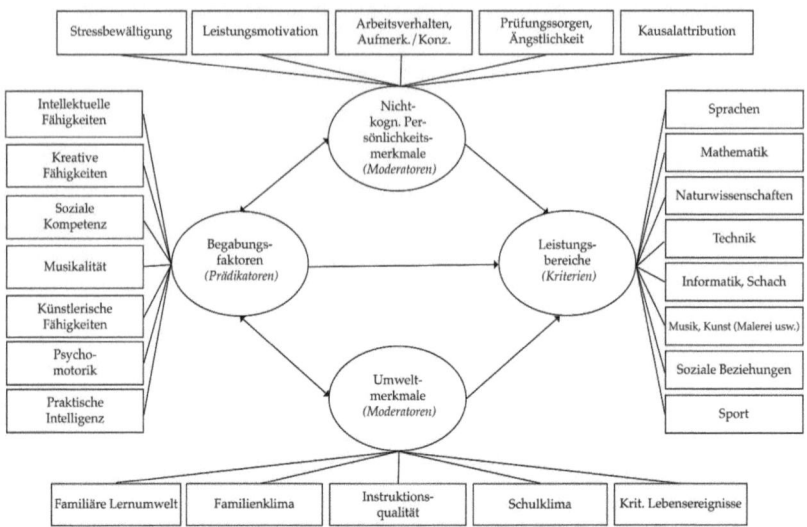

Abb. 1: Münchner Hochbegabungsmodell nach Heller und Perleth 2007

Die Komplexität dieses Modells ermöglicht eine differenzierte Betrachtung des Entwicklungsgefüges leistungsfähiger und potenziell leistungsfähiger Schülerinnen und Schüler. Zugleich sind förder-diagnostisch-pädagogische Ableitungen möglich. Das heißt aber auch, dass selbst außerordentliche Fähigkeiten oder eine hohe Intelligenz alleine nicht ausreichen, eine entsprechende Leistung zu verwirklichen. Um insbesondere die Wechselwirkung zwischen nicht-kognitiven Persönlichkeitsmerkmalen und Umweltmerkmalen darzustellen, was so im Münchener Modell noch nicht direkt miteinander verbunden ist, müsste man aus pädagogischer Perspektive einen Pfeil zwischen beiden einfügen, mit dem das Aktionsfeld von Pädagoginnen und Pädagogen deutlich markiert wird (senkrechter Doppelpfeil im Zentrum von Abb. 2). Darüber hinaus sollte auch die Beziehung zwischen Begabungs-faktoren und Leistungsbereichen nicht weiter als Einbahnstraße konzipiert werden (d.h. von Begabung zu Leistung): Die Umsetzung von Begabung in Leistung hat eine entscheidende Rückwirkung auf die Entfaltungsbilanz des Begabungspotenzials. Beide Ergänzungen, wie sie in Abb. 2 deutlich werden, heben zusammengenommen die Prozess-haftigkeit der menschlichen Entwicklung und damit auch der Einfluss-

möglichkeiten der Pädagogik deutlicher hervor und befreien den
Leistungsbegriff von seiner einseitigen Vereinnahmung durch zweck-
orientierte (z.b. gesellschaftliche) Interessen: Schülerinnen und Schülern
dazu verhelfen, dass aus ihrem momentan abrufbaren Begabungspotenzial Leistung wird, wirkt auf die weitere Begabungsentwicklung
motivierend und stimulierend zurück (waagerechter Doppelpfeil in Abb.
2) und sieht Begabungsentfaltung immer auch im Kontext von
Leistungserbringung (vgl. Kuhl/Solzbacher in Vorbereitung).

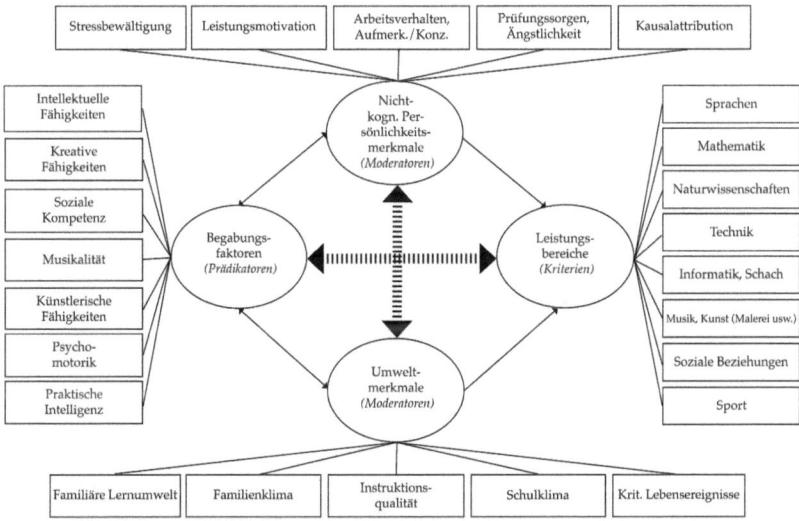

Abb. 2: Münchner Hochbegabungsmodell ergänzt von Kuhl und
Solzbacher (2018) um den schraffierten Doppelpfeil

Die in Abbildung zwei ergänzten zentralen Doppelpfeile differenzieren und
dynamisieren den Begabungsbegriff. Umweltmerkmale wie die Familie,
Lernumwelt, die Instruktionsqualität, kritische Lebensereignisse und so
weiter beeinflussen unter anderem die Entstehung »nicht-kognitiver«
Persönlichkeitsmerkmale wie Stressbewältigung, Leistungsmotivation,
Prüfungsängste und so weiter, die wiederum auch auf die Lernumwelt
zurückwirken (siehe waagerechter Doppelpfeil im Zentrum von Abb. 2).

Über die bereits von Heller dargestellten spezifischen Begabungs-
faktoren (Abb. 1 und Abb. 2) hinaus können die an der Begabungsentwicklung beteiligten Prozesse differenzierter dargestellt werden,
indem zwischen maximaler Begabung als Anlage, zwischen entwickelter
Begabung und sichtbarerer Begabung als Leistung unterschieden wird
(vgl. Abb. 3). Die entwickelte Begabung ist dabei eine aus den konkreten
Umwelteinflüssen resultierende unter günstigen Umständen momentan
abrufbare Begabung. Zu diesen »günstigen Umstände« zählen vor allem
die in Abb. 1 als »nicht-kognitiv« benannten Persönlichkeits-merkmale,
hier etwas umfassender als »Selbstkompetenzen« dargestellt (vgl.
Kuhl/Solzbacher in Vorbereitung).

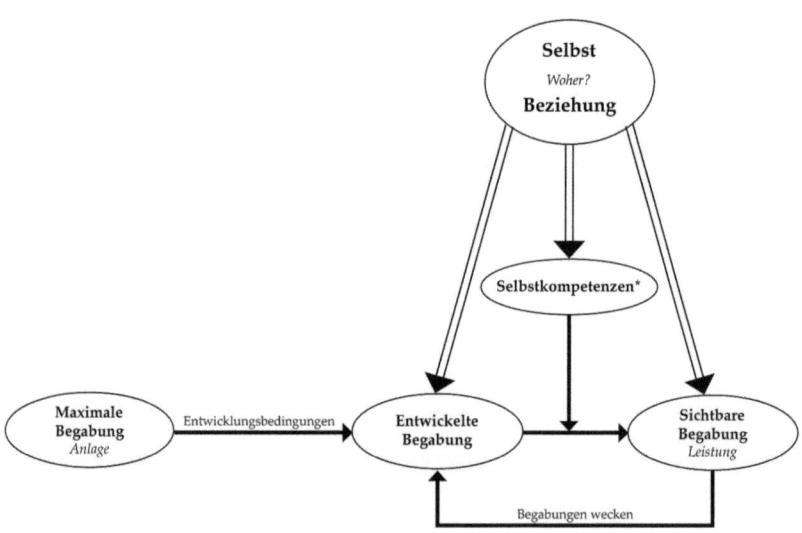

*z.B. Emotionsregulation (Selbstmotivierung, Selbstberuhigung), Planen, Selbstbestimmung, Motive

Abb. 3: Das Drei-Ebenen-Modell der Begabungsausschöpfung nach Kuhl
(Kuhl/Solzbacher in Vorbereitung)

Selbstkompetenzen bestimmen das Ausmaß, indem die entwickelten
Begabungen zum jeweiligen Zeitpunkt in Leistung umgesetzt und damit

weiterentwickelt werden können (Abb. 3)[1]. Was kann jetzt aber dazu beitragen, dass die maximalen Begabungen sich entwickeln und auch sichtbar werden? Auf der Suche nach einer Antwort auf diese Frage soll im Folgenden auf die Mehr-Ebenen-Theorie von Fend (2006) zurück-gegriffen werden, um dann aufzuzeigen, was unter anderem auf den unterschiedlichen aber eng zusammenhängenden Ebenen zu einer gerechten inklusiven Begabungsförderung beitragen kann, bzw. wie diese aussehen kann.

3 Die schultheoretische Perspektive kann Klarheit über die Zusammenhänge der Diskurse bringen

Unter schultheoretischer Perspektive weist die Mehr-Ebenen-Theorie von Fend (2006) darauf hin, wo systematisch angesetzt werden muss, damit unterschiedliche Regulierungsinstrumente, Handlungsformen und Akteure im Zusammenhang agieren:

Die Makroebene des Bildungssystems bildet bei Fend die »Grob-planung von Lernprozessen in Bildungsgängen mit bestimmten Ein-gangsvoraussetzungen und Abschlüssen« (Fend 1981: 65) ab. Dazu ge-hören auch »Verfassungsgesetze, Schulgesetze, Bildungspläne, Bil-dungsgangregelung, Abschlussregelung, Zertifizierung, Schulverwal-tung und Instrumente der Qualitätssicherung« (Fend 2008: 17). Umge-setzt werden müssen derartige Beschlüsse auf der Mesoebene. Hier be-findet sich nach Fend die Einzelschule als Verantwortungsgemeinschaft mit der Kernaufgabe der »Organisation von Unterricht in Raum und Zeit, in Schulklassen und Unterrichtsstunden« (Fend 2008: 156).

Die konkreten Tätigkeiten im Unterricht sind der Mikroebene zuzuordnen (Fend 2008). Entsprechend stellt die Vorgabe, inklusive Schulen zu gestalten, in deren Rahmen auch eine verbesserte individuelle Begabtenförderung gelingen soll, sich vornehmlich als eine Heraus-forderung auf der Mikroebene dar, wo dann als Reaktion auf die Vorgabe Inklusion die konkrete individuelle Förderung angesiedelt ist.

Die oben beschriebenen unterschiedlichen Reformen und Diskurse des letzten Jahrzehnts stellen also unterschiedliche Herausforderungen

---

[1] Für eine ausführlichere Beschreibung der Grafik und der darin enthaltenen Zusammen-hänge siehe Kuhl und Solzbacher 2018.

auf unterschiedlichen Ebenen dar, die dann im Hinblick auf die Förderung leistungsstarker Kinder noch einmal fokussiert betrachtet werden müssen. Eine Förderung potenziell leistungsstarker Schülerinnen und Schüler sollte auf allen drei von Fend herausgestellten Ebenen mitgedacht werden. Wie dies aussehen und dazu beitragen kann, Potenziale »gerecht« zu fördern, soll im Folgenden veranschaulicht werden.

4 Inklusive Begabungsförderung: Individuelle Förderung als Kernaufgabe, um Begabung in Leistung zu überführen

Auf der *Makroebene* existieren im Zusammenhang mit einer inklusiven Begabungsförderung unterschiedliche bildungspolitische Beschlüsse, die den Rahmen für die Einzelschulen als auch den individuellen Unterricht vorgeben. Zu nennen ist hier vor allem die oben bereits erwähnte »Förderstrategie der Förderung von leistungsstarken und pozentiell leistungsfähigen Schülern und Schülerinnen«, die es zum Ziel hat »für alle Schülerinnen und Schüler Lernbedingungen zu schaffen, die ihnen eine optimale Entfaltung ihrer Potenziale ermöglichen« (KMK 2015: 3) und somit bei den individuellen Begabungen der Schülerinnen und Schüler ansetzt.

Des Weiteren sind auf dieser Ebene das »Übereinkommen über die Rechte von Menschen mit Behinderung« – der UN-Beschluss zur Inklusion – und Erlasse zur individuellen Förderung angesiedelt, die Schulen auf der Mesoebene sowie Lehrkräfte und pädagogische Mitarbeiter und Mitarbeiterinnen auf der Mikroebene dazu auffordern, die Heterogenität der Schülerinnen und Schüler zu berücksichtigen.

Auf der *Mesoebene* bedeutet eine inklusive Begabungsförderung, dass individuelle Förderung als Kern aller begabungsförderlichen Schulentwicklung angesehen wird. Inklusive Begabungsförderung kann in oben beschriebenen Sinne an dem anknüpfen, was Schulen bereits im Zuge der Etablierung von individueller Förderung entwickelt haben (vgl. Solzbacher et al. 2012; Kunze/Solzbacher 2016). Dabei ist individuelle Förderung weniger als Einsatz konkreter Methoden, sondern vielmehr als Gesamtheit aller pädagogischen Handlungen zu verstehen, die der individuellen Begabungsentfaltung vor dem Hintergrund verschiedenster individueller Voraussetzungen und Möglichkeiten dienen. Individuelle Förderung ist also eine geeignete Grundlage, um Potenziale von

Begabungen in großer Breite zu erkennen und zu fördern. Kreatives Problemlöseverhalten etwa kann mit Methoden der individuellen Förderung besser gezeigt werden und es gibt mehr Möglichkeiten, an den Motivatoren der einzelnen Kinder anzuknüpfen. Insgesamt geht es bei der individuellen Förderung darum, Bedingungen zu schaffen, die von Kindern und Jugendlichen in je eigener Weise genutzt werden können.

Auf der Basis unserer theoretischen und analytischen Forschungen können wir sagen, dass Schulentwicklung dann begabungsförderlich ist, wenn sie insbesondere Folgendes ernst nimmt:

- die Schaffung anregender Lernumgebungen,
- eine größtmögliche Differenzierung bei der Formulierung von Aufgaben, um die Bearbeitung auf unterschiedlichem Niveau, entlang unterschiedlicher Interessen sowie vielfältiger Arbeitswege zu ermöglichen,
- der pädagogisch begleitete Ausbau aktiver und eigenverantwortlicher Lernzeiten, die individuelles Engagement und soziale Einbindung ermöglichen (vgl. Solzbacher/Behrensen 2016: 10).

Unterricht, der nach diesen Prinzipien ausgerichtet wird, gibt auf der Mikroebene Raum für die gleichzeitige Berücksichtigung einer Vielzahl von Differenzen (siehe z.b. Draber in diesem Band). Hochbegabungen, Behinderungen, kulturelle Selbstverortungen, soziale Benachteiligungen oder andere Besonderheiten brauchen in solchen Settings nicht gegeneinander abgewogen zu werden. Kinder und Jugendliche können auf individuell verschiedenen Niveaus arbeiten, so wie sie es für ihre kognitive Aktivierung jeweils brauchen (vgl. Esser 2013). Es wird so möglich, Kindern gerecht zu werden, die beispielsweise hohe Begabungen und Behinderungen bzw. Lernschwächen zugleich zeigen (vgl. Barsch/Bendokat/Brück 2009). Im Sinne der oben erweiterten Abbildung des Heller'schen Begabungsmodells wird die mechanistische Wahrnehmung vieler personaler um sozialer Variablen von einem systemischen Blick auf diese Variablen als sich wechselseitig beeinflussendes Ganzes abgelöst (vgl. dazu auch Ziegler/Stöger 2009).

Eine zentrale Voraussetzung dafür, dass die pädagogischen Angebote der individuellen Förderung im engeren Sinne von den einzelnen auch genutzt werden können, ist der Ausbau von Selbstkompetenzen (vgl. die obere Leiste des Heller-Modells Abb.1 und 2, vgl. auch Abb. 3). Hierzu gehören beispielsweise die Fähigkeiten, sich selbst beruhigen zu können, selbstmotiviert zu arbeiten oder Planungskompetenzen zu aktivieren, wenn Aufgaben weitgehend unbekannt oder umfangreich sind. Eine solche Steuerung von Emotionen wird in guten Beziehungserfahrungen gelernt. Hier ist das Lehrer-Schüler-Verhältnis angesprochen, indem es auch wieder darum geht, individuell sich an den momentanen Bedürfnissen von Schülern und Schülerinnen zu orientieren, damit diese in der Lage sind, über die Akzeptanz das Gefühl des sich verstanden Fühlens an ihre eigenen Emotionen heranzukommen und diese zu kontrollieren. Innerhalb einer solchen feinfühligen Beziehung wird sich das Kind öffnen und für Ermutigungen und Trost empfänglich sein (vgl. Kuhl et al. 2011). Es ist ein Irrtum zu glauben, dass besonders begabte Kinder diese Unterstützung und Ermutigung nicht bedürfen. Neben einer gelungenen Lehrer-Schüler-Beziehung ist das Gefühl der Selbst-wirksamkeit eine wichtige Grundlage zur Selbstkompetenzförderung (siehe auch Kiso in diesem Band). Selbstwirksamkeit ist immer dann erfahrbar, wenn ansprechende und herausfordernde Aufgaben erfolg-reich bewältigt werden können, bei denen Beharrlichkeit erforderlich ist. Hier wird einmal mehr deutlich, wie wichtig es ist, besonders begabten oder potenziell leistungsstarken Kindern nicht *mehr* Aufgaben zu geben, sondern vor allem anspruchsvollere Aufgaben zukommen zu lassen, die sie wirklich herausfordern (siehe auch Reintjes in diesem Band). Dies zu reflektieren, ist in der pädagogischen Arbeit mit besonders begabten Kindern notwendig, geht doch der Selbstzugang in Unterrichts-situationen leicht verloren, wenn Schüler und Schülerinnen permanent unterfordert sind (vgl. Kuhl/Solzbacher in Vorbereitung). Ein indi-vidualisierter Unterricht, der mit Phasen eigenaktiver Arbeit verbunden ist, birgt eine ganze Reihe auch von Potenzialen zum Aufbau von Selbstkompetenz, die, wie wir oben gesehen haben, von großer Bedeu-tung sind, um Begabung in Leistung zu überführen.

Inklusive Begabungsförderung bedeutet im bisher beschriebenen Sinne, Heranwachsende in ihren individuellen Fähigkeiten unter Berück-sichtigung etwa ihrer spezifischen Voraussetzungen, Bedürfnisse, Lern-wege, Lernziele und Lernmöglichkeiten zu fördern und hierfür ange-messene Bedingungen zu schaffen. Basierend auf einem breiten und

dynamischen Begabungsverständnis sowie einer pädagogischen Diagnostik, die sich aus dem Beobachten den Lebens-, Lern-, und Entwick-
lungsbedürfnissen des Einzelnen speist, geht inklusive Begabungsförderung von der Begabung eines jeden Kindes und Jugendlichen aus.
Zur Entfaltung dieser Begabung tragen ganz individuelle Bedingungen
bei, zu denen unter Umständen auch die Assistenz bei der Kommunikation, Interaktion und Kooperation oder andere Formen der Unterstützung gehören (siehe hier Algermissen in diesem Band). Individuelle
Begabungsförderung verbindet den individuellen Fokus auf Verschiedenheit von Begabungen und Bedürfnissen mit einem gemeinschafts-
orientierten Fokus, der die grundsätzliche Angewiesenheit von Menschen aufeinander berücksichtigt. Individuelle Förderung ist somit die
Grundlage dafür, Potenziale von Begabungen zu erkennen und angemessen zu fördern (vgl. Behrensen/Solzbacher 2016a).

Im Rahmen einer noch nicht inklusiven Gesellschaft und
Schullandschaft ist inklusive Begabungsförderung als eine grundlegende
Haltung zu verstehen, deren didaktische Umsetzung mehrdimensionales
Denken erfordert (vgl. Behrensen/Solzbacher 2016b; Solzbacher/Behren-
sen 2015).

5 Es bedarf einer professionellen pädagogischen Haltung, um Widersprüchen und Ansprüchen im Rahmen inklusiver Begabungsförderung zu begegnen.

Im oben erläuterten Sinne würde sich inklusive Begabungsförderung in
der Schule nicht mehr in einem Spannungsfeld zwischen der individuell
wertschätzenden Begleitung jedes Kindes auf der einen Seite und dem
gesellschaftlichen Auftrag einer an Leistung orientierten Schule auf der
anderen Seite bewegen. Dennoch bleibt dies aktuell ein stark
empfundenes Spannungsfeld für Lehrkräfte, das sich aus einem
Schulsystem, das auf Selektion ausgelegt ist, ergibt (vgl. Helsper 2016).
Ein weiteres Spannungsfeld liegt zum Beispiel in einem Mangel an
Ressourcen und Zeit, den die von uns befragten Lehrkräfte sehr konkret
auch detailliert benennen können (vgl. Solzbacher et al. 2012). Aus einem
Mangel an Zeit ergibt sich zum Beispiel die Problematik der Verteilung
der Lehreraufmerksamkeit. Diese wird als zeitlich knappe Ressource
wahrgenommen, die bewusst verteilt werden muss. Dies führt zu

Gerechtigkeitsproblemen bei Lehrkräften, die zum Teil als belastend erlebt werden. So ist es sicher auch zu erklären, warum Lehrkräfte sich bei der knappen Ressource Zeit eher für die Förderung von schwachen Schülerinnen und Schülern entscheiden als für die Förderung von potenziell leistungsfähigen Schülerinnen und Schülern. Es herrscht immer noch das Vorurteil, dass letztere sich, sollten sie denn wirklich so begabt sein, von alleine durchsetzen würden (Solzbacher et al. 2012). Als bildungspolitisch noch nicht befriedigend gelöstes Thema wird auch das Thema der unterschiedlichen Lerntempi betrachtet. Durch die Vorgaben in Bildungsstandards und Kerncurricula werden die unterschiedlichen Lerntempi als Spannungsfeld wahrgenommen, das im Rahmen individueller Förderung so einfach nicht auflösbar ist. Probleme entstehen vor allem an den Rändern – bei besonders langsamen oder besonders schnell Lernenden. Hier sind die festgelegten Zeitpunkte nicht immer passend, um die Leistungen der Kinder adäquat abzufragen. Dieses Problem nimmt auch im Zuge von Inklusion zu und es ist zu vermuten, dass dies wieder ein Grund dafür ist, warum die besonders begabten Schülerinnen und Schüler weniger Berücksichtigung finden. Die konsequente Berücksichtigung individueller Lern- und Bildungs-bedürfnisse verlangt eine Orientierung an der Individualnorm, während schulische Leistungen bisher in der Regel an der Sozialnorm orientiert werden (siehe Kiso in diesem Band). Es gibt auf der Mesobene, also auf der Ebene der Einzelschule, eine Reihe Versuche, diesen Problemen gerecht zu werden zum Beispiel durch die Einführung jahrgangs-gemischter Klassen als eine strukturelle Konsequenz, die Schulen aus ihren Erfahrungen mit Inklusion ziehen. Dies könnte auch besonders begabten Schülern und Schülerinnen zugutekommen, die hiermit einen Anreiz haben, sich Unterrichtsinhalte schneller anzueignen. Um diese oben beschriebenen Dilemmata zu lösen, bedarf es immer wieder einer professionellen pädagogischen Haltung von Lehrkräften und von Schulleitungen. Diese ist ganz zweifellos gespeist von offenem Wissen um pädagogische Inhalte und Herausforderungen, aber auch von Wertentscheidungen, nicht zuletzt weil Lehrkräfte angesichts der aktuellen tiefgreifenden Reform nicht selten ihre Professionalität infrage gestellt sehen. Immer wieder ist von solchen pädagogischen Haltungen die Rede, die eine Schlüsseldimension sei, da sie das Denken von Lehrkräften grundlegen präge und jegliches pädagogisch-professionelle

Handeln beeinflusse. Dazu gehören normative Appelle wie »siehe Heterogenität als Chance an« und »denke ressourcenorientiert und nicht defizitorientiert«. Grade am Beispiel der aktuellen Inklusionsdebatte (siehe Boger in diesem Band) und noch einmal gesteigert am Beispiel der Begabungsdebatte im Rahmen der Inklusionsdebatte wird immer an die Haltung von Lehrkräften appelliert. Es liegt auf der Hand, dass solche Haltungen nicht verordnet werden können, es ist aber auch durchaus schwierig zu beantworten, wie die gewünschte Haltungen überhaupt im Rahmen von Lehreraus- und Weiterbildung lehrbar sind (vgl. Schwer/Solzbacher 2014).

Gerade am Beispiel der Inklusionsdebatte wird deutlich, dass es sich bei einer professionellen pädagogischen Haltung nur um ein professionelles Rückgrat handeln kann und muss, das mehr umfasst als eine Einstellung oder subjektive Theorien. Wir können empirisch und auf der Grundlage einer Theorie belegen (Kuhl/Schwer/Solzbacher 2014), dass eine professionelle Haltung nur hat, wer in der Lage ist, sich in einem pluralistischen Staat zwischen den zum Teil widersprüchlichen Anforderungen von Bildungspolitik, Wissenschaft, Eltern und anderen an Schule Beteiligten zu emanzipieren. In dieser Gemengelage müssen sich Lehrkräfte professionell und selbstbewusst entscheiden können, vor allem zum Wohle der Schüler und Schülerinnen. Gerade bei Inklusion und inklusiver Begabungsförderung gibt es, wie gesehen, eine Reihe ungelöster systembedingter Dilemmata. Die Tücken stecken in der derzeit noch nicht so sehr fortgeschrittenen Operationalisierung des inklusiven Ansatzes, sodass sich Lehrkräfte fragen müssen: Habe ich schon genügend Wissen, um eine professionelle Haltung zur Inklusion einnehmen zu können? Wenn nicht, wie gehe ich damit selbstbewusst um? Wie können wir als Einzelschule diesen Weg dennoch beginnen? Vertraue ich, vertraut meine Schule und mein Kollegium selbstbewusst einer Mischung aus Wissen und Erfahrung bzw. Bauchgefühl und versuchen wir das Beste für die Kinder zu erreichen? Oder handeln wir lediglich nach Vorschrift und es ist uns gleichgültig, wie viele Widersprüche sich im Schulalltag dabei auftun und ob mein Handeln Sinn für die Schüler und Schülerinnen macht?

Betrachten wir die Geschichte der Begabungsförderung in Gesellschaft und Schule sowie die Inklusionsdebatte in Gesellschaft und Schule, so wird ganz deutlich, dass es hier eine Reihe von Widersprüchen, aber auch mangelnde Erfahrungen gibt, sodass sich Lehrkräfte nicht selten mit Glaubenssetzung, Anforderungen und Zielen überrumpelt fühlen, gerade wenn alle sagen, das sei die »richtige« Haltung. Eine gefährliche Situation. Wir wissen aus Forschungen beispielsweise von Kuhl (2001, 2010), dass, wenn verordnete Ziele nicht mit dem eigenen Erfahrungswissen übereinstimmen, diese Ziele nicht mehr in Zusammenhang gebracht werden können mit den eigenen Affekten und Emotionen. Es wird dann nicht gelingen, zu einer selbstkongruenten bzw. authentischen Haltung zu finden, weil man dauerhaft »gegen sich selbst« arbeitet (Kuhl 2001). Damit kommt dem eigenen Handeln der Sinn abhanden, die Authentizität der Haltung ist in Gefahr, wenn der Zugang zu sich selbst nicht gelingt. Solche Inkongruenzen zeigen an, dass etwas mit dem inneren Kompass nicht stimmt. Die eigene professionelle Sicherheit, zum Wohl der Kinder und Jugendlichen autonom und begründet agieren zu können, ist gestört. Hier liegen sicher auch wichtige Gründe für die Gefährdung der Lehrergesundheit (z.B. Schaarschmidt 2004). In stressigen Situationen, zum Beispiel wenn Forderungen von außen die bisherige Verhaltenssicherheit infrage stellen, ist es für viele Menschen schwierig, auf sich selbst und auf die eigenen Emotionen zu achten. Alle pädagogisch arbeitenden Menschen brauchen aber solche Selbstwirksamkeitsüberzeugungen, um die Fähigkeiten zur Selbsterkenntnis, Reflexion und Selbstmotivation entwickeln und aufrechterhalten zu können. Eine stabile und verlässliche pädagogische Haltung basiert vor allem auf einem »integrationsstarken« Selbst der Pädagogen und Pädagoginnen, das einen in die Lage versetzt, Widersprüchliches auszuhalten und mit zu berücksichtigen (vgl. Sauerhering/Doll 2014). Gut ausgebildete Selbstkompetenzen sind hierfür die Grundlage (vgl. Kuhl/Schwer/Solzbacher 2014). Diese sind lebenslang erlernbar, lehrbar und auch messbar (vgl. Kuhl 2001). Deshalb erscheint es unbedingt nötig im Rahmen inklusiver Begabungsförderung als weitreichenden Ansatz in Aus- und Fortbildung diese Selbstkompetenzförderung oder Aufrechterhaltung zu integrieren (siehe auch Lagies in diesem Band). Dazu gehören zum Beispiel neben diversen Reflexionen über das berufliche Feld und über die eigene Person auch die Aufrechterhaltung einer mentalen »Beweglichkeit«. Auf unser Thema bezogen: Der Umgang mit Inklusion erfordert die Offenheit, Neues hinzuzulernen. Dafür ist es wichtig zu reflektieren, mit welchem Wissen und welchen Erfahrungen der eigene innere Kompass zum Thema Inklusion und zum Thema Begabung befüllt ist und welche inneren Reaktionen dies konkret bei der einzelnen Lehrkraft (bei mir) zur Folge haben könnte. Aggression oder Rückzug ins Private? Haltung beruht nach unseren Forschungen ganz maßgeblich auf verschiedenen psychischen Funktionen (die wir Selbstkompetenzen nennen), die ganzheitliches Fühlen, Zusammenhänge erkennen, den Überblick erhalten, wachsam zu sein gegenüber widersprüchlichen Erwartungen und Impulsen von innen und von außen, Gegensätze und schwierige Erfahrungen selbst integrieren zu können und Emotionen selbst regulieren zu können. Haltung stellt sich somit als unser »Rückgrat« dar, das uns stabil macht. Neben der Fachlichkeit macht dies zweifellos auch die Professionalität von Lehrkräften aus, um den Aufgaben einer inklusiven Begabungsförderung gewachsen zu sein (Schwer/Solzbacher 2014; Solzbacher/ Schwer in Vorbereitung).

6 Ausgewählte Konsequenzen

Einen solchen Paradigmenwechsel allerdings sowohl auf Schulebene als auch im Rahmen der Erstausbildung an den Hochschulen zu etablieren, ist ein herausfordernder Prozess. Aus der Governance-Forschung kann abgeleitet werden, dass Innovationen auf verschiedenen Ebenen angestoßen werden müssen. Wie komplex die notwendigen Veränderungen auf der Ebene der Einzelschule ist, wird zunehmend deutlich. Das bisher Erläuterten müsste aber auch bereits auf der Ebene der Hochschule bzw. im Rahmen der Erstausbildung angebahnt werden (siehe Lagies in diesem Band). Neue Konzepte von Professionalität beschäftigen sich mit den dafür notwenigen Reformen und fordern u.a. eine experimentelle forschende Haltung sowie die Entwicklung bzw. Schärfung eines analytisch-reflexiven Blicks auf die Komplexität pädagogischen Handelns, besonders auch um flexibel auf unbekannte Felder wie der Inklusion reagieren zu können und generell der Veränderungsdynamik im Bildungswesen gerecht werden zu können.

Damit muss sich die Lehrer- und Lehrerinnenbildung im Hinblick auf wissenschaftlich gesicherte Erkenntnisse an die oben beschriebenen Eckpunkte von inklusiver Begabungsförderung beschäftigen, aber auch mit der Persönlichkeitsbildung von Lehrkräften. Die Reflexion, wie dies in den einzelnen Bereichen der Erstausbildung aussehen muss, wird noch nicht in allen Bereichen geführt. So stellte Hollen (in Vorbereitung) aktuell fest, dass Innovationsprozesse in der Hochschule in Bezug auf Inklusion von den Fachdidaktiken nur zögernd wahr- und angenommen werden. Hier zeigt sich in den Hochschulen Ähnliches wie in den Schulen des allgemeinbildenden Schulwesens: Inklusion wird nur zögerlich im deutschen Bildungssystem umgesetzt. Die Gründe dafür sind auch ähnlich wie die, die Trumpa und Janz für die Schule aufzeigen (2014): Verantwortungszuschreibungen werden durch die einzelnen Akteure der jeweiligen Ebenen vorgenommen und jeweils der anderen Ebene als Aufgabe »aufgedrückt«. Das hat zur Konsequenz, dass Handlungs-prozesse und Innovationen nur gelingen können, wenn »die anderen« die ersten Schritte vollziehen.

Inwiefern inklusive Begabungsförderung als Umsetzung von Fähigkeits*potenzialen* aller Kinder im Rahmen verbesserter individueller Förderung tatsächlich gelingen kann, hängt von der abgestimmten Zusammenarbeit vieler Ebenen ab.

Literatur

Barsch, S., Bendokat, T., Brück, M. (Hg.) (2009): Heimpädagogik Online 02/09. Die Fachzeitschrift. http://sonderpaedagoge.quibbling.de/ hpo/heilpaedagogik_online_0209.pdf. Zugriff am 15.05.2018.

Behrensen, B., Solzbacher, C. (2016a): Grundwissen Hochbegabung in der Schule. Theorie und Praxis. Weinheim, Basel: Beltz.

Behrensen, B., Solzbacher C. (2016b): Inklusive Begabungsförderung. Eine Herausforderung für die Schulentwicklung. In: Lernende Schule, Nr. 76, S. 9-12.

Bos, W., Tarelli, I., Bremerich-Vos, A., Schwippert, K. (Hg.) (2012): IGLU 2011. Lesekompetenz von Grundschulkindern in Deutschland im internationalen Vergleich. Münster: Waxmann.

Esser, P. (2013): Diagnostisch im pädagogischen Kontext. In: Trautmann, T., Manke, W. (Hg.): Begabung – Individuum – Gesellschaft. Weinheim, Basel: Beltz, S. 40-48.

Fend, H. (1981): Theorie der Schule. München, Wien, Baltimore: Urban & Schwarzenberg.

Fend, H. (2006): Neue Theorie der Schule. Einführung in das Verstehen von Bildungssystemen. Wiesbaden: VS Verlag für Sozialwissenschaften.

Fend, H. (2008): Schule gestalten. Systemsteuerung, Schulentwicklung und Unterrichtsqualität. Wiesbaden: VS Verlag für Sozialwissenschaften.

Gardner, H. (2002): Intelligenzen. Die Vielfalt des menschlichen Geistes. Stuttgart: Klett-Cotta.

Hany, E. A. (2012): Zum Verhältnis von Begabung und Leistung. In: Hackl, A., Pauly, C., Steenbuck, O., Weigand, G. (Hg.): Werte schulischer Begabtenförderung. Begabung und Leistung. Frankfurt/ Main: Karg-Stiftung, S. 35-40.

Harder, B. (2009): Twice exceptional – in zweifacher Hinsicht außergewöhnlich: Hochbegabte mit Lern-, Aufmerksamkeits-, Wahrnehmungsstörungen und Autismus. In: Heilpädagogik online, S. 64-89.

Heller, K. A. (2001): Hochbegabung im Kindes- und Jugendalter. Göttingen: Hogrefe.

Heller, K. A., Perleth, C. (2007): Talentförderung und Hochbegabten-beratung in Deutschland. In: Heller, K. A., Ziegler, A. (Hg.): Begabt sein in Deutschland. Berlin: Lit, S. 139-170.

Helsper, W. (2016): Lehrerprofessionalität – der strukturtheoretische Ansatz. In: Rothland, M. (Hg.): Beruf Lehrer/Lehrerin. Ein Studienbuch. Stuttgart: Waxmann, S. 103-125.

Hollen, M. (in Vorbereitung): Zum Verhältnis von Fachdidaktik und der sozialen Innovation Inklusion. Eine exemplarische Rekonstruktion latenter Sinnstrukturen und handlungsbezogener Deutungsmuster von Fachdidaktik(en) im Kontext von Inklusion. Osnabrück: repOSitorium.

Klieme, E., Jude, N., Baumert, J., Prenzel, M. (2010): PISA 2000 – 2009: Bilanz der Veränderungen im Schulsystem. In: PISA 2009. Bilanz nach einem Jahrzehnt. Münster: Waxmann, S. 277-300.

Künne, T., Kuhl, J. (2014): Was ist eigentlich Selbstkompetenz? Persönlichkeits-System-Interaktionen als Grundlage von Selbst-kompetenz(förderung) – Die PSI-Theorie. In: Solzbacher, C., Calvert, K. (Hg.):»Ich schaff das schon …« Wie Kinder Selbstkompetenz entwickeln können. Freiburg: Herder, S. 35-52.

Kuhl, J. (2001): Motivation und Persönlichkeit: Interaktionen psychischer Systeme. Göttingen: Hogrefe.

Kuhl, J. (2010): Lehrbuch der Persönlichkeitspsychologie: Motivation, Emotion, Selbststeuerung. Göttingen: Hogrefe.

Kuhl, J., Solzbacher, C. (in Vorbereitung): Begabungen fördern – Auch eine Aufgabe für die Schulleitung? Zum Zusammenhang von Begabung, individueller Förderung und professioneller Schulführung. In: Risse, E., Meyer-Rieforth, C. (Hg.):»Begabte Schüler erkennen und fördern«. Köln: Carl Link Verlag.

Kuhl, J., Schwer, C., Solzbacher, C. (2014): Professionelle pädagogische Haltung: Versuch einer Definition des Begriffs und ausgewählte Konsequenzen für Haltung. In: Schwer, C., Solzbacher, C. (Hg.): Professionelle pädagogische Haltung. Historische, theoretische und empirische Zugänge zu einem viel strapazierten Begriff. Bad Heil-brunn: Klinkhardt, S. 107-120.

Kuhl, J., Müller-Using, S., Solzbacher, C., Warnecke, W. (Hg.) (2011): Bildung braucht Beziehung: Selbstkompetenz stärken – Begabung entfalten. Freiburg: Herder.

Kultusministerkonferenz (KMK) (2006): Fördern und Fordern – eine Herausforderung für Bildungspolitik, Eltern, Schule und Lehrkräfte. Gemeinsame Erklärung der Bildungs- und Lehrergewerkschaften und der Kultusministerkonferenz vom 20.10.2006.

Kultusministerkonferenz (KMK) (2015): Förderstrategie für leistungsstarke Schülerinnen und Schüler. https://www.kmk.org/fileadmin/Dateien/pdf/350-KMK-TOP-011-Fu-Leistungsstarke_neu.pdf. Zugriff am 14.05.2018.

Kunze, I., Solzbacher, C. (Hg.) (2008): Individuelle Förderung in der Sekundarstufe I und II. Baltmannsweiler: Schneider Hohengehren.

Kunze, I., Solzbacher, C. (Hg.) (2016): Individuelle Förderung in der Sekundarstufe I und II. Baltmannsweiler: Schneider Hohengehren.

Lühe, von, der, A. (1998): Talent. In: Ritter, J. (Hg.): Historisches Wörterbuch der Philosophie. Basel: Schwabe, S. 886-890.

Prengel, A. (2010): Heterogenität als Theorem der Grundschulpädagogik. In: Zeitschrift für Grundschulforschung. Bildung im Elementar- und Primarbereich, Jg. 3, Nr. 1, S. 7-17.

Prenzel, M., Selzer, C., Klieme, E., Köller, O. (Hg.) (2013): PISA 2012 Fortschritte und Herausforderungen in Deutschland. Münster: Waxmann.

Roth, H. (1973): Pädagogische Psychologie des Lehrens und Lernens. Hannover: Schrödel.

Sauerhering, M., Doll, I. (2014): Und wenn ich glaub, ich schaff's nicht mehr: Selbstkompetenz als Ankerpunkt für eine professionelle Gestaltung von Bildungsprozessen. In: Solzbacher, C., Calvert, K. (Hg.): »Ich schaff das schon ...« Wie Kinder Selbstkompetenz entwickeln können. Freiburg: Herder.

Schaarschmidt, U. (Hg.) (2004): Halbtagsjobber? Psychische Gesundheit im Lehrerberuf – Analyse eines veränderungsbedürftigen Zustandes. Weinheim, Basel: Beltz.

Schwer, C., Solzbacher, C. (Hg.) (2014): Professionelle pädagogische Haltung: Historische, theoretische und empirische Zugänge zu einem viel strapazierten Begriff. Bad Heilbrunn: Klinkhardt.

Solzbacher, C. (2007): Hochbegabung in der Schule erkennen und fördern: kooperationsverbünde niedersächsischer Schulen. In: Minderop, D., Solzbacher, C. (Hg.): Bildungsnetzwerke und Regionale Bildungslandschaften. Ziele und Konzepte, Aufgaben und Prozesse. München: Wolters Kluwer, S. 188-197.

Solzbacher, C., Behrensen, B. (2015): Inklusive Begabungsförderung und individuelle Förderung: Grundlegungen, Chancen und Herausforderungen in einer vielversprechenden Symbiose. In: Solzbacher, C., Weigand, G., Schreiber, P. (Hg.): Begabungsförderung kontrovers? Konzepte im Spiegel der Inklusion. Weinheim, Basel: Beltz, S. 13-27.

Solzbacher, C., Schwer, C. (in Vorbereitung): Charakterisiserung einer professionellen pädagogischen Haltung am Beispiel der Beziehungsorientierung. In: Rotter, C., Schülke, C., Bressler, C. (Hg.): Lehrerhandeln – eine Frage der Haltung?! Weinheim: Beltz.

Solzbacher, C., Behrensen, B., Sauerhering, M., Schwer, C. (2012): Jedem Kind gerecht werden? Sichtweisen und Erfahrungen von Grundschullehrkräften. Praxiswissen Unterricht. Köln: Carl Link.

Trumpa, S., Janz, F. (2014): »Ich mach´mir die Welt, wie sie mir gefällt«. Rekontextualisierungen und Verantwortungsübernahme im Implementationsprozess der Inklusion. In: Trumpa, S., Seifried, S., Franz, E., Klauß, T. (Hg.): Inklusive Bildung. Erkenntnisse und Konzepte aus Fachdidaktik und Sonderpädagogik. Weinheim, Basel: Beltz Juventa, S. 61-78.

Walgenbach, K. (2015): Intersektionalität – Perspektiven auf Schule und Unterricht. In: Bräu, K., Schlickum, C. (Hg.): Soziale Konstruktion im Kontext von Schule und Unterricht. Opladen: Budrich, S. 291-305.

Wollersheim, H.-W. (2014): Talent und Begabung in der Pädagogik. In: Stamm, M. (Hg.): Handbuch Talententwicklung. Theorien, Methoden und Praxis in Psychologie und Pädagogik. Bern: Hans Huber, S. 23-32.

Ziegler, A., Stöger, H. (2009): Begabungsförderung aus einer systemischen Perspektive. In: Journal für Begabtenförderung, Nr. 2, S. 6-31.

Katharina Graalmann

Begabungen (an-)erkennen und optimal fördern! Ein intersektionaler Blick auf Begabung und Bildungsgerechtigkeit

Wenn »[i]nklusive Begabungsförderung bedeutet, Heranwachsende in ihren individuellen Fähigkeiten unter Berücksichtigung ihrer Lebenssituation und ihrer biografischen Erfahrungen, ihren spezifischen (Lern-) Voraussetzungen, (Lern-)Bedürfnissen, (Lern-)Wegen, (Lern-)Zielen und (Lern-)Möglichkeiten zu fördern und hierfür angemessene Bedingungen zu schaffen« (Behrensen/Solzbacher 2016: 163), dann müssen für ein optimales Verständnis dieser Aussage in Bezug auf den Beitrag von Förderung und Anerkennung von Begabungen zu Bildungsgerechtigkeit zunächst einige Begriffe sowie Zusammenhänge geklärt werden. Dies soll in vorliegendem Aufsatz geschehen, der zunächst die basalen Termini erläutert (Kap. 1): Wie wird in diesem Fall Begabung verstanden? Was meint in diesem Kontext Intersektionalität? Wie lässt sich dies mit dem politisch-sozialen Konstrukt Bildungsgerechtigkeit in Einklang bringen? Diese übergeordnete Begriffsklärung lässt sich unter Einbezug des Eingangszitats feingliedriger ausdifferenzieren: Wie lässt sich die Forderung nach Inklusion einordnen? (Wie) Sollen Lehrer und Lehrerinnen[1] sich den individuellen Fähigkeiten und Co. ihrer Schützlinge bewusst werden? Was meint in diesem Bereich Förderung und wie können dafür angemessene Bedingungen geschaffen werden? All diese Fragen sollen in diesem Beitrag diskutiert werden – zu einer endgültigen Antwort wird es nicht kommen, das liegt in der Natur des Themas, das sich breit und aus diversen (Forschungs-)Perspektiven erörtern lässt, wie sich

---

[1] Aufgrund der Forschungsausrichtung der Autorin sowie ihrer fachlichen Verortung im Bereich Schulpädagogik wird in diesem Beitrag auf das Feld Schule eingegangen, das in diesem Fall vorrangig Lehrerinnen und Lehrer und Schülerinnen und Schüler impliziert. Das bedeutet nicht, dass sich Äußerungen nicht auf andere Akteurinnen und Akteure pädagogischer Felder und Bereiche beziehen können – es wäre auch anmaßend, Gesellschaft über die Institution Schule allein erklären und in gewissem Maße ändern zu wollen, wie auch schon Ahrbeck (2014: 29) verlauten ließ. Wichtig ist in diesem Kontext die dem Anti-Bias-Ansatz zugrundeliegende Annahme, dass »PädagogInnen Mitglieder der Gesellschaft sind, die herrschenden Normen internalisiert haben und diese in den pädagogischen Einrichtungen reproduzieren« (Gramelt 2010: 199), weswegen die berücksichtigten Akteursgruppen fokussiert werden.

© Springer Fachmedien Wiesbaden GmbH, ein Teil von Springer Nature 2019
C. Kiso und J. Lagies (Hrsg.), *Begabungsgerechtigkeit*,
https://doi.org/10.1007/978-3-658-23274-0_3

nachfolgend auch zeigt. Das Anliegen des Beitrages liegt eher darin, eine These zum möglichen Zusammenhang zwischen intersektionaler Begabungs(an-)erkennung und Bildungsgerechtigkeit aufzuwerfen und nachzuzeichnen, dabei Unklarheiten aufzuführen und gegebenenfalls zu klären (Kap. 2). Dazu wird abschließend ein Ausblick auf Handlungsmöglichkeiten in der Schule gegeben (Kap. 3), um Bildungsgerechtigkeit ein Stück näherzukommen, indem Begabungen (an-)erkannt und gefördert werden.

1 Was ist was? – Begabung, Intersektionalität und Bildungsgerechtigkeit

Dass jedes Kind »in seinen Fähigkeiten, Fertigkeiten, Einstellungen und Absichten sowie hinsichtlich seiner Bedürfnisse, die es zu erkennen und zu berücksichtigen gilt« (Laudahn 2017: 50), besonders und einzigartig ist, ist im pädagogischen Diskurs absolut und längst keine Neuheit mehr (vgl. u. a. Solzbacher/Calvert 2014: 20). Dass dieses Besonderssein jedoch im Fokus von Lehrer- und Lehrerinnenhandeln stehen muss, ist eine Forderung, die für manche Lehrkräfte erst mit der Einführung der inklusiven Schule in das Bewusstsein gerückt ist – obgleich die Themen Heterogenität und Diversity schon weit davor unerlässlich waren (vgl. z.B. Arnold 2010: 12, der fragt, was »das Neue am Altbekannten [sei], dass es jeden Schüler nur einmalig gibt«). Erklärt werden kann das Empfinden mancher Lehrerinnen und Lehrer, »dass die Heterogenität der Schüler/innen in den Klassen immer größer würde« (Altrichter et al. 2009: 341), mit einem eingeschränkten intersektionalen Blick, unter anderem auf Begabungen, was dem hier zugrundeliegenden Verständnis von Bildungsgerechtigkeit entgegensteht. Um diesen Zusammenhang in Kapitel 2 aufzuzeigen und nachvollziehbar zu eruieren, muss zunächst eine Begriffserläuterung stattfinden. Dabei ist vorwegzunehmen, dass keiner der nun skizzierten Begriffe in seiner Gänze umfassend definiert, sondern lediglich hinsichtlich einer möglichen Verständnisauslegung umrissen wird[2], jeweils in Bezug auf die potenzielle begriffliche Relation. Es

---

[2] Dies liegt sowohl an der thematischen Raffung des Beitrages als auch an seinem Umfang sowie seiner schulpraktischen Zielgruppe. Der Autorin ist durchaus bewusst, dass einige Elemente bei den Begriffsumrissen nicht ausreichend umfassend dargestellt werden, weswegen an geeigneter Stelle stets auf weiterführende Literatur verwiesen wird.

muss berücksichtigt werden, dass jeder Begriff auch anders interpretiert und definiert werden kann, wodurch sich die begriffliche Verknüpfung verschieben kann.

1.1 Begabungsverständnis

Der Begabungsbegriff gilt als unscharf und uneinheitlich (vgl. Rost 2009: 43), als wäre ihm ein rein intuitives Verständnis inhärent. In diesem Beitrag soll vorrangig die pädagogische, zu Teilen die psychologische Perspektive dieses sozialen Konstrukts Begabung fokussiert und berücksichtigt werden[3]. Mit Schwer und Solzbacher (2011) sowie Solzbacher in diesem Band und Stamm (2009) schärft sich diese fachrichtungs- und forschungsperspektivische Grundlage zu einem breit und dynamisch angelegten Begriffsverständnis: Begabung darf einerseits nicht auf Kognition und Intelligenz reduziert verstanden (siehe Boger in diesem Band), andererseits muss auch die Möglichkeit zur Weiterentwicklung von Fähig- und Fertigkeiten mitgedacht werden (siehe auch Greiten in diesem Band). Es lässt sich hier mit Heller und Perleth (2007: 141) nachzeichnen, dass jede und jeder verschiedene »Fähigkeitspotenziale« hat. Diese konglomerieren in dem Münchener Begabungsmodell (vgl. ebd.: 143), an dem sich hier orientiert wird, da einer Interdependenz zwischen genetisch-internalisierten und externen Umweltfaktoren zugestimmt wird. Bereits noch folgende Aspekte andeutend, lässt sich mit Huxel (2014: 57) und Trautmann und Wischer (2011: 43ff.) ein möglicher doppelter Berührungspunkt des Begabungsbegriffs mit dem Intersektionalitätsgedanken herausstellen: Nicht nur ist Begabung also mehrperspektivisch zu definieren, wobei eine Zusammensetzung aus mehreren Dimensionen wie in Hellers und Perleths Modell zum Tragen kommt, sondern an sich eine der (schulischen) Heterogenitätsdimensionen – oder im Jargon der Intersektionalitätsforschung auch Differenzlinien (vgl. u. a. Leiprecht/Lutz 2006) – im pädagogischen Kontext (s. genauer Kap. 1.2 und Kap. 2). Der Begabungsbegriff darf, wie bereits erwähnt und beispielsweise bei Rost (2009), deswegen nicht zu kurz und auf kognitive Intelligenz und den sogenannten Intelligenzquotienten dezimiert gedacht werden, da »ein

---

[3] Siehe für einen passenden Überblick die Einführung von Hoyer/Weigand/Müller-Oppliger (2013), die auch eine Zusammenschau über die Entwicklung sowie Multifaktorialität und kritische Reflexion des Begriffs liefert.

Zustand von Bildungsgerechtigkeit dann erreicht [wäre], wenn die Verteilung von Bildungsgütern in der Form von Ressourcen und Zeugnissen anstatt nach Herkunft, nach Begabungen bzw. nach kognitiven Ausgangsvoraussetzungen vollzogen wird« (Stojanov 2011: 141). Begabung muss also mehr als schulische Leistungserbringung implizieren, um Ansprüchen der Anerkennung, Teilhabe und Verteilung gerecht zu werden (siehe genauer Kap. 1.3 und Kap. 2). Der Begriff einer »Grundintelligenz« oder einer eindimensional gedachten »Begabung« (ebd.: 85) konstruiere falsche Wirklichkeitsperspektiven, Stojanov fordert zur Nachfrage auf, »wie soziale Interaktionen beschaffen sein müssen, damit kognitive Entwicklung ermöglicht, angeregt und unterstützt wird« (ebd.: 87).

So wird in diesem Beitrag also von einem breiten und dynamischen Begabungsbegriff ausgegangen (siehe Solzbacher in diesem Band), der einerseits nicht auf die kognitive Intelligenzdimension und andererseits auch nicht auf das gesellschaftlich weit verbreitete Schlagwort Hochbegabung verkürzt betrachtet werden darf. Dem Begriff wohnen unterschiedliche Dimensionen (siehe Prädiktoren, Moderatoren und Bereiche bei Heller/Perleth 2007) inne, alle »Begabungsausprägungen [sind] höchst individuell« (Trautmann 2013: 16), jede und jeder besitzt individuell herausstechende Fähigkeiten oder Potenziale, die einem nur bewusst (gemacht) werden müssen (siehe auch Kiso, Solzbacher und Lagies in diesem Band).

1.2 Intersektionalitätsverständnis

Der Begriff Intersektionalität hat seinen Ursprung unter anderem in der US-amerikanischen Rassismus- und Feminismusforschung (vgl. optimal nachgezeichnet in Walgenbach 2014: 61ff.). Orientiert daran, wobei vorrangig auf Kimberlé Crenshaw (1989) rekurriert wird, ist dieser Diskurs von der Metapher einer Straßenkreuzung gekennzeichnet:

> »Consider an analogy to traffic in an intersection, coming and going in all four directions. Discrimination, like traffic through an intersection, may flow in one direction, and it may flow in another. If an accident happens in an intersection, it can be caused by cars traveling from any number of directions and, sometimes, from all of them. Similarly, if a Black woman ist harmed because she is in the intersection, her injury could result from sex discrimination or race discrimination« (Crenshaw 1989: 149).

Crenshaw eröffnet in diesem Kontext auch das sogenannte Gleichheits-Differenz-Paradox, es lässt sich eine Dichotomisierung zwischen ›allge-

mein und besonders‹ oder ›wir und die Anderen‹ erkennen (vgl.
z.B. auch Budde/Hummrich 2013; Huxel 2011: 91ff.; Reich 2012; siehe
auch Boger in diesem Band). Dem Intersektionalitätsparadigma geht es
nicht per se und nur um eine grundsätzlich verschränkte Implikation von
Heterogenitätsdimensionen (s. u.), sondern um Macht-, Herrschafts- und
Normierungsverhältnisse, die soziale Strukturen, Praktiken und Identitä-
ten reproduzieren (vgl. Walgenbach 2014: 66ff.). In diesem Kontext ließe
sich diskutieren, ob Begabung als Dimension überhaupt Bestandteil intersektionaler Forschung ist, wenn Walgenbach herauskristallisiert, dass
zum Beispiel Leistungsheterogenität oder Fachkompetenz kein Gegenstand intersektionaler Analysen sind (vgl. ebd., siehe hierzu genauer
Kap. 2). Dieser Forschungskontext lässt sich also nicht ohne Rückgriff auf
den Heterogenitätsbegriff[4] denken, da er dadurch gekennzeichnet ist,
dass Heterogenitätsdimensionen »nicht isoliert voneinander konzeptualisiert werden können, sondern in ihren ›Verwobenheiten‹ oder ›Über-
kreuzungen‹ (*intersections*) analysiert werden müssen. Additive Perspektiven sollen überwunden werden, indem der Fokus auf das *gleichzeitige*
Zusammenwirken von sozialen Ungleichheiten gelegt wird. Es geht demnach nicht allein um die Berücksichtigung mehrerer sozialer Kategorien,
sondern ebenfalls um die Analyse ihrer *Wechselwirkungen*« (Walgenbach
2014: 81f., Hervorh. i.O.).

»Heterogenität [sollte] als Normalfall« (Krüger-Potratz 2011: 59) gelten,
der Nutzen und die Fruchtbarkeit heterogener (Lern-)Gruppen als eben
solcher anerkannt werden (vgl. Leiprecht/Lutz 2006: 219). Damit wird der
theoretische Zusammenhang zum Intersektionalitätsgedanken deutlich,
wenn beachtet wird, dass »[m]enschliches Erkennen, Handeln oder Wahrnehmen [...] sich immer auch auf der Basis von Unterschieden [realisiert]«
(Budde 2017: 14). Diese Unterschiede wirken Huxel (2014: 56) folgend
»durcheinander in komplizierten Wechselbeziehungen und ko-konstruieren
einander«, sie sind zudem sozial wirksam, das heißt, »ihre Wahrnehmung
hat Einfluss auf Interaktionen, die Art der Kommunikation miteinander, die
Wertschätzung oder Ablehnung von ›Anderen‹« (Hansen 2003: 59).
Intersektionalität ist somit, wie bereits Huxel (2014: 58) herausstellt, als
pädagogisches Konzept von äußerster Relevanz, denn

---

[4]   Heterogenität meint etymologisch betrachtet Uneinheitlichkeit, Andersartigkeit; zur pädagogi-
      schen Diskussion um den Begriff und zu einer begrifflichen Schärfung, die den Rahmen des
      Beitrags übersteigt, vgl. z.B. Budde 2017.

- »unter intersektionaler Perspektive können Homogenisierungen vermieden werden,
- verschiedene Differenzlinien bzw. gesellschaftliche Ordnungskategorien werden in den Blick genommen,
- Personen werden nicht auf die Zugehörigkeit zu einer sozialen Gruppe reduziert,
- Differenz wird nicht biologisiert, sondern als soziale Konstruktion erkannt,
- individuelle, auch scheinbar widersprüchliche Positionierungen innerhalb sozialer Strukturen können nachvollzogen werden, wenn eine Sensibilisierung für das Zusammenwirken verschiedener Differenzen besteht.«

1.3 Bildungsgerechtigkeitsverständnis

Bildungsgerechtigkeit ist ein »heftig und leidenschaftlich umstritten[er]« (Stojanov 2011: 18) uneinheitlich definierter Begriff, der ebenso wie Begabung eher intuitiv verwendet wird, aber fest im Sprachgebrauch verankert ist (vgl. Brenner 2010: 13) – es ist nicht einmal eindeutig zu klären, wie Bildungsgerechtigkeit möglich ist (vgl. Miethe/Tervooren/Ricken 2017: 3) oder welchem Bereich dieser Terminus entspringt und/oder zugehört: er wird führend diskutiert in journalistischen, politischen, erziehungswissenschaftlichen, juristischen Kontexten, wobei die erziehungswissenschaftliche Perspektive neu und noch relativ unerforscht ist (vgl. Giesinger 2007/2015; Reich 2012; Stojanov 2008; Vogel 2016). In diesem Beitrag wird zum Begriffsumriss wiederum eine vorrangig pädagogische Perspektive eingenommen. Unter dieser steht mit Bildungsgerechtigkeit im Fokus, »Menschen nicht länger auf ein fiktives Normalmaß, auf ein erwünschtes Normbild von einheitlichen Orientierungen [zu] fixieren« (Reich 2012: 7), sondern Kinder und Jugendliche als »ganze Person« (Boban/Hinz 2003: 11) wahrzunehmen sowie individuell betrachtet das hindernisfreie Anrecht auf ein Bildungsniveau zu gewähren, das ein individuell-spezifisch zu definierendes »gutes Leben in einer modernen Gesellschaft ermöglicht« (Giesinger 2007: 379; siehe auch Lagies/Kiso in diesem Band). Die Dimensionen Verteilungs-, Teilhabe- und Anerkennungsgerechtigkeit sind als Denkfiguren im Bildungsgerechtigkeitskontext anzusehen (Stojanov 2011 und Bellenberg/Weegen 2014 geben einen passenden Überblick): Unter Verteilungsgerechtigkeit (vgl. Rawls 1979) lassen sich im Groben institutionelle Regelungen verstehen, die jedem Gesellschaftsmitglied die Entfaltung persönlicher Stärken ermöglichen. Teilhabegerechtigkeit (vgl. Sen 2010) geht als Konzept davon aus, dass zur Teilhabe am gesellschaftlichen Leben benötigte Fähigkeiten erfolgreich allen Menschen zugänglich und eröffnet werden müssen. Anerkennungsgerecht (vgl. Honneth 1992) ist es, wenn unabhängig von persönlichen Voraussetzungen, also auch Begabungen, Anerkennung, Empathie, Respekt und soziale Wertschätzung erfolgen. Erkennbar wird, dass soziale Akte der Adressierung unmittelbar mit diesen Gerechtigkeitsprinzipien einhergehen, was die Rolle beispielsweise schulischer Akteurinnen und Akteure im (Re-)Produktionskontext von Bildungsgerechtigkeit hervorhebt.

Gerecht wäre im Bildungskontext somit, wenn »wesentlich Gleiches gleich und wesentlich Ungleiches seiner Eigenart entsprechend« (Stäsche 2012: 489) behandelt wird – hier lässt sich eine Verbindung zum in 1.2 erläuterten Paradigma der Intersektionalität erkennen –, wenn »Kinder und Jugendliche [nicht] in die Schubladen essenzialistisch ausgelegter ›kognitiver Ausgangsvoraussetzungen‹, ›Leistungsfähigkeiten‹ und ›Leistungsmotivationen‹ gesteckt werden, wenn ihre Bildungsprozesse [nicht] als determiniert durch biologisch-genetische Prädispositionen und durch frühkindlich-familiäre und ›kulturelle‹ sozialisatorische ›Prägungen‹ betrachtet und behandelt werden« (Stojanov 2011: 25).

Bildungsgerechtigkeit soll hier also als schulischer Zustand verstanden werden, in dem kein normativer (Lehrerinnen- und Lehrer-)Maßstab von Anforderungen und Erwartungen an (Leistungen von) Schülerinnen und Schülern angelegt wird, damit alle Potenziale entfaltet werden können. Zudem sollten die Schülerinnen und Schüler nicht stereotyp oder vorverurteilt kategorisiert werden hinsichtlich zugeschriebener subjektiver Kriterien und letztlich sollte begründet individuell respektvoll mit ihren definitiv ungleichen Voraussetzungen umgegangen werden (vgl. Bellenberg/Weegen 2014; Graalmann 2016; siehe auch Boger in diesem Band).

2 Wie hängt das zusammen? – Zur möglichen Beziehung zwischen den drei Begriffen

Nachdem nun die wesentlichen drei Begriffe in ihrem diesem Beitrag zugrundeliegenden Verständnis eingeordnet wurden, kann nun ihr Zusammenhang, der bereits angeklungen ist, vertieft betrachtet werden. Da sich in Kapitel 1 schon in der analytischen Trennung der Begriffe nicht umgehen ließ, Bezüge zwischen ihnen herzustellen, lässt sich erkennen, dass die Begriffe miteinander verschachtelt gedacht werden können – ob eine symbiotische Wirkung dieser Zusammenhang besteht, ist im Anschluss an die Herleitung und Illustration dieses zu diskutieren.

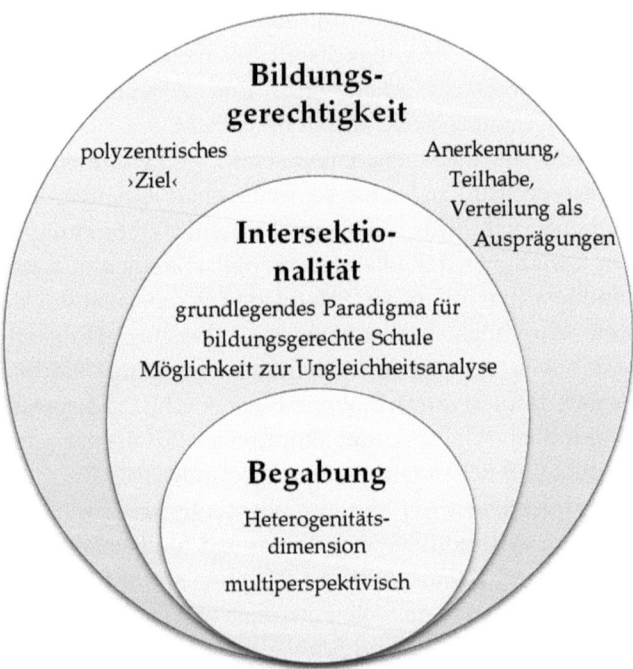

Abb. 1: Zusammenhang der drei Leitbegriffe Begabung, Intersektionalität und Bildungsgerechtigkeit

Mit Abbildung 1 zeigt sich die angekündigte These, die dieser Beitrag vertritt: Begabung als (schulische) Heterogenitätsdimension muss intersektional gedacht werden, um dem Anspruch von Bildungsgerechtigkeit entsprechen zu können.

Es deutete sich in 1.2 bereits an, dass Begabung vielleicht eine dieser Dimensionen sein könnte, die nicht im Sinne intersektionaler Forschungsansätze mitgedacht wird, weil der Machtanspruch, der zur Reproduktion sozialer Ungleichheit führt (vgl. Walgenbach 2014: 66ff.), nicht gegeben sein könnte. Mit drei fiktiven, aber authentisch-möglichen Beispielen von Schülerinnen und Schülern, wie sie von Lehrkräften im Schulalltag wahrgenommen werden können, soll nun der Versuch einer Argumentation dafür unternommen werden, dass Begabung durchaus intersektional gedacht werden kann – sogar im doppelten Sinne:

Beispiel 1: Ein Realschüler zeigt sich im Unterricht und auch außerhalb empathisch und äußerst teamorientiert im Umgang mit Mitschülerinnen und Mitschülern. Es fällt zudem auf, dass er sich in Englisch Vokabeln leicht merken kann und in Musik Melodien auf dem Klavier klangvoll und exakt nachspielen kann.

Beispiel 2: Eine Oberstufenschülerin nimmt seit der Mittelstufe an der Mathematikolympiade teil, durchschaut mathematische und naturwissenschaftliche Zusammenhänge ohne Probleme und entwickelt gerne Computerprogramme, sodass sie froh über die neu ins Leben gerufene Informatik-AG an ihrer Schule ist.

Beispiel 3: Bei einer Viertklässlerin fällt auf, dass sie bei den Bundesjugendspielen immer wieder hervorragend abschneidet. Zudem hat sie Termine für Arbeiten, Ausflüge oder freie Tage im Kopf, die sie organisatorisch koordiniert, sodass alle Mitschülerinnen und Mitschüler immer Bescheid wissen.

In Einklang mit Hellers und Perleths Modell können Lehrkräfte auf die Beispiele bezogen bei dem Schüler aus dem ersten Beispiel Begabungsprädiktoren in den Bereichen soziale Kompetenz, Musikalität und entweder Lernbereitschaft (fleißig und zuverlässig im Vokabellernen) oder sprachliche Intelligenz (sprachlich und kognitiv merkt er sich englische Wörter schnell) finden, während sich ein Fähigkeitspotenzial der Oberstufenschülerin aus dem zweiten Beispiel im Bereich der mathematisch-naturwissenschaftlichen Intelligenz und Kreativität verorten lässt und das der Grundschülerin aus dem dritten Beispiel sowohl im sportlichen

Bereich als auch bei der praktischen Intelligenz[5].

Wenn diese Eigenschaften der Schülerinnen und Schüler als Begabung gedeutet werden, so zeigt sich, wie divers Begabung sich ausprägen kann. Begabung lässt sich somit, möchte in der Schule Bildungsgerechtigkeit anvisiert werden, nicht eindimensional benennen und diagnostizieren, vor allem nicht auf Schulleistung und -noten begrenzt. In einem solchen Herangehen würden die Schülerinnen und Schüler also nicht mehr auf eine Norm hin homogen zusammengedacht, sondern in ihren individuellen Eigenschaften und Stärken wahrgenommen und anerkannt. In Bayern formulierte Staatssekretär Sibler:

> »Begabungen fördern heißt immer Bildungsgerechtigkeit sicherstellen – für leistungsstarke Schüler ebenso wie für Schüler, deren Potenziale es noch zu entwickeln gilt« (Pressemitteilung Nr. 405 vom 27.10.2016).

In einer weiterführenden Aufgliederung dieser Pressemitteilung wird ersichtlich, dass Hochbegabung mit besonderer Begabung gleichgesetzt wird, Hochbegabung wird dabei zunächst als überdurchschnittliche Intelligenz aufgefasst, jedoch wird auf Hellers Modell verwiesen, was die Zuschreibung letztlich abmildert und nicht zu eng denkt. Hier zeigt sich aber eine Tendenz, die offensichtlich im ersten Denken Bestand hat: Begabung muss Hochbegabung sein. Dies lässt sich als doppelter Berührungspunkt zur Intersektionalität interpretieren: Sind die im Intersektionalitätsparadigma angeordneten Heterogenitätsmerkmale dichotom nach dominierend und dominiert angeordnet (vgl. Leiprecht/Lutz 2006: 219f.), lässt sich dies auch mit Hoch- und einer damit zwangsläufig ausdifferenzierten Tiefbegabung des Begabungsbegriffs machen. Boger (in diesem Band) befasst sich intensiver mit diesem (De-)Konstruktionsprozess, was an dieser Stelle nicht weiter vertieft werden soll[6]. Damit alle Schülerinnen und Schüler, wie es dem Anspruch von Bildungsgerechtigkeit nach im Feld Schule gefordert ist und wird, in ihren individuellen Stärken gefordert und gefördert werden können, müssen diese nicht nur erkannt, sondern *an*erkannt werden – aus der Diagnose diverser durchaus als Bega-

---

[5]   Welche Moderatoren jeweils einfließen, sollte unbedingt und unabdingbar einbezogen werden, sobald in der Schule auf (Begabungs-)Förderung geachtet wird.

[6]   Ein Tipp für eine interessante themenspezifische (Kinderbuch-)Lektüre ist an dieser Stelle die Reihe um Rico und Oscar von Andreas Steinhöfel – Rico als deklariert tiefgabater Junge löst mit seinem Freund Oscar, dem eine Hochbegabung zugeschrieben wird, Detektivfälle.

bungen zu bezeichnenden Eigenschaften (erkennen) muss eine gezielte Förderung folgen, um die entsprechenden Potenziale auszuschöpfen, zur Geltung kommen zu lassen (anerkennen) (siehe Kiso in diesem Band). Ob durch die ungleiche Verteilung von Begabungen schulische Machtverhältnisse (re-)produziert werden und inwiefern eine gezielte Förderung dazu verstärkend beitragen kann, ist sicherlich zu diskutieren, wozu dieser Beitrag als Anlass genommen werden kann. Es soll aber festgehalten werden, dass Begabung sowie Bildungsgerechtigkeit polyzentrisch zu verstehen sind (vgl. zum polyzentrischen Bildungsverständnis, ohne das der Terminus Bildungsgerechtigkeit nicht auskommen kann, Boger 2015). Dies grundgelegt, lässt sich dann auch nachvollziehen, warum hier also versucht wird, zu argumentieren, dass Begabung im zweifachen Sinne intersektional gedacht werden muss, um in der Schule bildungsgerecht sein zu können.

Um dem Anspruch von und an Bildungsgerechtigkeit gerecht zu werden, sollen Schülerinnen und Schüler in ihrer Individualität wahrgenommen werden (siehe Solzbacher in diesem Band), damit gleiche mitgebrachte Eigenschaften gleich sowie ungleiche Voraussetzungen ungleich von Lehrkräften behandelt werden können. Mit dieser Prämisse muss mit intersektionaler Brille auf die Fähigkeitspotenziale der Schülerinnen und Schüler geschaut werden. Einerseits hat jeder Schüler und jede Schülerin Begabungen – Lehrkräfte sollten diese bloß nicht ausschließlich fachbezogen in mit (sehr) guten Noten bewerteten Leistungen sehen, sondern facettenreiche Begabungen anerkennen, die über fachliche Leistungen hinausgehen. Der Begabungsbegriff an sich muss also aus mehreren Dimensionen verschränkt betrachtet werden, insofern in gewissem Maße intersektional, weil Ungleichheiten sich daraus kristallisieren und erklärt werden können, die als Macht-, Vorherrschafts- oder Normierungsprozesse wirken können. Andererseits kann Begabung als weitere Heterogenitätsdimension anerkannt werden, die insbesondere im schulischen, aber auch im gesellschaftlichen Kontext zur intersektionalen Analyse herangezogen wird, denn der Multiperspektivität des Begriffes zum Trotz lassen sich rein analytisch Schülerinnen und Schüler den jeweiligen Begabungsdimensionen zuordnen[7]. Mit Rückgriff auf Abbil-

---

[7] Wenn beispielsweise keine Begabung im sprachlichen Bereich besteht und somit von einer so genannten Dominiertheit (vgl. Leiprecht/Lutz 2006: 219f.) ausgegangen wird, besteht aber gegebenenfalls eine Begabung im kreativen Bereich, womit den genannten Autorinnen und

dung 1 ist *Bildungsgerechtigkeit* somit in der Zusammenführung der drei Leitbegriffe grundlegend überlappend angelegt, sie umfasst in diesem Themenkomplex ein intersektionales Begabungsverständnis. *Intersektionalität* ist einer bildungsgerechten Schule als Paradigma zugeordnet und Teil der Bedingung für ihr Möglichsein. *Begabung* ist in diesem Falle ein ausgewähltes Heterogenitätsmerkmal, das ebenso wie viele weitere Merkmale (z.b. soziale oder ethnische Herkunft, Geschlecht, Gesundheitsstatus u. v. m.) in intersektionaler und habitussensitiver Weise berücksichtigt werden muss, wenn Lehrkräfte mit ihren Schülerinnen und Schülern interagieren (vgl. z.b. Helsper 2018; Graalmann im Erscheinen). Genau dieser Aspekt wird nachfolgend elaboriert, um die zusammengeführten Begriffe für eine möglichst alltägliche und alltagsnahe Schulpraxis für Lehrkräfte transparenter und greifbarer zu machen.

3 Was lässt sich daraus machen? – Handlungsmöglichkeiten in der Schule

Um dem aufgeworfenen Anspruch in der Schule aus Lehrerinnen- und Lehrerperspektive gerecht werden zu können, muss die Reflexion eigener Denk- und Handlungsweisen obenauf liegen. Reines Beobachten von Schülerinnen- und Schülerbegabungen und sogenanntes non-biased-Sein (vgl. z.B. Gramelt 2010) sind nicht ausreichend, sondern es besteht die Notwendigkeit »for each individual to actively itervene, to challenge and counter the personal and institutional behaviors that perpetuate oppression« (Derman-Sparks 1989: 3). Dem Anti-Bias-Ansatz dabei nachkommend fordert die im Eingangszitat genannte inklusive Begabungsförderung »mehrdimensionales Denken« (Behrensen/Solzbacher 2016: 164), was den Zusammenhang der drei zentralen Begriffe optimal aufgreift. Lehrkräften muss klar(er) werden, dass Begabung bereichsübergreifend zu verstehen und betrachten ist (nicht auf z.B. Intellekt oder Kognition beschränkt). Hierin spiegelt sich das sogenannte breite Begabungsverständnis (vgl. Gardner 2005; Schwer/Solzbacher 2011), das sich mit einem Kaleidoskop von Begabungszugehörigkeiten umschreiben lässt, das auch psychomotorische, kreative, soziale und weitere Begabungsdimensionen

---

Autoren entsprechend von einer Dominanz gegenüber anderen Schülerinnen und Schülern zu sprechen ist.

impliziert. Dem Habitussensibilitätskonzept[8] (vgl. für ein tiefergehendes Verständnis und zu einem thematischen Überblick sowohl Bourdieu 2002 mit der Sozioanalysekompetenz als auch Sander 2014) entsprechend, das an dieser Stelle als Begabungssensibilitätskonzept verstanden und um-gewandelt werden kann, müssten Lehrerinnen und Lehrer sich zunächst ihrer eigenen Begabungen bewusst werden und sein, um die ihrer Schü-lerinnen und Schüler angemessen anzuerkennen (siehe Lagies in diesem Band). Habitus- bzw. Begabungssensibilität sollte als additives professio-nelles Wissen geltend werden, das sich sowohl im strukturtheoretischen (vgl. Oevermann 1996) als auch im berufsbiografischen Professionsansatz (vgl. Terhart 1996) wiederfindet. Sowohl die selbstkritische und -reflektierte Rückwendung auf das eigene Handeln, die eigenen Bega-bungen, als auch die aktive Nutzung situativer und subjektiver Anstöße aus der Lebens- und Begabungsgeschichte können für eine langfristige und nachhaltige professionelle Kompetenzentwicklung fruchtbar sein, die nicht nur den Umgang mit begabten Schülerinnen und Schülern er-leichtert, sondern auch einen Teil möglicher Belastung aus dem Lehre-rinnen- und Lehreralltag nimmt, indem die Individualität der Schülerin-nen und Schüler nicht (weiter) als Belastung und Erschwernis, sondern als Chance und Potenzial für zum Beispiel die Unterrichtsgestaltung wahrgenommen wird. Beispielsweise könnte die Grundschülerin aus Beispiel 3 von Lehrkräften aktiv eingebunden werden, wenn sie Freude an der Terminorganisation und -koordination hat – an sie kann einiges delegiert werden. Das Potenzial der Oberstufenschülerin in Beispiel 2 kann im Sinne der individuellen Förderung zum Beispiel bei der Bushal-testellenmethode[9] aufgegriffen werden und die Fähigkeit des Schülers (Beispiel 1), sich sprachlich schnell verknüpft Strukturen zu merken,

---

8 Habitussensibilität meint grob, aber für den Kontext und das Anliegen dieses Beitrages hinreichend gefasst, sich selbst bewusst zu sein oder zu werden, eigene Stärken, Schwächen, (sozialisatorische) Prägungen zu erkennen und sich in seinen verschiede-nen Rollen (als Lehrkraft z.B. als Privatperson und als Berufsperson, vgl. Graalmann 2018) selbst zu identifizieren und authentisch zu fühlen, um letztlich Passungen und Nichtpassungen zu Eigenschaften von Schülerinnen und Schülern zu bemerken und gegebenenfalls im Verhalten zu verändern (vgl. Sander 2014).

9 Diese Methode ist auch als Lerntempoduett bekannt. Hierbei findet ein Wechsel zwi-schen Einzel- und Partnerarbeit statt – ist ein Schüler mit einer Aufgabe fertig, kann er an die Haltestelle gehen, die gerne auch symbolisch als solche im Klassenraum erkenn-bar sein darf, und trifft dort auf andere Schüler oder Schülerinnen mit vergleichbarem Arbeitstempo. So können die anderen Schülerinnen und Schüler noch weiter arbeiten, während die Schülerinnen und Schüler, die bereits die Aufgaben erledigt haben, nicht warten müssen, sondern in Austausch über die Aufgabe kommen.

kann ebenfalls im Rahmen von individueller Förderung genutzt werden, indem dem Schüler zugetraut wird, die Moderation und Anleitung von Vokabelspielen zu übernehmen.

Als Teil professioneller Lehrerinnen- und Lehrerkompetenz (vgl. in Anlehnung an Oevermanns strukturtheoretischen Professionsansatz Sander 2014: 13) könnte bereits in der Lehrerinnen- und Lehrer(aus-) bildung dieses transformierte Begabungssensibilitätskonzept berücksichtigt werden, um den Praxisschock (vgl. Müller-Fohrbrodt/Cloetta/Dann 1978; siehe auch Lagies in diesem Band) abzumildern und auf die Aufgabe vorzubereiten, eine Balance zwischen Abgrenzung zu und Identifikation mit Schülerinnen und Schülern zu gestalten und schaffen. Wenn dies weitläufig geschieht, wären charakteristische Bedingungen von Bildungsgerechtigkeit in der Schule (vgl. Kap. 1.3.) weniger utopisch und eher denkbar – Anerkennung von Individualität und weniger Exklusion, weniger Schubladendenken und mehr begründete (Un-)Gleichbehandlungen könnten Konsequenzen sein. Hier lassen sich zwei Diskurse passend einleiten und als Ausblick für weitere theoretisch oder empirisch orientierte Vorhaben sowie zum eigenen Weiterdenken, zur eigenen Auseinandersetzung mitgeben:

> »Verschiedenheit erscheint dann mitunter ›naturgegeben‹, wenn etwa Leistungs- und Begabungsdifferenz nicht in ihrer Verschränkung und Beeinflussung durch mit anderen gesellschaftlichen Ordnungskategorien wie Klasse oder Ethnizität gesehen werden« (Huxel 2014: 57).

Naturgegeben erscheinen nach Auseinandersetzung mit dem Thema in diesem Beitrag auch (Begabungs-)Differenzen, die untereinander verschränkt betrachtet werden können (vgl. Beispiele 1-3) – dass sie im Sinne des Intersektionalitätsparadigmas mit anderen Heterogenitätsmerkmalen wie die im Zitat genannten verschränkt naturgegeben oder eben external beeinflusst (vgl. Heller/Perleth 2007, Kap. 1.1) sind, lässt sich aber auch nachvollziehen. Insofern ist die Frage nach dem Zusammenhang vom Begabungsbegriff mit der Intersektionalitätstheorie spannend und aus mindestens den beiden hier behandelten Perspektiven zu berücksichtigen. In diesem Kontext lässt sich anschließend auch der Inklusionsbegriff anreißen – wichtig ist hierbei, von einem weiten Verständnis auszugehen, statt von einem auf das Heterogenitätsmerkmal Gesundheit/Krankheit/ Behinderung enggefasste (vgl. z.B. Eckermann 2015: 273). Es ließe sich breit diskutieren, ob »Inklusiv gleich gerecht?« (Seitz et al. 2012) ist, aber diese Diskussion führte an dieser Stelle über die Absicht des Beitrages hinaus. Festgehalten sei, dass mit einem weiten Inklusionsverständnis – das impliziert, dass sich schulische Strukturen den individuellen Voraussetzungen der Schülerinnen und Schüler in Bezug auf ihre verschränkt zu betrachtenden diversen Heterogenitätsdimensionen anpassen müssen statt die Schülerinnen und Schüler an gegebene institutionelle oder bildungspolitische Strukturen – dem in Kapitel 1.3 angeklungenen Anspruch an eine schulische *Bildungsgerechtigkeit* nahe gekommen werden kann. Zudem wäre damit auch der *Intersektionalitäts*gedanke einbezogen, da jeder Schüler und jede Schülerin als mehr über lediglich ein Merkmal definiert charakterisiert wird. Und auch das Merkmal *Begabung* wäre damit direkt mitgedacht. In diesem Kontext kann dann durchaus breit gefasst gefordert werden:

>»Begabte Schüler haben moralischen Anspruch auf einen ihren Lernvoraussetzungen angemessenen Unterricht, einen Unterricht, der ihnen Lernfortschritte und schulisches Wohlergehen ermöglicht« (Giesinger 2007: 286).

Damit wird dann auch klar, was eingangs Behrensen und Solzbacher (2016) unter der Verschaffung entsprechender Fördermaßnahmen verstehen. Die gefragten Bedingungen könnten eben durch begabungssensitives Vorgehen der Lehrkräfte geschaffen werden, indem zum Beispiel im Sinne des Anti-Bias-Ansatzes mit einigen Übungen den Schülerinnen und Schülern überhaupt ihre Begabungen bewusst werden (siehe auch Kiso in diesem Band). Es bietet sich hier zum Beispiel das Begabungs-ABC an: Hier füllen Schülerinnen und Schüler pro Buchstabe im Alphabet ihre Stärken per Anfangsbuchstaben in das ABC; in Beispiel 1 könnte der Schüler somit *V*okabeln lernen, die Schülerin aus Beispiel 2 *M*athe und die Schülerin aus Beispiel 3 *O*rganisieren eintragen. Auch die PowerFlower oder das Identitätsmolekül (beide aus: Europahaus Aurich/Anti-Bias-Werkstatt 2007) eignen sich – ratsam wäre im Sinne des Habitussensibilitätskonzepts, wenn die durchführenden Lehrerinnen und Lehrer vorab oder mit den Schülerinnen und Schülern gemeinsam die Sensibilisierungsübungen durchführen, um einerseits sich ihrer eigenen Begabungen bewusst und somit empfänglicher und achtsamer für verschiedene Dimensionen von Begabungen zu werden und andererseits, damit ihr Blick für die verschiedenen Begabungen ihrer Schülerinnen und Schüler geschärft wird, sie sich dieser überhaupt erst bewusst werden, diese also erkennen, anerkennen und dann konkret in den (Förder-) Blick nehmen können.

Literatur

Ahrbeck, B. (2014): Inklusion. Eine Kritik. Stuttgart: Kohlhammer.

Altrichter, H., Trautmann, M., Wischer, B., Sommerauer, S., Doppler, B. (2009): Unterrichten in heterogenen Gruppen: Das Qualitätspotenzial von Individualisierung, Differenzierung und Klassenschülerzahl. In: Specht, W. (Hg.): Nationaler Bildungsbericht Österreich 2009. 2. Fokussierte Analysen bildungspolitischer Schwerpunktthemen. Graz: Leykam, S. 341-360.

Arnold, K.-H. (2010): Heterogenität in Schulklassen: Was ist das Neue am Altbekannten, dass es jeden Schüler nur einmalig gibt? In: Köker, A., Romahn, S., Textor, A. (Hg.): Herausforderung Heterogenität. Ansätze und Weichenstellungen. Bad Heilbrunn: Klinkhardt, S. 11-24.

Behrensen, B., Solzbacher, C. (2016): Grundwissen Hochbegabung in der Schule. Weinheim/Basel: Beltz.

Bellenberg, G., Weegen, M. E. (2014): Bildungsgerechtigkeit. In: Pädagogik, Jg. 66, Nr. 1, S. 46-49.

Boban, I., Hinz, A. (2003): Index für Inklusion. http://www.eenet.org.uk/ resource/docs/Index%20German.pdf. Zugriff am 14.02.2018.

Boger, M.-A. (2015): Zur (De-)Thematisierung des Arbeiterkinds. In: Rheinländer, K. (Hg.): Ungleichheitssensible Hochschullehre. Positionen, Voraussetzungen, Perspektiven. Wiesbaden: VS, S. 103-121.

Bourdieu, P. (2002): Ein soziologischer Selbstversuch. Frankfurt/Main: Suhrkamp.

Brenner, P. J. (2010): Bildungsgerechtigkeit. Stuttgart: Kohlhammer.

Budde, J. (2017): Heterogenität: Entstehung, Begriff, Abgrenzung. In: Bohl, T., Budde, J., Rieger-Ladich, M. (Hg.): Umgang mit Heterogenität in Schule und Unterricht. Grundlagentheoretische Beiträge und didaktische Reflexionen. Bad Heilbrunn: Klinkhardt, S. 13-26.

Budde, J., Hummrich, M. (2013): Reflexive Inklusion. In: Zeitschrift für Inklusion. Jg. 4. https://www.inklusion-online.net/index.php/ inklusion-online/article/view/193/199. Zugriff am 16.02.2018.

Crenshaw, K. (1989): Demarginalizing the Intersection of Race and Sex: A Black Feminist Critique of Antidiscrimination Doctrine, Feminist Theory and Antiracist Politics. In: University of Chicago Legal Forum 140, S. 139-167.

Derman-Sparks, L. (1989): Anti-Bias-Curriculum. Tools for empowering young children. Washington: National Associasion for the Education of Young Children.

Eckermann, T. (2015): (Un-)Doing Inclusion – Wie Kinder unter ihren Peers besonders werden. In: Blömer, D., Lichtblau, M., Jüttner, A-K., Koch, K., Krüger, M., Werning, R. (Hg.): Perspektiven auf inklusive Bildung. Gemeinsam anders lehren und lernen. Wiesbaden: VS, S. 273-278.

Europahaus Aurich/Anti-Bias-Werkstatt (Hg.): CD-ROM Methodenbox: Demokratie-Lernen und Anti-Bias-Arbeit. Aurich 2007.

Gardner, H. (2005): Abschied vom IQ – Die Rahmen-Theorie der vielfachen Intelligenzen. Stuttgart: Klett.

Giesinger, J. (2007): Was heißt Bildungsgerechtigkeit? In: Zeitschrift für Pädagogik, Jg. 53, Nr. 3, S. 362-381.

Giesinger, J. (2015): Bildungsgerechtigkeit und die soziale Funktion der Schule. Zu den normativen Grundlagen des Chancenspiegels. In: Manitius (Hg.): Zur Gerechtigkeit von Schule, S. 150-162.

Graalmann, K. (2016): Bildungs(un-)gerechtigkeit am Bildungsübergang. In: Fiegert, M., Graalmann, K., Kunze, I. (Hg.): Schulische Übergänge gestalten. Konzepte – Umsetzung – Konsequenzen. Osnabrück: Eigenverlag, S. 31-44.

Graalmann, K. (im Erscheinen): »man muss halt wissen wo ist gut wo fängt Lehrer an und wo fängt Lehrer auf« – zu habituelldilemmatischen Aushandlungsprozessen einer Gesamtschullehrerin. In: Zeitschrift für interpretative Schul- und Unterrichtsforschung.

Gramelt, K. (2010): Der Anti-Bias-Ansatz. Zu Konzept und Praxis einer Pädagogik für den Umgang mit (kultureller) Vielfalt. Wiesbaden: VS.

Hansen, G. (2003): Pluralitätsrhetorik und Homogenitätspolitik. In: Gogolin, I. (Hg.): Pluralismus unausweichlich? Blickwechsel zwischen vergleichender und interkultureller Pädagogik. Münster [u.a.]: Waxmann, S. 59-73.

Heller, K. A., Perleth, C. (2007): Talentförderung und Hochbegabtenberatung in Deutschland. In: Heller, K. A., Ziegler, A. (Hg.): Begabt sein in
Deutschland. Berlin: LIT-Verlag, S. 139-170.

Helsper, W. (2018): Lehrerhabitus. Lehrer zwischen Herkunft, Milieu und
Profession. In: Paseka, A., Keller-Schneider, M., Combe, A. (Hg.): Ungewissheit als Herausforderung für pädagogisches Handeln. Wiesbaden: VS, S. 105-140.

Honneth, A. (1992): Kampf um Anerkennung. Zur moralischen Gramma-
tik sozialer Konflikte. Frankfurt/Main: Suhrkamp.

Hoyer, T., Weigand, G., Müller-Oppliger, V. (2013): Begabung. Eine Einführung. Darmstadt: Wissenschaftliche Buchgesellschaft.

Huxel, K. (2011): Geschlecht und Ethnizität im Feld Schule. Gender und
Schule. Konstruktionsprozesse im schulischen Alltag. Bulletin Texte.
Zentrum für transdisziplinäre Geschlechterstudien, Nr. 37, S. 87-101.

Huxel, K. (2014): Intersektionalität. In: Diakonie Württemberg (Hg.): Wo-
her komme ich? Reflexive und methodische Anregungen für eine ras-
sismuskritische Bildungsarbeit, S. 56-59.

Krüger-Potratz, M. (2011): Mehrsprachigkeit: Konfliktfelder in der Schul-
geschichte. In Fürstenau, S., Gomolla, M. (Hg.): Migration und schulischer Wandel: Mehrsprachigkeit. Wiesbaden: VS, S. 51-68.

Laudahn, E. (2017): Schülerinnen und Schüler mit Besonderheiten fördern und begleiten. Rezensionen. In: Pädagogik, Jg. 69, Nr. 12, S. 50-52.

Leiprecht, R., Lutz, H. (2006): Intersektionalität im Klassenzimmer: Ethnizität, Klasse, Geschlecht. In: Leiprecht, R., Kerber, A. (Hg.): Schule
in der Einwanderungsgesellschaft. Schwalbach/Ts.: Wochenschau-
Verlag, S. 218-234.

Miethe, I., Tervooren, A., Ricken, N. (2017): Bildung und Teilhabe. Zwischen Inklusionsforderung und Exklusionsdrohung. Wiesbaden: VS.

Müller-Fohrbrodt, G., Cloetta, B., Dann, H.-D. (1978): Der Praxisschock
bei jungen Lehrern: Formen, Ursachen, Folgerungen; eine zusammen-
fassende Bewertung theoretischer und empirischer Erkenntnisse.
Stuttgart: Klett.

Oevermann, U. (1996): Theoretische Skizze einer revidierten Theorie professionalisierten Handelns. In: Combe, A., Helsper, W. (Hg.): Pädago-

gische Professionalität. Untersuchungen zum Typus pädagogischen Handelns. Frankfurt/Main: Suhrkamp, S. 70-183.

Rawls, J. (1979): Eine Theorie der Gerechtigkeit. Frankfurt/Main: Suhrkamp.

Reich, K. (2012): Inklusion und Bildungsgerechtigkeit. Standards und Regeln zur Umsetzung einer inklusiven Schule. Weinheim/Basel: Beltz.

Rost, D. H. (2003): Über Hochbegabung und hochbegabte Jugendliche. In: Schweer, M. K.W. (Hg.): Das Jugendalter. Perspektiven pädagogisch-psychologischer Forschung. Psychologie und Gesellschaft Bd. 1. Frankfurt/Main: Peter Lang, S. 43-64.

Sander, T. (Hg.) (2014): Habitussensibilität. Eine neue Anforderung an professionelles Handeln. Wiesbaden: VS.

Schwer, C., Solzbacher, C. (2011): Begabungsförderung als pädagogische Aufgabe: Grundlegungen zu einem inklusiven Begabungsbegriff. In: Kuhl, J., Müller-Using, S., Solzbacher, C., Warnecke, W. (Hg.): Bildung braucht Beziehung. Selbstkompetenzen stärken – Begabungen entfalten. Freiburg: Herder, S. 49-56.

Seitz, S., Finnern, N.-K., Korff, N., Scheidt, K. (Hg.) (2012): Inklusiv gleich gerecht? Inklusion und Bildungsgerechtigkeit. Bad Heilbrunn: Klinkhardt.

Sen, A. (2010): The idea of justice. London: Penguin.

Solzbacher, C., Calvert, K. (2014): »Ich schaff' das schon, ich schaff' das schon...« Grundlagen von Selbstkompetenzförderung in Theorie und Praxis. In: Solzbacher, C., Calvert, K. (Hg.): Wie Kinder Selbstkompetenz entwickeln können. Freiburg: Herder, S. 19-34.

Stamm, M. (2009): Begabte Minoritäten. Wiesbaden: VS.

Stäsche, U. (2012): Gleichheitssatz. In: Horn, K.-P., Kemnitz, H., Marotzki, W., Sandfuchs, U. (Hg.): Klinkhardt Lexikon Erziehungswissenschaft. Bd. 1. Bad Heilbrunn: Klinkhardt, S. 489f.

Stojanov, K. (2008): Die Kategorie der Bildungsgerechtigkeit in der bildungspolitischen Diskussion nach PISA. Eine exemplarische Untersuchung. In: Zeitschrift für qualitative Forschung, Jg. 9, Nr. 1/2, S. 209-230.

Stojanov, K. (2011): Bildungsgerechtigkeit. Rekonstruktionen eines umkämpften Begriffs. Wiesbaden: VS.

Terhart, E. (1996): Berufskultur und professionelles Handeln bei Lehrern. In: Combe, A., Helsper, W. (Hg.): Pädagogische Professionalität. Frankfurt/Main: Suhrkamp, S 448-471.

Trautmann, T. (2013): Zu allem fähig und zu nichts in der Lage? Hochbegabte zwischen theoretischer Modellierung und aktiver Lebensbewältigung. In: Trautmann, T., Manke, W. (Hg.): Begabung – Individuum – Gesellschaft. Begabtenförderung als pädagogische und gesellschaftliche Herausforderung, S. 16-29.

Trautmann, M., Wischer, B. (2011): Heterogenität in der Schule. Eine kritische Einführung. Wiesbaden: VS.

Vogel, K. (2016): Konstruktionen und Rezeptionen erziehungswissenschaftlichen Wissens. Bibliometrische und systematische Analysen am Beispiel des Diskurses 'Bildungsgerechtigkeit'. Beiträge zur Theorie und Geschichte der Erziehungswissenschaft, Bd. 39. Bad Heilbrunn: Klinkhardt.

Walgenbach, K. (2014): Heterogenität – Intersektionalität – Diversity in der Erziehungswissenschaft. Opladen/Toronto: Barbara Budrich.

Mai-Anh Boger

Implikationen des Dekategorisierungsdiskurses der Inklusionspädagogik für den Begabungsbegriff

Während Trautmann (2005: 44) noch fragte, was das Verhältnis von Sonderpädagogik und Begabtenpädagogik ist, setzt es sich allmählich durch, dass es das Verhältnis von Begabungsförderung und Inklusion zu betrachten gilt (Solzbacher/Behrensen 2015; Vogt/Krenig 2015). Der vorliegende Aufsatz widmet sich daher der Frage, was auf theoretischer Ebene erscheint, wenn der Diskurs um Begabungsförderung mit dem Inklusionsdiskurs zusammengeführt wird. Er fokussiert dabei die Arbeit am Begriff.

1 Was bedeutet »Dekategorisierung«?

Im inklusionspädagogischen Diskurs geht es in letzter Zeit häufiger um die Aporien der sogenannten »Dekategorisierung« (Hinz/Köpfer 2015; Dederich 2015; Stinkes 2015). Gemeint ist damit die Auflösung unnützer und stigmatisierender Kategorisierungen, die weder einen diagnostischen noch einen handlungspraktischen Wert haben. Dies betrifft insbesondere die Einteilung in Förderschwerpunkte: So nützt einem die Information, mit welchem Förderschwerpunkt eine Schülerin oder ein Schüler etikettiert wurde, nichts dabei einen adäquaten Förderplan zu entwickeln oder die Geschichte dieser Person zu verstehen. Viel eher müssen solche Kategorien als Artefakte eines verwalteten Schulbetriebs betrachtet werden, die lediglich den Anschein erwecken, etwas über die betreffenden Menschen auszusagen.

Es gibt verschieden radikale Auslegungen der Forderung nach Dekategorisierung. Während manche relativ pauschal alle diagnostischen Kategorisierungen als hegemoniale Konstruktionen ablehnen, halten andere an der Möglichkeit fest, dass es Kategorien gibt, die bei der Diagnostik dienlich sind, und Kategorien, die tatsächlich nur stigmatisierend sind und in diesem Sinne sogar einer guten Diagnostik zuwiderlaufen. So haben Kategorien stets auch einen epistemischen Stellenwert und helfen uns, Phänomene in Worte zu fassen und zu beschreiben. Keine Kategorien zu haben, macht einen letztlich nicht herrschaftsfrei, sondern undif-

© Springer Fachmedien Wiesbaden GmbH, ein Teil von Springer Nature 2019
C. Kiso und J. Lagies (Hrsg.), *Begabungsgerechtigkeit*,
https://doi.org/10.1007/978-3-658-23274-0_4

ferenziert. Lehnt man die totale Dekategorisierung ab, muss man Argumente oder Kriterien dafür anführen können, welche diagnostischen
Kategorien denn nun epistemischen Wert haben und welche abgeschafft
gehören. Boger und Textor (2016) sprechen daher von einer »Rekategorisierung«, da es nicht darum gehen könne, Kategorien ersatzlos zu strei-
chen, sondern darum gehen müsse, brauchbarere Kategorien zu finden.
Diese sollten uns in der Praxis dabei helfen Fallverstehen zu üben und in
direktem Zusammenhang zu einer dialogischen Förderplanung stehen,
sodass die diagnostischen Kategorien niemals als Selbstzweck aufgerufen
werden, sondern stets zur Beantwortung einer konkreten Frage oder
Problemstellung dienen. Dies betrifft nicht nur Behinderungsprofile,
sondern eben auch Begabungsprofile. So erörtert zum Beispiel auch
Kwietniewski (2013: 62), dass es von hoher Bedeutung ist, Begabungsdi-
agnostik unter einer pädagogischen Fragestellung zu vollziehen und im
Kontext der Reflexion von Förderkonzepten zu interpretieren. Mit der
Dekategorisierung oder Rekategorisierung geht also ein Wandel von der
Statutsdiagnostik zur Förderdiagnostik einher (Amrhein 2016).

2 Was ist »Dekonstruktion«?

Der vermutlich älteste, in jedem Fall aber der elaborierteste philosophische und theoretische Zugang zur Beschreibung dessen, was in der
Schul- und Inklusionspädagogik »Dekategorisierung« genannt wird, ist
jener der Dekonstruktion. So schreibt zum Beispiel auch Ziemen (2016:
96): »Die Dekonstruktion ist letztlich die Basis für die Dekategorisierung«. Der Begriff wird gemeinhin zurückgeführt auf Jacques Derrida,
entspringt also einer frankophonen philosophischen Tradition. In zahlreichen zeitgenössischen Feldern, insbesondere in diskriminierungskriti-
schen Feldern wie zum Beispiel den Frauenstudien und Gender Studies,
wurden diese Gedanken fortgeführt und unter der Fragestellung weiterentwickelt, in welchem Zusammenhang sprachliche Benennungspraxen
und Kategorisierungen zu Diskriminierungsprozessen stehen. Auch dort
gibt es sehr radikale Auslegungen, die bis hin zu der Forderung reichen,
ein grundständig neues Sprechen zu entwerfen (hornscheidt 2012), sowie
sachtere und analytischere Zugänge, die sich mit historischen Rekonstruktionen des Gewordenseins von Kategorisierungen und deren Wan-
delbarkeit befassen.

3 Was ist mit »Essenzialisierung« und »Ontologisierung« gemeint?

Gemeinsam haben alle dekonstruktiven Denkstile, dass sie sich mit Prozessen der Ontologisierung und Essenzialisierung befassen und versuchen, ebenjene Essenzialismen zu erodieren oder zu verschieben. Ontologie ist die Teildisziplin der Philosophie, die sich mit der Frage befasst, was in welchem Sinne des Wortes »existiert«. Essenziell bedeutet auf Deutsch »wesentlich«; bei Essenzialisierungen geht es also um Behauptungen, dass etwas zum Wesen eines Menschen gehöre. Der Zusammenhang zwischen Ontologisierung und Essenzialisierung ergibt sich daraus, dass im Prozess der Essenzialisierung Eigenschaften als vorgängig existent behauptet werden. So lässt zum Beispiel die Vorstellung, dass Begabungen vorgängig existieren, dass man sie als beobachtende Person gewissermaßen unschuldig und ohne eigenes Zutun einfach als Personeigenschaften auffindet oder entdeckt, den Konstruktionscharakter von Begabungen, den Kontext dieser vermeintlichen ›Entdeckung‹, die Beobachtungsweise und diskursive Hervorbringung solcher Kategorisierungen verschwinden.

Dekonstruktive Denkbewegungen verweisen jedoch auf genau diese Kontextualisierungen: Sie beobachten, wer wie beobachtet und in welchen Kategorien dies beschrieben wird. Sie zeichnen nach, wie etwas zu einer wesentlichen Personeigenschaft gemacht wurde. Sie befassen sich mit dem historischen Gewordensein dieser Kategorien und Zuschreibungsprozesse und zeichnen durch diese Historisierung ihre Kontingenz nach. Dadurch wird der Blick darauf frei, dass es auch anders sein könnte, dass es auch andere Kategorien und andere Worte geben könnte, und dass somit schlussendlich auch eine andere Weise der Adressierung und des Umgangs mit Menschen denkbar wäre. In diesem Sinne bilden dekonstruktive Denkbewegungen Gegenargumente zu der These aus, dass Personeigenschaften natürlich vorhandene, biologische Entitäten wären, die den Menschen wesentlich sind und die man einfach so auffindet.

Tab. 1: Ontologisierung von »Begabung«

	Konstruktion der ›Hochbegabten‹	Konstruktion der ›Minderbegabten‹
statisch + essenzialisiert (starker ontologischer Realismus)	Genie; angeborene hohe Intelligenz	geistig Behinderte
Zwischenposition	Anlage-Umwelt-Streit der psychologischen Intelligenzforschung	Motiv der ›Förderung innerhalb der biologischen Grenzen‹
Begabung als Effekt sozialer Interaktionen und diskursiver Konstruktionen (starker ontologischer Nominalismus)	Kritik an der Konstruktion und Biologisierung ebenjener Polarität; Ent-Essenzialisierung durch in den Blick Nehmen der behindernden Strukturen, die potenziell *alle* Menschen treffen können; Begabungsförderung als Auftrag, die Begabungen *aller* Menschen zu fördern	

Die Vorstellung, dass Hochbegabungen und Minderbegabungen unabhängig von diskursiven Konstruktionen und Beobachtungslogiken ›einfach so‹ existieren und von den Beobachtenden bloß entdeckt werden, wird in der Ontologie auch als naiver Realismus bezeichnet. Diese Vorstellung findet sich in der ersten Zeile obiger Tabelle. Sie geht davon aus, dass »Begabung« in genau demselben Sinne »existiert«, wie zum Beispiel der Stuhl oder die Couch existiert, auf der Sie gerade sitzen. Begabung gilt sodann als vorfindbares »Ding«. Dieser Prozess wird auch als Reifikation bezeichnet. »Begabung« wird dabei als der Bezeichnung vorgängig gedacht. Sie existiert sodann gänzlich unabhängig vom Beobachtungsmodus und vom Bezeichnungsprozess. Die Worte »Minderbegabung« und »Hochbegabung« werden demgemäß als schlichte Bezeichnungen für jenes vorgängig Existente verstanden. Häufig wird auch von Substanzialismus gesprochen, da »Begabung« sodann als etwas betrachtet wird, das wie ein materiales Ding vorgefunden wird. Naiv ist dieser Realismus vor allem deshalb, da sich eine derart starke realistische und substantialistische Ontologie bei Bezeichnungen wie »Begabung« oder

»Intelligenz« wissenschaftlich nicht durchhalten lässt. Es ist ein proto-
wissenschaftliches oder ein »mythologisches« Konzept. Es negiert, dass
diese Begriffe komplexe kulturgeschichtliche Konstruktionen sind, die
lediglich versuchen, ein Bündel an Phänomenen in Worte zu fassen, wobei es stets streitbar bleibt, welche Phänomene damit bezeichnet werden.
Das Verhältnis von Bezeichnetem und Bezeichnung ist nicht so starr wie
der naive Realismus uns vormachen will. Gäbe es diesen Verschiebungs-
raum zwischen Bezeichnung und Bezeichnetem nicht, wäre es schließlich
nicht möglich, Begriffe wie »Begabung« und »Intelligenz« immer wieder
neu zu definieren, Definitionen dafür zu kritisieren, dass sie das Bezeich-
nete nicht ganz treffen oder anzuführen, dass eine Definition Phänomene
mitbezeichnet, die eigentlich nicht gemeint waren. Erst wenn man den
naiven Realismus verlässt, öffnet sich demnach der Raum für ebenjene
Begriffsarbeit, die das Herz der Wissenschaft ist. Sehr offensichtlich ist
die Definition von »Begabung« komplexer als die Definition von »Stuhl«.

In der zweiten Zeile finden sich jene, die mit dieser ›Lücke‹ zwischen
Bezeichnung und Bezeichnetem arbeiten. Erst ab hier wird der Raum des
wissenschaftlichen Arbeitens betreten, da man erst ab hier diskutieren kann,
was genau an »Begabung« beobachtbar ist, welche Facetten davon man erfassen oder sogar messen kann, und welche Konstruktionen latent sind, also
nur durch Rückschlüsse vom Beobachteten auf etwas Nicht-Beobachtbares
beschrieben werden können. Der Großteil des Begabungsdiskurses und
auch der zeitgenössischen Intelligenzforschung bewegt sich in diesem Feld,
das zwischen einem ontologischen Realismus und einem Nominalismus
pendelt, wobei die Intelligenzforschung eine deutlich stärkere Tendenz zum
Realismus hat. Dies ist forschungsmethodisch bedingt: Die Logik der Operationalisierung, die für Intelligenzquotient-Messinstrumente notwendig ist,
zwingt zu der Behauptung, Intelligenz sei vorfindbar, beobachtbar und sogar messbar – sonst müsste man mit dem Messversuch schließlich gar nicht
erst anfangen.

Ein Beispiel für einen in der Begabtenpädagogik sehr beliebten Begriff, der eine Ontologisierung von Begabung enthält, ist »underachiever«. Wenn man es für möglich hält, dass es Begabungen gibt, die existieren, sich aber aus irgendwelchen Gründen nicht beobachtbar zeigen,
macht man genau diesen ontologischen Spalt auf, gemäß dem es ein prä-
diskursives Sein gibt und daneben eine (störanfällige) Beobachtung und
Bezeichnung der Erscheinungen. Wann immer die Definition von »un-

derachiever« in die Nähe des »verkannten Genies« gerät, muss dies daher sogar dem vorwissenschaftlichen mythologischen Bild von Begabung zugeordnet werden. Manchmal hilft eine Formalisierung, um klarer zu sehen, was in einem Diskursfeld vor sich geht:

- Am Beispiel ›underachiever‹: Es gibt Hochbegabte, die ihre Begabung nicht entfalten können, weswegen sie auf der Ebene des Beobachtbaren als weniger leistungsfähig erscheinen als sie es von ihrem hochbegabten Sein her sind.
- Das heißt formalisiert: Es gibt ein X, das in der Wahrnehmung als Y erscheint, aber dennoch in Wahrheit X ist.
- Das heißt in einem fiktiven formal analogen Beispiel: Es gibt Geister in meinem Wohnzimmer, die ihr gespenstisches Dasein jedoch nicht entfalten können, weswegen sie auf der Ebene des Beobachtbaren weniger gespenstisch erscheinen als sie es von ihrem energetischen Potenzial her sind (sie sehen dann aus wie gewöhnliche Plüschtiere; aber glaubt mir: Es sind in Wahrheit Gespenster. Ich bin mir da diagnostisch ganz sicher…).

Die Tatsache, dass die meisten in diesem Kulturraum nicht an Gespenster glauben, macht es in dem analogen Beispiel offensichtlich, wie brüchig Ontologisierungen dieser Form sind: Sie münden tatsächlich in eine Glaubensfrage. So ist es auch in der Praxis sehr leicht, einfach nicht daran zu glauben, dass Lieschen Müller eine ›underachieverin‹ ist, genauso wie es Menschen gibt, die mitunter sehr fest daran glauben, dass sie selbst in Wahrheit ›verkannte Genies‹ sind. Warum diese mythologischen Reste in der Begabungsforschung aus inklusionspädagogischer Perspektive fragwürdig sind, merkt man vor allem an dem symmetrisch gespiegelten Beispiel dieser formalen Struktur:

- Symmetrisch rotiertes Beispiel – ›overachiever‹: Es gibt Minderbegabte, die aus ihrer mangelnden Begabung jedoch das Beste gemacht haben, weswegen sie auf der Ebene des Beobachtbaren als leistungsfähiger erscheinen als sie es von ihrem minderbegabten Sein her sind.

Wer das Wort ›underachiever‹ benutzt und daran glaubt, dass es ›underachiever‹ gibt, kann kein stichhaltiges Argument anführen, warum es
dann nicht auch ›overachiever‹ geben sollte. Nun gibt es mehr als Logik;
und Logik ist nicht alles in der Welt: Aus ethischer Perspektive erscheint
die Annahme von ›underachievern‹, welche die Annahme von ›over-
achievern‹ logisch erzwingt, als äußerst fragwürdig, denn ein so adres-
siertes Kind, das in einem substanzialistischen Sinne als minderbegabt
angesehen wird, kann sich offensichtlich so viel Mühe geben, wie es will,
es wird den Stempel »Minderbegabung« nicht mehr los. Substanzialisie-
rungen führen zu statischen Bildern von Menschen, da sie diese immer
wieder auf ihre vermeintlich biologische Basis zurückverweisen. Die
Annahme der Existenz von ›underachievern‹ ist daher mit der dritten
Zeile in obiger Tabelle inkommensurabel (für eine andere Sicht auf underachievement siehe Greiten in diesem Band).

   In der dritten Zeile, in der sich ein Großteil des Inklusionsdiskurses
bewegt, wird genau diese Ontologisierung nun in Gänze und konsequent
aufgehoben, indem die Konstruktion der bipolaren Achse außer Kraft
gesetzt wird. Sodann gibt es weder einen »Normalbereich« noch Extreme, sondern es gibt überabzählbare Variationen an komplexen Geflech-
ten von temporären Lernbehinderungen und Prozessen der Fähigkeits-
entwicklung. So gesehen hat Trautmann (2005; 2013) mit seiner Mikado-
Metapher eine visionär frühe Neudefinition von »Begabung« geliefert,
welche es erlaubt Ontologisierungen und Essenzialisierungen aufzuheben. Das Bild des Mikado soll das Verständnis des Ineinandergreifens
und der Interaktionen zwischen den einzelnen Komponenten der Begabungsentwicklung etablieren helfen. Den Prozess der Enthinderung des
Lernens im Mikado-Geflecht fokussierend wird darin Begabung zu einem ›begabt werden‹. Mit einem solchen Modell und ohne die ontologi-
sierenden Altlasten des »underachievements« betritt man einen pädagogischen Diskurs, in dem es gilt, allen Schülerinnen und Schülern mit dieser interaktionalen Vorstellung eines irreduziblen Komplexes aus Begabungen und Behinderungen zu begegnen, wenn man versucht, ihre Bedarfe und Förderpotenziale diagnostisch zu erfassen. Während es gemäß
der landläufigen Meinung »kompliziertere Fälle« und »normale Fälle«
gibt, verdeutlicht dieses Bild, dass die »Normalen« im konstruierten Mittelfeld nur deshalb als »normal« wahrgenommen werden, weil man unterstellt, sie seien einfacher gestrickt, also gewissermaßen kein Mikado,

sondern eine Dominoreihe, die ›schon von alleine läuft‹. Die als normal Konstruierten werden durch die bipolare Vorstellung von Begabung demnach ebenso verkannt, denn sie sind nicht »einfach gestrickt«; die Lehrkräfte in der Praxis sind durch die Dominanz des Diskurses um Begabung als normalverteilte Achse mit zwei Extremen lediglich darauf getrimmt worden, dies zu unterstellen. Man kann jedoch nur sehen, was man für möglich hält. Beginnt man nicht mehr durch den Rahmen von Normalverteilung und Extrema auf die Welt zu blicken, braucht man den Begriff »underachiever« nicht mehr, da man sodann bei jedem Menschen in Erwägung zieht, dass dieser über Potenziale verfügt, die in ihrer Entwicklung enthindert werden könnten.

Interessanterweise hat diese Vorstellung mittlerweile auch den massenmedialen Diskurs in Form von Slogans wie »Jedes Kind ist hoch begabt« (Hüther/Hauser 2012) betreten. Allmählich scheint es sich durchzusetzen, nicht mehr in essenzialistischen Kategorien zu denken, sondern die Prozesse zu fokussieren, mit denen Menschen in der Entwicklung behindert oder gefördert werden. Alle dekonstruktiven Bewegungen haben dies gemeinsam: sie versuchen den Prozess der Essenzialisierung rückgängig zu machen, indem sie aus der Personeigenschaft wieder eine interaktionale, veränderliche Situationsvariable machen. Dies geschieht aus dekonstruktiver Perspektive vorwiegend mit drei Techniken: dem parasitären Sprechen (Absatz 5), der historischen Rekonstruktion der Kontingenz einer diskursiven Formation (Absatz 6) und dem Gedankenexperiment (Absatz 7).

4 Wer sind die Leidtragenden dieser Essenzialisierung und Ontologisierung?

Die offensichtlichsten Opfer einer solchen Essenzialisierung sind stets jene, denen dabei gleichzeitig eine Minderwertigkeit zugeschrieben wird. Wenn die Behauptung, dass etwas eine wesentliche Eigenschaft einer Person oder Persongruppe sei und dass diese natürlich und statisch vorhanden sei, mit einer Herabsetzung und Verachtung einhergeht, führt dies zu Diskriminierungen. Befasst man sich mit »Begabung«, betrifft dies folglich die Kategorien der »Minderbegabung«, »Intelligenzminderung«, »Lernbehinderung« und/oder »geistigen Behinderung«. Ebenso wie die sogenannte »Hochbegabung«, wurden auch diese mit Rekurs auf ein statisches Konzept von Intelligenz entworfen, das zudem von einer allgemeinen – nicht von einer bereichsspezifischen – Begabung ausgeht. So wurde nicht davon gesprochen, dass Menschen in einem bestimmten Bereich minderbegabt sind, sondern dieses Urteil wurde in einem generalisierenden Duktus zu einer Personvariable gemacht. Im Prozess der Essenzialisierung wird demnach aus etwas, das eine bereichsspezifische Komponente einer konkreten (Lebens-)Situation ist oder war, zu einem wesentlichen Merkmal der Person. Der betreffende Mensch gilt sodann nicht mehr als einer, der in einem bestimmten, benennbaren Lernprozess behindert wird, sondern wird zum »geistig Behinderten« gemacht. Die Potenzialität tritt zurück, die Zuschreibung stabilisiert sich – und wird sodann nicht selten zur selbsterfüllenden Prophezeiung. Im Diskurs um Inklusion ging es bisher vorrangig um diese offensichtlichen Leidtragenden der Essenzialisierung: Menschen, denen eine geistige Behinderung oder Lernbehinderung zugeschrieben wurde, wurden historisch als nicht bildsam oder nur als praktisch bildbar betrachtet; Lernchancen wurden ihnen verwehrt; ihre Entwicklung wurde massiv behindert durch ebenjene Zuschreibung, dass sie »von Natur aus unfähig« seien und sich daran auch nichts ändern ließe, da dies biologische Fakten wären. Lange bevor das Thema Inklusion in Mode kam, diskutierte man daher in der Geistigbehindertenpädagogik diese fatalen Folgen der Essenzialisierung und Ontologisierung von Begabung. So verlautbarte zum Beispiel Georg Feuser »Geistigbehinderte gibt es nicht« (1996) und meinte damit genau das: Die Behauptung, dass es eine wesentliche und unveränderliche Eigenschaft einer Person sei, »geistig behindert« zu sein, produziert die propagierte Behinderung erst. Erst wenn wir beginnen zu reflektieren, wie wir andere Menschen in ihrer geistigen Entwicklung behindern (indem wir sie segregieren, ihnen nichts zutrauen, sie nicht adäquat fördern, etc.), werden wir tatsächlich allen Schülerinnen und Schülern gerecht werden.

Am Ende einer dekonstruktiven Bewegung steht stets etwas, das alle Mitglieder eines Kulturraums betrifft: In diesem Fall ist dies die Tatsache, dass wir alle in unserer geistigen und intellektuellen Entwicklung behindert werden können, wenn man uns zum Beispiel klein hält, uns keine Chance gibt zu wachsen, uns keinen Zugang zu Lernmaterialien gibt und so weiter. Die dekonstruktive Bewegung führt so zu einer Aufhebung der Dichotomie »Behinderte vs. Nicht-Behinderte«, da die Erfahrung des geistig behindert Werdens sodann eine Erfahrung wird, die wir vermutlich alle schon einmal zumindest im kleinen Rahmen gemacht haben: Schlechter Unterricht, unfaire Behandlung, verweigerte Lernchancen können jeden treffen. Als Diskriminierung kann man dies bezeichnen, wenn dies eine Bevölkerungsgruppe nicht zufällig, sondern systematisch und strukturell trifft, wie es bei sog. »geistig Behinderten« der Fall war und leider vielerorts heute noch ist. Pfahl (2011) spricht daher auch von »Techniken der Behinderung«, da die Behinderungsprozesse auf vielen Ebenen (interpersonal, institutionell, gesetzlich, ...) und mit vielfältigen Praxen ebenjene Essenzialisierung verfestigen und so schlussendlich jene »Lernbehinderungen« selbst hervorbringen, von denen behauptet wurde, man hätte sie nur unschuldig aufgefunden.

Neben diesen offensichtlichen Leidtragenden der Essenzialisierung und Ontologisierung von Begabung gibt es also noch mehr Menschen, die dadurch blockiert und verkannt werden. Auf den zweiten Blick wird deutlich, dass statische und biologistische Konzepte von Behinderung und Begabung auch allen übrigen Menschen nicht gerecht werden. Bei der Stigmatisierung als lernbehindert oder geistig behindert sieht man es am deutlichsten, aber wie oben dargelegt, trifft es auch das andere Ende des so konstruierten Spektrums sowie alle im ebenso konstruierten »Normalfeld« dazwischen. So verführt die Essenzialisierung von Begabung zu dem falschen Glauben an eine Homogenität innerhalb dieses soliden Mittelfelds und führt zu allzu frühen Festlegungen junger Menschen auf angeblich Angeborenes. Auch wenn man in keines der beiden konstruierten Extreme fällt, ist es daher wahrscheinlich, in seinem individuellen Begabungsprofil verkannt zu werden. Und ist es nicht schade, dass die herrschende Vorstellung von »Intelligenz« ausschließt, wir könnten später im Leben – nachdem wir zu Ende pubertiert haben – vielleicht im hohen Alter noch einmal ganz gemütlich auf der Veranda hochbegabt werden? Die hegemoniale Narration von Intelligenz als zeitlich stabilem Personmerkmal ist so stark, dass die Jugendlichen in diesem Kulturraum glauben, sie könnten jetzt schon einschätzen, wo sie sich auf der Begabungsfressleiter befinden, und würden nun für den Rest ihres Lebens damit umgehen lernen müssen. Was aber, wenn das schönste Genie für viele Menschen jenes Genie ist, das sich bildet, wenn man nach der mid life crisis und dem Auszug der endlich erwachsenen Kinder Zeit für alles Schöne und Unnütze hat?

5 Was ist parasitäres Sprechen?

Parasitäres Sprechen ist in den Grundzügen schnell erklärt. Es meint eine
häretische Verwendung der essenzialisierten Kategorie, wie zum Beispiel
wenn einer sagt: »Ich bin momentan botanisch minderbegabt; Mir stirbt
einfach jede Topfpflanze« oder wie es im vorherigen Absatz bereits
durch das Umdeuten des Geniebegriffs getan wurde. Geschehen solche
Sprechakte durch genügend Mitglieder eines Sprachraums, wird die
Bedeutung eines Begriffs sodann durch häretische Benutzung verändert.
Schlussendlich erscheint die Häresie nicht mehr als eine solche, da die
historische Spur von der Folgegeneration erneut vergessen wird und
diese sodann glaubt, ein Begriff habe ›einfach so‹ diese oder jene Bedeutung. Würde dies gelingen, wäre Minderbegabung sodann keine entwer-
tende Bezeichnung für eine Bevölkerungsgruppe mehr, sondern etwas,
das uns alle betrifft, weil alle Menschen in irgendetwas nicht gerade be-
gnadet sind. Minderbegabung wäre des Weiteren keine Personeigenschaft mehr, wenn man dies stets als momentan Zustand begreift und
nicht als unveränderliches Merkmal: Ich könnte einfach mal die Hin-
weiszettel lesen, die in den Topfpflanzen stecken, und wäre dann wahrscheinlich schon ein bisschen weniger botanisch minderbegabt. Momentan aber ist diese Verwendungsweise des Begriffs häretisch, denn laut
Definition handelt es sich bei »Intelligenz« um ein zeitlich stabiles Personmerkmal. Solange wir an diesem Glauben festhalten, gibt es geistig
Behinderte. Diese sind sodann zeitlich stabil geistig behindert und werden nicht geistig behindert. Dass Menschen nicht behindert sind, sondern
behindert werden, ist jedoch eine der wichtigsten Thesen der Inklusionsdebatte. Daher der Konflikt zwischen Intelligenzforschung, intelligenzaf-
firmativer Begabtenförderung und dem Inklusionsdiskurs.

Eine kleine Solidaritätsgeste, der man sich im Schulalltag und in der
Wissenschaft bedienen kann, besteht daher zum Beispiel darin, »Lernbehinderung« zu einem Prozesswort zu machen, wozu man also zunächst
ein Verb daraus machen muss: ›Ich werde in meinem Lernprozess behindert‹; ›Schlechter Unterricht lernbehindert die Schülerinnen und Schüler‹;
›Ich habe neulich eine Schülerin von mir lernbehindert, weil ich sie völlig falsch verstanden habe. Glücklicherweise konnten wir das klären‹.
Solche Sprechweisen helfen dabei, ein neues Verständnis von Lernbehinderung zu etablieren und lassen sich ebenso auf den positiven Fall über-

tragen: ›Wir hatten heute einen großen Durchbruch und konnten ein Potenzial enthindern, das lange blockiert war. Wir haben endlich die Barriere gefunden, die verhindert hat, dass sich diese Begabung weiterentwickelt‹, ist ebenso eine Sprechweise, die den Prozesscharakter von Begabung betont. ›Ich fühle mich heute total begabt, weil man mir so wertschätzend zugehört hat, dass ich mich von meiner besten Seite zeigen konnte. Zuhören ist wirklich eine Gabe, die begabt macht!‹. Und wenn Naturtalent nicht von Natur aus entsteht, ist es niemals zu spät, ein Genie zu werden. Parasitäres Sprechen kann also geschehen, weil man es bewusst verweigert, die vorherrschende Bedeutung eines Begriffes zu reproduzieren. Es kann sich aber auch dermaßen verselbstständigen, dass ein Sprachraum beginnt, so zu sprechen, ohne sich dessen bewusst zu sein, dass dieses Wort einmal anderes bedeutete. Würden zum Beispiel alle Professorinnen und Professoren beginnen, so über Begabung und Lernbehinderung zu sprechen, würden die meisten Studierenden es ihnen wahrscheinlich einfach nachmachen, ohne zu merken, dass sie dadurch Teil einer alltagspolitischen, solidarischen Intervention geworden sind.

6 Diachrone Betrachtung: Was war ›Begabung‹ in der Geschichte?

Ziegler (2017: 9) erinnert in seiner Einführung daran, dass die ersten Konzepte zu ›Begabung‹ aus der Theologie und der Mythologie stammen. Für eine historische Rekonstruktion und anschließende Dekonstruktion des Begabungsbegriffs ist dieser Aspekt von äußerster Wichtigkeit, denn ebendort findet sich die Explikation der Ontologisierung von Begabung.

> »Implizit unterliegt all diesen Hypothesen die Überzeugung, dass Begabungen sicher existieren, man sie also nur an der richtigen Stelle suchen müsse. Insbesondere wird die Überzeugung vertreten, dass Begabungen Eigenschaften einer Person seien, dass man sie also in gewisser Weise besitze. Diese Eigenschaftskonzeption von Begabungen wurde in den letzten Jahren von verschiedenen Forschern wie Dai, Shavinina oder Phillipson vehement angegriffen. Insbesondere weisen sie auf die große Gefahr einer Reifikation hin, dass also einem theoretischen Konstrukt fälschlicherweise eine reale Existenz zugeschrieben wird« (ebd., 16).

Ebendies geschieht auch in der tradierten psychologischen Intelligenzforschung, die mitunter explizit darauf zielt, Intelligenz als biologisierte Personeigenschaft zu etablieren. Daher ist eine scharfe Unterscheidung zwischen dem pädagogischen Begabungsbegriff und dem psychometrischen Intelligenzbegriff dringend nötig, will man über Begabung und Inklusion sprechen. Der traditionelle psychometrische Intelligenzbegriff basiert in dieser Nomenklatur gesprochen nämlich auf ebenjenem mythischen Bild, das auf substanzialistische Weise ›Begabung‹ zu einer essenziellen und ontologisierten Eigenschaft von ›Auserwählten‹ macht. Auch Ziegler hebt vor diesem Hintergrund die Diskrepanz zwischen einem einschlägigen Fachpublikum, das die Gleichsetzung von Hochbegabung und hoher Intelligenz ablehnt, und einer breiten Masse an Menschen, die an dieser Vorstellung weiterhin festhalten, hervor (Ziegler 2017: 20). Dass so viele an dieser Vorstellung festhalten, ist jedoch – blickt man in die Geschichte – kein Zufall.

Knebel und Marquardt (2012) haben sich die Mühe gemacht, die Geschichte des Intelligenzbegriffs ausführlicher zu recherchieren und aus der Perspektive der Kritischen Psychologie zu analysieren. Anlass für diese Schrift waren die Äußerungen Thilo Sarrazins, der eine ›kollektive Verdummung‹ heraufbeschwor. Sarrazin stütze sich dabei auf psychologische Befunde, die den unteren Schichten und anderen ›Rassen‹ eine geringere Intelligenz attestierten. Es gab also einen dringenden Bedarf erneut zu klären, welche Befunde aus der Intelligenzforschung glaubwürdig und wissenschaftlich haltbar sind und welche aus rassenideologischen Gründen die Minderwertigkeit von Bevölkerungsgruppen propagieren, indem sie auf pseudo-wissenschaftliche Methoden zurückgreifen. Die Darlegungen von Knebel und Marquardt schließen sich dem Text von Pierre Bourdieu (1993) an, in welchem argumentiert wird, dass die Diskussion um den Anlage-Umwelt-Streit ungelöst bleibt, solange man nicht die historischen Möglichkeitsbedingungen der Virulenz dieser Debatte versteht. In diesem Sinne gilt es, »die sozialen Bedingungen des Auftretens einer solchen Fragestellung und des mit ihr eingeführten Klassenrassismus zu analysieren« (Bourdieu 1993: 254; Knebel/ Marquardt 2012: 90). Jede dekonstruktive Bewegung ist von einem solchen Ebenenwechsel gekennzeichnet; Die beiden resümieren daher nach Diskursübersicht: »Die meisten Kritiker der Intelligenzforschung argumentieren eher sozialwissenschaftlich, sie vertreten weder einen Gen- oder Umweltdeterminismus noch eine Kombination aus beiden – und sprengen damit den Rahmen der statistisch-experimentellen Psychologie selbst« (ebd.). Die Frage ›Anlage oder Umwelt‹ wird also gerade nicht durch eine 50-50-Figur oder andere Kompromisse beantwortet, sondern es muss gefragt werden, wozu die Frage dient und welche Folgen sie hat. Diese historischen Folgen beziehen sich vor allem auf (1) fragwürdige Selektionspraktiken im Schulsystem, (2) Zwangssterilisationen und (3) eugenische Ideologien, die gleichzeitig die Überlegenheit der weißen Rasse beweisen sollten und sowohl Einwanderungspolitiken als auch den Umgang mit dem verarmten Prekariat prägten. Wenige Beispiele aus dem deutlich ausführlicheren Aufsatz sollen an dieser Stelle genügen:

(1) Bereits Bourdieu (1993) wies darauf hin, dass der Intelligenztest im Zusammenhang mit der Einführung einer allgemeinen Schulpflicht erfunden wurde. »So wuchs das Bedürfnis, ein Instrument zur Selektion an die Hand zu bekommen« (Knebel/Marquardt 2012: 93). Diese Funktion von Intelligenzmessungen steht somit in einem direkten Widerspruch zum Anspruch der Inklusion, die sich dezidiert als Kritik am mehrgliedrigen Schulsystem und dessen diskriminierenden Segregationen versteht.

(2) »Wenig bekannt ist, dass auch im faschistischen Deutschland eine Intelligenzprüfung zur Feststellung von ›angeborenem Schwachsinn‹ als Grundlage für Zwangssterilisationen eingesetzt wurde« (ebd.: 100). Der Test, der damals »Intelligenzprüfungsbogen« (IPB) hieß, hat einen der Pädagogik allzu gut bekannten historischen Nachfolger: »Fast die gleichen Kategorien finden sich allerdings auch im Hamburg-Wechsler-Intelligenztest für Kinder (HAWIK), [...]. ›Allgemeines Verständnis‹ deckt sich mit den ›Sittlichen Allgemeinvorstellungen‹ des IPB. Unterschiede zu heutigen IQ-Tests bestehen in der Kürze und den ausschließlich verbalen Aufgaben des IPB« (ebd.: 100f).

(3) Erschreckend viele der heute noch viel zitierten Intelligenzforscher waren Eugeniker. »Die Eugeniker gingen davon aus, dass in den Industriestaaten das Selektionsprinzip durch eine verbesserte medizinische Versorgung und Sozialpolitik außer Kraft gesetzt sei, was eine überproportionale Vermehrung von ›minderwertigen‹ Bevölkerungsgruppen zur Folge habe« (ebd.: 94). Man suchte eine Erklärung für die Massenarmut und fand diese in der Hypothese genetischer Minderwertigkeit, die somit den Betroffenen die Schuld für ihre Misere zuschreibt. Die Intelligenzmodelle, die in diesem eugenischen Zeitalter verfasst wurden, waren

daher darauf angewiesen, eine angeborene Intelligenz anzunehmen, dienten sie doch dazu zu legitimieren, warum sich eine Förderung oder Verbesserung der Lage der Betroffenen nicht lohne:

»[So] ist die Überzeugung, Intelligenz exakt als eine angeborene und unveränderliche Größe messen zu können, Grundlage der eugenischen Intelligenzforschung, die sich vor allem in England und in den USA durchsetzen konnte. Die dazugehörige Intelligenztheorie – die ›g-Faktor‹-Theorie – entwickelte Charles Spearman am Londoner University College« (Knebel/Marquardt 2012, 96).

Dieses Modell wird auch heute noch in vielen Veranstaltungen zur ›Pädagogischen Psychologie‹ in der Lehrer- und Lehrerinnenbildung unterrichtet. Dabei sollte man jedoch folgende Informationen nicht weglassen:

»Spearman soll 1912 vorgeschlagen haben, das Wahlrecht und das Recht auf Fortpflanzung in England von einem Mindest-IQ abhängig zu machen. Ein Komitee der internationalen eugenischen Organisation, dem Spearman angehörte, bekam den Auftrag, Intelligenztests zu standardisieren, auch um angebliche Unterschiede in der Intelligenz zwischen Völkern oder ›Rassen‹ nachzuweisen. Diese Aufgabe erfüllten dann Spearmans Schüler John C. Raven und Raymond B. Cattell. [...Letztgenannter] verteidigte Spearmans ›g-Faktor‹-Theorie gegen Kritiker wie Louis Thurstone, der sieben Intelligenzfaktoren entdeckt haben wollte, und entwickelte das einflussreiche hierarchische Cattell-Horn-Modell mit der Trennung zwischen fluider (angeborener) und kristallisierter (erlernter) Intelligenz. Als Cattell 1997 die Goldmedaille der American Psychological Association (APA) für sein Lebenswerk erhalten sollte, wurden seine eugenischen Einstellungen publik gemacht, woraufhin die APA eine Untersuchungskommission zur Überprüfung der Vorwürfe einsetzte. Cattell lehnte die Auszeichnung ab und kam so einer Beurteilung zuvor« (ebd., 97).

Dennoch ist bekannt geworden, dass dieser Hitler »lobte« (ebd.: 98) und »gegen den Wohlfahrtsstaat mit seinen ›dysgenischen‹ Konsequenzen« war (ebd.). Die Anlage-Umwelt-Hypothese ermöglichte es demnach als die ›schwächere These‹, ein Konzept von angeborener Intelligenz zu erhalten, das ohne diese Modifikation sonst wahrscheinlich ganz verworfen worden wäre. Es war gewissermaßen strategisch klug von Cattell, dieses ›Eingeständnis‹ zu machen und seine These abzuschwächen bevor sie falsifiziert wird.

Dass sich das g-Faktor-Modell und die Überzeugung, es gäbe eine messbare, angeborene Intelligenz gegenüber alternativen Begabungskonzepten durchsetzen konnte, war demnach kein Ergebnis eines ernstzunehmenden wissenschaftlichen Diskurses, in dem das bessere Argument gewinnt, sondern vielmehr politisch gewollt in einer Zeit, in der rassistische und (proto-)faschistische Regime regierten und dezidiert zu diesen Forschungen aufforderten.

Aus einer seriösen testpsychologischen Betrachtung heraus ist die Essenzialisierung ein Fehlschluss auf Basis mangelnder Statistikkenntnisse,
»denn die Faktoranalyse ist für weitreichende Folgerungen bezüglich der
inhaltlichen Bedeutung von ›g‹ gar nicht geeignet. [... Sie ist] lediglich
eine Beschreibung der Daten, kein Existenzbeweis für eine bestimmte
Eigenschaft.« (Knebel/Marquardt 2012: 109). Dennoch gibt es nach wie
vor Intelligenzforscher, die behaupten, »dass Schulleistungstests wie
PISA eigentlich ›g‹ beziehungsweise allgemeine Intelligenz messen«
(ebd.: 97) – eine Annahme, die empirisch nicht haltbar ist und zudem zur
Legitimation der Reproduktion sozialer Ungleichheit im Schulsystem
beiträgt. Für den pädagogischen Kontext haben aus demselben Grund
Seitz et al. (2016: 16) darauf hingewiesen, dass derartige Konzeptionen
von ›Intelligenz‹ die damit einhergehende Behauptung reproduzieren,
die Mehrgliedrigkeit des Schulsystems spiegele die ›natürliche‹ Verteilung von Begabung in der Gesellschaft, was freilich mit dem Anspruch
Inklusion unvereinbar ist. Noch heute finden sich folglich die historischen Spuren eines essenzialisierten und ontologisierten – und somit
letztlich mythologischen – Intelligenzbegriffs und noch heute zeigt sich
in Rhetoriken wie jener Sarrazins, dass diese Konzeptionen aufgerufen
werden, um diskriminierende Verhältnisse zu rechtfertigen.

7 Synchrone Betrachtung: Was könnte Begabung noch sein?

Eine weitere dekonstruktive Technik fragt, an welchen Stellen ein Begriff
noch verwendet wird und wie sich seine Bedeutung durch diese Gleichzeitigkeit der Verwendung in verschiedenen Feldern verändert. Derzeit
befassen sich zum Beispiel viele mit »künstlicher Intelligenz«. Auch dort
wird gefragt, was die menschliche Intelligenz kennzeichnet; jedoch geschieht diese Bestimmung in Abgrenzung zu Computern. In philosophischen Debatten lernt man gewisse Grundsatzfragen zu stellen, die im
Tagesgeschäft oft vergessen werden, wie z.B. folgende Überlegung:
    Jüngst plädierte Jack Ma (2018) vor dem World Economic Forum dafür, in der Schule nur noch jene ›Begabungen‹ zu fördern, die nicht von
Computern ausgestochen werden können, da sie spezifisch für das
menschliche Dasein sind (kulturschaffend, ästhetisch, sozial, etc.). Mit
dieser Ansicht ist er nicht alleine (Monbiot 2017): Spätestens in dreißig
Jahren (aber vielleicht in den Grundzügen auch heute schon) braucht die

Welt keine hochintelligenten Menschen mehr, wenn mit ›Intelligenz‹ die Verarbeitungsgeschwindigkeit gemeint ist. Alle Items des IST und des HAWI-K werden von Computern schneller gelöst. Wozu sollte man also Menschen benötigen, die diese Items schneller lösen als andere Menschen? Wenn es wirklich um Tempo geht, kann man es einfach den Rechnern überlassen. Wir müssen uns voll und ganz daran gewöhnen, dass Intelligenz im Sinne von Verarbeitungsgeschwindigkeit im Computerzeitalter nichts mehr wert ist. Nicht sonderlich intelligent zu sein, ist demnach auch kein großes Manko, wenn die digitale Teilhabe gewährleistet ist. Gerade wenn man es ökonomisch denkt, macht es aus Arbeitgeberperspektive keinen Sinn, ›intelligente‹ im Sinne von ›verarbeitungsschnelle‹ Menschen einzustellen: die Kapazitäten seiner non-humanen Rechner zu erhöhen ist die günstigere und zuverlässigere Investition. ›Intelligenz‹ wird in Zukunft daher mit Kreativität, Kulturschaffen, schöpferischer Kraft oder prosozialem Verhalten assoziiert werden; oder sie wird schlicht irrelevant werden, da die künstliche Intelligenz die menschliche Intelligenz dermaßen überragt, dass auch ohne komplexe Testverfahren mit nacktem Alltagsverstand klar ist, wer schneller ist und mehr Informationen gleichzeitig verarbeiten kann.

Eine andere Möglichkeit wäre demnach, diese Gelegenheit zu nutzen, um den Intelligenzbegriff nicht nur von Begabung abzugrenzen, sondern sie in einer anthropologischen Zuspitzung dezidiert gegeneinander zu stellen: dann wären Computer ›intelligent‹ und Menschen ›begabt‹. Eine ›Begabung‹ von Computern (bzw. Maschinen oder Robotern) wäre definitorisch ausgeschlossen, da sich Begabungen sodann auf anthropologische Gegebenheiten beziehen würden, die also den Menschen vorbehalten sind. Daher hat Quitman (2013) völlig Recht, wenn er betont, man müsse in der Begabungsforschung mehr über Menschenbilder sprechen; doch könnte man mit Blick auf diese Gegenwart noch eine Schippe drauflegen: Was Begabung ist, wäre sodann zuvorderst anthropologisch bestimmbar. Im Gegensatz zur programmierbaren Intelligenz von Computern wäre Begabung sodann ein menschenspezifischer Prozess, der unter Menschen (in einem pädagogischen Verhältnis) hervorgebracht wird und auf etwas zielt, das ebenso vom Menschsein kündet. Auch mit synchronen Vergleichen kann man sich selbst also zur Begriffsarbeit anregen und sich auf die Suche nach anderen Verständnissen von »Begabung« machen. Fassen wir es zuletzt zusammen:

8 Erstes Fazit: Welche Begabungsbegriffe sind mit dem Anspruch »Inklusion« vereinbar?

Zunächst gilt es festzuhalten, dass es einen Begabungsbegriff gibt, der mit Sicherheit nicht mit dem Anspruch einer inklusiven Schule vereinbar ist. In Abschnitt 6 wurde diese historische Spur dargelegt, in der ein Begriff von Begabung als »Intelligenz« entfaltet wurde, der explizit dazu diente, Menschen nach Leistungsfähigkeit zu hierarchisieren und zu selektieren. Zur Legitimation dieser Selektionen, die in den dunkelsten Zeiten der Geschichte bis zur Tötung reichten, brauchte es einen statischen Begabungsbegriff, der essenziell an der Person hängt und als biologisch verankert gilt. Soziale Variablen, die Faktoren der Erziehung und Bildung, eines anregungsreichen Milieus, Prozesse der gesellschaftlichen Be_Hinderung – alles Veränderliche und Beeinflussbare wurde in diesem essenzialistischen Konstrukt von ›Begabung‹ ausgeblendet, da es darauf zielte, die Begabten als höherwertige Rasse zu konstruieren, die über ein angeborenes und dadurch natürliches Privileg verfüge. Nicht umsonst spricht Bourdieu von einem »Rassismus der Intelligenz« (1993): Biologisierung, Rassifizierung und die Legitimation sozialer Ungleichheit bilden in diesem historischen Begabungsbegriff einen engen Knoten.

Will man sich mit nicht-diskriminierenden, inklusiven Konzepten der Förderung von »Begabung« befassen, gilt es also zunächst, sich dieser historischen Spur bewusst zu sein und entsprechende Argumentationen wiederzuerkennen, wann immer sie reproduziert werden. In der zeitgenössischen Intelligenzforschung gibt es bereits einige avanciertere Konzepte, welche die Tür für eine sozial- und gesellschaftskritische Analyse geöffnet haben. Mit Blick auf Behinderung scheint zudem die Annahme einer allgemeinen – also bereichsunspezifischen – Begabung zunehmend lächerlich. Zu genau wissen Behindertenpädagoginnen und -pädagogen aus der Praxis wie vielfältig und verschachtelt Kombinationen aus großer Langsamkeit, Unverstehen, Fähigkeiten, Potenzialen und Talenten sein können. Das Konzept des g-Faktors entbirgt sich so als falscher Universalismus. Insbesondere konnte mit Schriften aus der Kritischen Psychologie gezeigt werden, dass das g-Faktor-Modell explizit der Rettung des essenzialisierenden Basisarguments dienen sollte und zu Zwecken der Legitimation eugenischer Ideologien konzipiert und vertreten wurde.

Des Weiteren gilt es, aus der Behindertenpädagogik zu lernen. Diese hat gezeigt, dass sich vieles, das historisch als »biologisch bedingt« abgetan wurde, durch pädagogischen Einsatz als menschengemacht herausstellte. Der Fokus auf das Veränderliche, gesellschaftlich Bedingte ist dem Pädagogischen immanent. Freilich gilt es, Grenzen des Unmöglichen zu achten, um nicht einem Machbarkeitswahn zu verfallen; doch gelingt dies nur, wenn wir uns gleichzeitig darin üben zu reflektieren, welche Grenzen erst durch die pädagogische Sonderbehandlung selbst entstehen. Was für Behinderung gilt, gilt auch für Begabung: Der Fokus auf Angeborenes verschleiert pädagogische Machtverhältnisse und die Macht pädagogischer Eingriffe.

Steenbuck (2013: 237) nennt mit Verweis auf einen Vortrag von Simone Seitz (2011) resümierend vier Kriterien für einen solchen Übergang zu einem ›inklusionskompatiblen‹ Zugang zu Begabungsförderung: (1) »Den Abschied von einer Ausrichtung auf einseitige Merkmale«, der hier als Ent-Essenzialisierung bezeichnet wurde; (2) »Den Abschied von der Substanzialisierung von Merkmalen«; (3) ein dynamisches statt ein statisches Modell; (4) eine Überwindung der Defizitorientierung (ebd.: 238). Der vorliegende Artikel befasste sich – entlang dieser Liste formuliert – damit, wie die ersten beiden Schritte gelingen und welche Konzepte von »Begabung« sodann erscheinen. Genau dazu dient der philosophische und theoretische Rahmen der Dekonstruktion, der auf jenes zielt, was in anderen Kreisen »Dekategorisierung« genannt wird. Von dort ausgehend lassen sich drei Dinge festhalten, die eine Ent-Essenzialisierung befördern helfen und eine Ontologisierung verhindern:

- Der Begabungsbegriff darf nicht geschichtsvergessen sein: Es braucht eine Sensibilität für die Gefahren der Essenzialisierung und Biologisierung. Dies bedeutet nicht, alle biologischen Befunde zu verwerfen (das wäre ebenso unwissenschaftlich!), sondern es bedeutet, kritisch zu beobachten, was aus biologischen Befunden im Diskurs gemacht wird. Auf Basis dieser historischen Erfahrung gilt es einen Begabungsbegriff zu entfalten, der die Veränderlichkeit fokussiert und sich insbesondere im pädagogischen Bereich auf jene Faktoren konzentriert, die wir Menschen in der Hand haben, um möglichst jeden Menschen in der Entwicklung seiner Talente zu enthindern.

- Die Diagnostik von Begabung darf nicht stattfinden, um einem Menschen seine prinzipielle Überlegenheit oder Unterlegenheit auf Basis einer Gruppenbezugsnorm (wie z.b. der Schulklasse) zu attestieren. Genauso wie bei der Diagnostik von Behinderungen im inklusiven Kontext, gilt es auch bei der Begabungsdiagnostik auf eine pädagogische Fragestellung hin und zum Zweck der Förderplanung zu beobachten. Wie begabt ein Kind ist, ist keine ernstzunehmende pädagogische Fragestellung, denn aus diesem Attest folgt nichts für den pädagogischen Umgang und die Unterrichtsplanung. Insbesondere gilt es darauf zu achten, dass keine begabungsbasierten Hierarchisierungen unter den Schülerinnen und Schülern stattfinden, welche die Verachtung und Geringschätzung von sodann als »weniger begabt« Etikettierten legitimieren.

- Es gilt, sämtliche g-Faktor-Modelle (Spearman 1904) zu verwerfen, da diese der Inbegriff von Essenzialisierung sind. Die historischen Analysen haben ebenso wie die logischen Analysen gezeigt, dass es mit einem Konzept multipler Intelligenzen (Gardner 1985), die sich nicht auf eine allgemeine Disposition hin bündeln lassen oder aus einer solchen herleiten, nicht möglich gewesen wäre, eine derart menschenverachtende Hierarchisierung und Entwertung von Bevölkerungsgruppen zu betreiben. Im inklusiven Kontext kann die Frage daher nicht lauten ›Spearman oder Gardner‹? G-Faktor-Modelle sind aus inklusionspädagogischer Sicht nicht haltbar (siehe Graalmann in diesem Band). Sie wurden explizit dazu geschaffen, Menschen zu hierarchisieren, eine Grenze des Normalen festzulegen und die Menschen unterhalb dieser Grenze in eugenischen Programmen auszurotten. Diese Forschungsmotivation der Hierarchisierung ist in die Basisthese der Normalverteilung von Intelligenz eingeschrieben und lässt sich nicht von den so erstellten IQ-Tests trennen – auch nicht in zeitgenössischen Variationen: Der IQ dient dazu festzulegen, wer mehr und wer weniger kann, als eine hierarchisierende Statusdiagnostik, die insbesondere im Kontext von Selektionsprozessen Beliebtheit genießt. Er ist somit streng genommen kein diagnostisches Instrument, sondern ein Siebinstrument, denn Diagnostik dient der Erkenntnis komplexer Strukturen, während das Sieb eine pragmatische Vereinfachung zu Selektionszwecken darstellt. Wir brauchen in der pädagogischen Praxis jedoch keine pragmatische Vereinfachung der Wahrnehmung, sondern mehr Komplexität, um Begabungsprofile verschiedenster Art gebührend erfassen zu können.

Häufig heißt es in der zeitgenössischen Pädagogik, man solle sich mit psychologischen Befunden befassen. In diesem Fall jedoch wäre der umgekehrte Dienstweg anzuempfehlen: Die Pädagogik hat einen enormen reflexiven Vorsprung vor der Psychologie, in der sich nur wenige Menschen, die sich zudem in der Regel dezidiert als »Kritische Psychologinnen und Psychologen« positionieren, mit der Geschichte und den sozialen Konsequenzen der Intelligenzmessung befassen. Es bleibt also zu hoffen, dass im Sinne einer Humanisierung der Intelligenzforschung zur Begabungsforschung mehr Psychologinnen und Psychologen die Befunde und Konzepte zum pädagogischen Begabungsbegriff rezipieren. Begabung begann als mythologische Kategorie, wurde in dieser Mythologisierung genutzt, um mithilfe pseudo-wissenschaftlicher Mittel einen Übermenschen und eine überlegene Rasse auszuzeichnen und hat im Grunde genommen erst jetzt überhaupt die Chance zu einem ernstzunehmenden wissenschaftlichen Begriff zu werden. Erkennt man die historische Tatsache an, dass die Geschichte der Intelligenzmessung keine wissenschaftliche Tradition ist, auf die man sich ernstlich beziehen kann, beginnt die Grundlagenforschung zu diesem Thema erst jetzt. Ein Bewusstsein für diese Geschichte erhöht die Sensibilität für die Überreste dieser mythologisch ontologisierten Narration von Begabung und hilft dabei zu verstehen, warum viele Inklusionsforscherinnen und -forscher gegenüber der Begabungsforschung zurecht skeptisch waren und sind. Weiß man um die Geschichte, ist offensichtlich, dass diese Berührungsängste kein Zufall sind; und tatsächlich kann man nicht allen Begabungsforscherinnen und -forschern vertrauen, dass sie sich dieser Problematiken bewusst wären. Menschen aus der Begabtenpädagogik würde ich daher – wie nun hoffentlich nachvollziehbar ist – empfehlen, sich geschichtsbewusst und solidarisch zu zeigen, wenn sie den Kontakt mit Inklusionsforscherinnen und -forschern suchen. Insbesondere dürfte deutlich geworden sein, warum es zynisch ist, hochbegabte Kinder als ›diskriminierte Gruppe‹ darzustellen: Man kann die systematische Verfolgung, Zwangssterilisation und sogar Ausrottung von Menschen nicht mit dem Schicksal jener vergleichen, die über dieselbe Konstruktion als ›höherwertiges Menschengeschlecht‹ konstruiert wurden. Diskriminierung bezeichnet jedoch den Prozess der herabsetzenden und verächtlichen Essenzialisierung mit dem Ziel eine Bevölkerungsgruppe zu entmachten, zu unterdrücken und im schlimmsten Fall sogar auszulöschen.

Die Narration gemäß derer Begabtenförderung ein relativ neuer Diskurs sei, der sich Schülerinnen und Schülern widmet, die zuvor ›übersehen‹ wurden, ist schlichtweg historisch falsch. Vielmehr gilt es nachzuvollziehen, von welchem dunklen Erbe man sich abgrenzen wollte als man begann, weniger über vermeintliche oder vermutliche ›angeborene Begabungen‹ zu sprechen und sich stattdessen auf die Förderung aller Schülerinnen und Schüler zu konzentrieren. Die Begabtenpädagogik wurde demnach aus ethischen Gründen und mit Absicht marginalisiert. Wer sich wünscht, die Begabungsforschung möge aus ihrem Nischendasein entlassen werden, ist daher in der Beweispflicht zu zeigen, dass sich zeitgenössische Verständnisse von Begabung nicht mehr in der Hierarchisierung von Menschen ergießen. Es ist extrem auffällig, dass sich in der Inklusionspädagogik und in der Behindertenpädagogik in nahezu jeder Einführung mindestens ein Absatz zur Nazi-Zeit befindet, während dieser Abschnitt in Einführungen zu Hochbegabung und Begabtenförderung fehlt. Es macht skeptisch; es macht aus inklusionspädagogischer Perspektive misstrauisch; denn wer seine Geschichte nicht kennt, ist allzu oft verdammt, sie zu wiederholen. Ich hoffe sehr, dass die meisten darüber schweigen, weil sie es für »zu selbstverständlich« halten, dass sie das gewiss nicht meinen oder wollen. Aber gerade wenn das so ist, lohnt es sich wahrscheinlich Gewahr zu werden, dass dies von der anderen Seite wie Verleugnung, Unkenntnis oder mindestens Naivität aussieht.

Die Frage muss so gesehen nicht lauten, ob Inklusion und Begabungsförderung zusammenpassen, sondern sie muss lauten: Wie können wir die Begabungsförderung dermaßen von ihrem dunklen Erbe befreien, dass sie ganz selbstverständlich Teil der anti-diskriminierenden, also inklusiven Pädagogik wird? Die Aufgabe der Begabungsförderung besteht sodann darin, sich mit diesem Erbe offen zu befassen und es durchzuarbeiten (und ein konsequentes Umtaufen von »Begabtenförderung« zu »Begabungsförderung« scheint dabei ein guter erster Schritt; siehe auch Solzbacher in diesem Band). Die Aufgabe der Inklusionspädagogik besteht darin, die Begabungsförderung nicht in einem Pauschalurteil abzutun, sondern sich für neue, kreative Definitionen von »Begabung«, die in anti-diskriminierender Absicht formuliert wurden, zu öffnen (siehe Graalmann in diesem Band).

9 Zweites Fazit: Wie kann Begabungsförderung im inklusiven Kontext gelingen?

Nachdem die Verwebungen zwischen der Geistigbehindertenpädagogik und der Begabtenförderung durch ihre gemeinsame Geschichte gezeigt wurden, ist es nun möglich in einem weiteren und letzten Transfer das Konzept von Begabungsförderung neu zu rahmen.

Andernorts (Boger 2015; 2017) habe ich vorgeschlagen, Inklusion als Trilemma zu betrachten. Ein Trilemma besteht aus drei Sätzen, von denen immer nur zwei gleichzeitig wahr sein können. Hat man zwei der Sätze akzeptiert, fällt der dritte also notwendigerweise hinten runter. Diese drei Basissätze, die inklusive Pädagogiken kennzeichnen, sind:

Inklusion braucht Empowerment.
Inklusion braucht Normalisierung.
Inklusion braucht Dekonstruktion.

Benutzt man den Reflexionsrahmen der Theorie der trilemmatischen Inklusion nun für Begabung, muss man zunächst eine kleine Modifikation einfügen, da – wie wir oben gesehen haben – nicht alle Begabungsprofile von Diskriminierung betroffen sind. Empowerment jedoch ist ein Prozess, der nur von diskriminierten Gruppen durchlaufen werden kann, da es dabei um die Ermächtigung einer unterdrückten Gruppe geht (in diesem Fall also jene, die mit dem Etikett »Lernbehinderung« belegt werden). Was besonders begabte Kinder und sogenannte »Lernbehinderte« gemeinsamen haben, ist jedoch, dass bei beiden diskutiert werden kann, ob und inwiefern sie tatsächlich anders* sind und anders* lernen (siehe Greiten in diesem Band). Das Wörtchen anders* wird daher im Folgenden mit einem Stern geschrieben, um daran zu erinnern, dass Uneinigkeit darüber herrscht, inwiefern die so adressierten Kinder anders* sind. Diese Uneinigkeit ist wiederum der Grund dafür, dass es sich um ein Trilemma handelt.

Bezogen auf Begabung wird aus den drei Basissätzen also der Widerstreit zwischen folgenden drei pädagogischen Ansichten oder Zugangsweisen:

(E) Es gibt Kinder, die ein Begabungsprofil aufweisen, das sehr anders* ist als das der anderen Kinder, weil es markante Stärken oder Schwächen (oder beides) aufweist. Dabei gilt in jedem Fall, dass die Anerkennung dieser Andersheit* wichtig ist, um die entsprechenden Kinder adäquat fördern zu können. Kommt noch hinzu, dass das Begabungsprofil eines ist, das auf diskriminierende Weise herabgesetzt wird, brauchen die betroffenen Kinder außerdem ein Empowerment, um zu lernen, dass es ok ist, anders* zu sein und auf andere* Weise zu lernen.

(N) Es braucht eine Teilhabe am normalen* Unterricht und ein Eingebundensein in die Klassengemeinschaft. Es darf keine dauerhafte und schädliche Verbesonderung geben.

(D) Es braucht eine Dekonstruktion der Zuschreibungen von Andersheit* und Normalität*, um die eingleisigen und stereotypalen Konzepte von Hochbegabung und Minderbegabung, die in unserer Gesellschaft immer noch wirkmächtig sind, zu erodieren.

Was geschieht nun, wenn man zwei dieser Aussagen kombiniert, und warum fällt sodann die dritte weg? Beginnen wir mit der Kombination der Punkte N und D, also der Vorstellung, Inklusion bedeute eine Dekonstruktion von Normalvorstellungen. Diese Linie dominierte bisher den Aufsatz, der sich weitgehend um ebenjene Ent-Essenzialisierung drehte, die dazu notwendig ist, nicht mehr in diesen rigiden und hierarchisierenden Kategorien zu denken. Vor allem in Absatz 3 wurde ausgeführt, dass dies zu einer Grundhaltung führt, die besagt »Alle Kinder sind begabt«. Die Frage ist sodann nur, in was sie begabt sind und wovon sie behindert werden. Würde man diesen Weg der Dekonstruktion von Normalität radikal zu Ende gehen, gäbe es weder Hochbegabte noch Minderbegabte, sondern eben nur noch verschiedene Begabungsprofile. Der Slogan der Inklusionsbewegung »Es ist normal, verschieden zu sein« bedeutet dann »Es ist normal, verschiedene Begabungen, Stärken und Schwächen zu haben«. Die dritte Behauptung, dass es sehr wohl Menschen mit markant anderen* Begabungsprofilen gibt, ist dadurch logisch ausgeschlossen (N + D → non-E), da es gemäß dieses Zugangs explizit darum geht, essenzialisierende Adressierungen und Verbesonderungen zu unterlassen. Die Inklusionspädagogik der ND-Linie wird daher häufig dafür kritisiert, Differenz zu nivellieren: Wer darauf besteht, dass es keine Normalität gibt und dass wir entweder alle normal* oder alle ein bisschen anders* (begabt) sind, läuft Gefahr zu übersehen, wenn Menschen markant anders* sind, also tatsächlich etwas Besonderes.

Nimmt man den Basissatz E an, glaubt man also daran, dass es Begabungsprofile gibt, die derart markant anders* sind, dass sie einer speziellen Förderung bedürfen. Auch diese Annahme hat jedoch einen Schatten, denn sie öffnet die Tür für Prozesse der Essenzialisierung und der Verbesonderung, mitsamt aller oben genannten Gefahren. Dennoch kann dies mitunter legitim sein, da sonst die soeben beschriebene Nivellierung von Differenz droht. Was geschieht, wenn man nun einen weiteren Punkt hinzufügt?

Tab. 2: Begabungsförderung im Trilemma

	Konzept	Vorteile	Nachteile
Empowerment und Normalisierung (EN)	Förderung auf Basis der Anerkennung besonderer* Bedürfnisse; gezieltes Adressieren dieser anderen* Lernwege	ermöglicht Konzepte der Früherkennung und Präventionslogiken; hohe Sensibilität für riskante Abweichungen	non-D: Es besteht die Gefahr eines rigiden Schubladendenkens; eine Zwei-Gruppen-Theorie teilt die Schulklasse in »normale« Kinder und »Förder-Kinder«
Normalisierung und Dekonstruktion (ND)	starkes Konzept einer *allgemeinen* Bildung und einer Förderung *aller* Schülerinnen und Schüler	Keine Zuschreibung von Andersheit und keine Verbesonderung; Das Konzept von Begabung ist entessenzialisiert.	non-E: Es droht eine Nivellierung von Unterschieden, bei der besondere* Kinder übersehen werden

Dekonstrukti-on und Em-powerment (DE)	Förderung in segregierten Räumen, die es erlauben, auf die besonderen* Bedürfnisse nicht vereinzelt und alleine, sondern als Gruppe ein-zugehen; ermög-licht Austausch unter Gleichbe-troffenen (peer learning)	ermöglicht es den anderen* Schüle-rinnen und Schü-lern sich nicht als Abweichung vom Normalen zu ver-stehen, sondern ein anderes Selbstbild zu entwickeln, das sich dieser Fremd-zuschreibung ent-zieht.	non-N: Die Verbe-sonderung und Segregation verhär-tet sich; die Teilha-be am normalen* Unterricht und an der Klassen-gemeinschaft wird gefährdet.

Verbindet man Empowerment und Normalisierung (E + N), geht es um die Förderung dieser besonderen* Kinder und deren Teilhabe an einer gemeinsamen Normalität: es wird Wert darauf gelegt, dass sie weiterhin auch am normalen Unterricht teilnehmen und Teil der Klassengemein-schaft sind (soziale Integration). Die Aporie dieser Ansätze besteht darin, dass sie die dekonstruktive Bewegung verunmöglichen, indem sie in der Klassengemeinschaft jenes verhärten, was Hinz (2002) eine »Zwei-Gruppen-Theorie« genannt hat (E + N → non-D): Der EN-Zugang repro-duziert Tag für Tag das Bild, dass es normale* Kinder und besondere* Kinder gäbe, solche, denen der normale* Unterricht angeblich reicht, und solche, die eine besondere* Förderung erhalten.

Zuletzt kann man auch die Punkte Empowerment und Dekonstrukti-on verbinden. Sodann geht man also davon aus, dass es sich um Kinder handelt, die einer besonderen* Förderung bedürfen, versucht dabei aber gleichzeitig, diese Förderung auf Basis eines anderen Begabungsbegriffs zu vollziehen als dem normalistischen, der die eigene Klientel als »Ab-weichung« von Normalen konstruiert. Dies geschieht in der Regel in segregierten Räumen, da die ständige Verbesonderung im normalen* Unterricht (wie sie im EN-Modell geschieht) selbst die stärkste Form der Reproduktion dieses Bildes von »Abweichung vom Normalen« ist. Es handelt sich also um eine andere Art von Dekonstruktion. Während die Dekonstruktion von Normalität (N + D) darauf zielt, ebenjenen Binaris-

mus zu erodieren, dreht sich die dekonstruktive Bewegung in segregierten Räumen darum, die eigene Andersheit* aus sich selbst heraus zu
explorieren. Hier geht es folglich um das Selbstverhältnis und das Verhältnis zu gleichbetroffenen anderen* Kindern. Internalisiert ein Kind die
Vorstellung, dass es vom Normalen* »abweicht«, gar selbst eine solche
regelrecht »widernatürliche Abweichung« ist, kann dies schwerwiegende
Folgen für das Selbstbild haben. In segregierten Räumen lernen die Kinder, sich von diesen Normalkonstruktionen zu emanzipieren. Daher ist
die Normalisierung in diesen Konzepten ausgeschlossen (D + E → non-
N), da sie sich darauf fokussieren zu vermitteln, dass es in Ordnung ist,
anders* zu sein und anders* zu lernen, während sie gleichzeitig versuchen zu vermitteln, dass es beim Erkunden dieser anderen* Wege nicht
darum geht, sich ständig mit den Normalen* zu vergleichen, sondern
darum, ganz bei sich zu bleiben und diese Wege nur daran zu messen, ob
sie für einen gangbar sind. Sie bilden dabei ganz eigene Normalitäten
aus, die sich auch als Gegennormalitäten beschreiben lassen: So ist es
zum Beispiel auf einem Musikinternat ganz normal* sechs Stunden am
Tag Geige zu üben. In der Regel enthält diese Gegennormalität daher
auch eine eigene Gruppenbezugsnorm, eigene Rituale und Sitten, die im
Extremfall bis hin zu einer eigenen Subkultur in diesem Mikrokosmos
reichen können. Dieser Prozess läuft sehr verschieden in Abhängigkeit
davon, ob es sich (wie bei dem Musikinternat) um eine Form von Andersheit* handelt, die in einer Kultur geschätzt wird oder ob es sich um
eine geringgeschätzte, also diskriminierte Form von Andersheit* handelt
(wie zum Beispiel bei sog. Lernbehinderungen). Der Normalisierungs-
prozess ist jedoch stets (zumindest temporär) ausgeschlossen, da dieser
Prozess fokussiert, sich von ebenjenen Normalvorstellungen zu emanzipieren, um zu einem selbstbestimmteren Selbstbild zu kommen, indem
man das eigene Lernverhalten zum Ausgangspunkt nimmt und nicht die
Normalität oder die ›Abweichung‹ von dieser.

   Zuletzt beachte man, dass das soeben Dargelegte und in der Tabelle
Gezeigte für sogenannte »Hochbegabte« genauso gilt wie für sogenannte
»Lernbehinderte« – bis auf den markanten Unterschied der diskriminierenden Herabsetzung der Letztgenannten. Bis auf diesen einen Unterschied sind es genau dieselben pädagogischen Aporien. Begabtenpädagogik und Geistigbehindertenpädagogik werden von der Inklusionspädagogik weitgehend vor dieselben Probleme gestellt: Beide betrachten

ihre Klientel als eine mit besonderen* Bedürfnissen und einem besonderen* Förderbedarf (Punkt E) – wäre dies nicht der Fall, bräuchte man
diese Teildisziplinen schließlich nicht und sie könnten sich selbst ab-
schaffen, um in der Allgemeinen Pädagogik aufzugehen. Beide reflektieren, ob es Entwicklungsaufgaben und Probleme gibt, die sich in segregierten Räumen mit spezialisierter Förderung besser angehen lassen (DE)
und wie dies mit einem gemeinsamen Unterricht vereinbar sein könnte
(EN). Beide werden auf ihre Grenze verwiesen, wenn sich die Aporie der
essenzialistischen Adressierung darin zeigt, dass die vermeintlich besonderen* Probleme tatsächlich allgemeine* Probleme der Entwicklung sind,
die alle Kinder betreffen (ND). Beide haben Angst, dass eine Dominanz
der ND-Linie dazu führen würde, dass die Besonderheiten* und besonderen* Bedürfnisse ihrer Klientel übersehen werden (ND im Streit mit E).
In diesem Sinne lohnt sich der Austausch auf jeden Fall.

Der unhintergehbare Unterschied besteht jedoch darin, dass es sich
bei Menschen mit sogenannter Lernbehinderung um eine diskriminierte
Gruppe handelt, während dies bei zum Beispiel musikalisch Hochbegabten nicht der Fall ist. Dieser unhintergehbare Unterschied führt dazu,
dass der Empowermentprozess nur für diskriminierte Gruppen einen
harten Kampf gegen negative Stereotype, strukturelle Benachteiligung
und Herabsetzung bedeutet, während es deutlich leichter ist, mit einer
Zuschreibung von Andersheit im Frieden zu sein, wenn es sich dabei um
das Attest eines besonderen* Talents handelt. Freilich hadern auch Kinder, die in etwas besonders* begabt sind, mitunter mit ihrer exponierten
Stellung (siehe Greiten in diesem Band); aber nur, wenn dieser unhintergehbare Unterschied zwischen einer diskriminierenden Verbesonderung
und einer Talente adelnden Verbesonderung akzeptiert wird, lässt sich
über diese Probleme mit gebührender Komplexität sprechen. Der Dialog
zwischen Lernbehinderungspädagogik und Begabungsförderung würde
sodann, wenn er solidarisch geführt wird, erlauben, genau diese Differenz herauszuarbeiten.

Literatur

Amrhein, B. (Hg.) (2016): Diagnostik im Kontext inklusiver Bildung. Theorien, Ambivalenzen, Akteure, Konzepte. Bad Heilbrunn: Klinkhardt.

Boger, M.-A. (2015): Theorie der trilemmatischen Inklusion. In: Schnell, I. (Hg.): Herausforderung Inklusion – Theoriebildung und Praxis. Bad Heilbrunn: Klinkhardt.

Boger, M.-A. (2017): Theorien der Inklusion – eine Übersicht. In: Zeitschrift für Inklusion, Nr. 1., S. 51-62.

Boger, M.-A., Textor, A. (2016): Das Förderungs-Stigmatisierungs-Dilemma – Oder: Der Effekt diagnostischer Kategorien auf die Wahrnehmung durch Lehrkräfte. In: Amrhein, B. (Hg.): Diagnostik im Kontext inklusiver Bildung – Theorien, Ambivalenzen, Akteure, Konzepte. Bad Heilbrunn: Klinkhardt.

Bourdieu, P. (1993): Soziologische Fragen. Frankfurt/Main: Suhrkamp.

Dederich, M. (2015): Unterstützung durch Dekategorisierung? Eine Replik auf Andreas Hinz und Andreas Köpfer. In: Vierteljahresschrift für Heilpädagogik und ihre Nachbargebiete, Jg. 85, Nr. 1, S. 48-52.

Feuser, G. (1996): »Geistigbehinderte gibt es nicht!«. Zum Verhältnis von Menschenbild und Integration. 11. Österreichischen Symposium für die Integration behinderter Menschen »Es ist normal, verschieden zu sein«. Tafie – Tiroler Arbeitskreis für integrative Erziehung; Tiroler Vereinigung zugunsten behinderter Kinder; Institut für Erziehungswissenschaften der Universität Innsbruck. Innsbruck, 06.06.1996.

Gardner, H. (1985): Frames of mind. The theory of multiple intelligences. New York: Basic Books.

Hinz, A. (2002): Von der Integration zur Inklusion – terminologisches Spiel oder konzeptionelle Weiterentwicklung? In: Zeitschrift für Heilpädagogik, Jg. 53, S. 354-361. http://bidok.uibk.ac.at/library/hinz-inklusion.html#idp37088720. Zugriff am 25.03.2018.

Hinz, A., Köpfer, A. (2015): Unterstützung trotz Dekategorisierung? Beispiele für Unterstützung durch Dekategorisierung. In: Vierteljahresschrift für Heilpädagogik und ihre Nachbargebiete, Jg. 85, Nr. 1, S. 36-47.

hornscheidt, l. (2012): feministische w_orte. ein lern-, denk- und hand-lungsbuch zu sprache und diskriminierung, gender studies und femi-nistischer linguistik. Brandes Apsel Verlag (wissen & praxis – Trans-disziplinäre Genderstudien).

Hüther, G., Hauser, U. (2012): Jedes Kind ist hoch begabt. Die angebore-nen Talente unserer Kinder und was wir aus ihnen machen. München: Knaus.

Knebel, L., Marquardt, P. (2012): Vom Versuch, die Ungleichwertigkeit von Menschen zu beweisen. In: Haller, M., Niggeschmidt, M. (Hg.): Der Mythos vom Niedergang der Intelligenz. Wiesbaden: VS Verlag für Sozialwissenschaften, S. 87-126.

Kwietniewski, J. (2013): Intelligenzdiagnostik in der Begabtenförderung. In: Trautmann, T., Manke, W. (Hg.): Begabung – Individuum – Gesell-schaft. Begabtenförderung als pädagogische und gesellschaftliche Herausforderung. Weinheim: Beltz Juventa, S. 49-64.

Ma, J. (2018): If we do not change the way we teach, thirty years from now we will be in trouble. https://www.youtube.com/watch? v=pQCF3PtAaSg. Zugriff am 25.03.2018.

Monbiot, G. (2017): In an age of robots, schools are teaching our children to be redundant. In: the guardian, 15.02.2017. https://www. theguardian.com/commentisfree/2017/feb/15/robots-schools-teaching-children-redundant-testing-learn-future. Zugriff am 25.03.2018.

Pfahl, L. (2011): Techniken der Behinderung. Der deutsche Lernbehinde-rungsdiskurs, die Sonderschule und ihre Auswirkungen auf Bil-dungsbiografien. Bielefeld: transcript-Verl.

Quitmann, H. (2013): Einmal schlau – immer schlau? Überlegungen zum Menschenbild in der Begabtenförderung. In: Trautmann, T., Manke, W. (Hg.): Begabung – Individuum – Gesellschaft. Begabtenförderung als pädagogische und gesellschaftliche Herausforderung. Weinheim: Beltz Juventa, S. 30-38.

Seitz, S., Pfahl, L., Lassek, M., Rastede, M., Steinhaus, F. (2016): Hochbe-gabung inklusive. Inklusion als Impuls für Begabungsförderung an Schulen. Weinheim, Basel: Beltz (Hochbegabung und pädagogische Praxis).

Spearman, C. (1904): General intelligence objectively determined and measured. In: The American Journal of Psychology, Jg. 15, Nr. 2, S. 201-292.

Solzbacher, C., Behrensen, B. (2015): Inklusive Begabungsförderung und individuelle Förderung. Grundlegungen, Chancen und Herausforderungen einer vielversprechenden Symbiose. In: Solzbacher, C., Weigand, G., Schreiber, P. (Hg.): Begabungsförderung kontrovers? Konzepte im Spiegel der Inklusion. Weinheim, Basel: Beltz, S. 13-27.

Steenbuck, O. (2013): Integration, Inklusion, Segregation? Schulische Begabtenförderung im Kontext von Inklusion. In: Trautmann, T., Manke, W. (Hg.): Begabung – Individuum – Gesellschaft. Begabtenförderung als pädagogische und gesellschaftliche Herausforderung. Weinheim: Beltz Juventa, S. 224-240.

Stinkes, U. (2015): Dekategorisierung. Perspektiven der Beziehung zum Anderen. In: Vierteljahresschrift für Heilpädagogik und ihre Nachbargebiete, Jg. 84, Nr. 4, S. 285-298.

Trautmann, T. (2005): Einführung in die Hochbegabtenpädagogik. Baltmannsweiler: Schneider-Verl. Hohengehren (Grundlagen der Schulpädagogik, 53).

Trautmann, T. (2013): Zu allem fähig und zu nichts in der Lage? Hochbegabte zwischen theoretischer Modellierung und aktiver Lebensbewältigung. In: Trautmann, T., Manke, W. (Hg.): Begabung – Individuum – Gesellschaft. Begabtenförderung als pädagogische und gesellschaftliche Herausforderung. Weinheim: Beltz Juventa, S. 16-29.

Vogt, M., Krenig, K. (2015): Hochbegabtenförderung aus inklusiver Perspektive – ein Brückenschlag. In: Solzbacher, C., Weigand, G., Schreiber, P. (Hg.): Begabungsförderung kontrovers? Konzepte im Spiegel der Inklusion. Weinheim, Basel: Beltz, S. 69-84.

Ziegler, Albert (2017): Hochbegabung. München: UTB.

Ziemen, Kerstin (2016): De-Kategorisierung. In: Vierteljahresschrift für Heilpädagogik und ihre Nachbargebiete, Jg. 85, Nr. 2, S. 93-97.

Perspektiven auf ausgewählte schulische Handlungsfelder

Ulf Algermissen

Begabungen und individuelle Lernvoraussetzungen bei Schülerinnen und Schülern in Förderschulen finden und entwickeln – mit »Kindern gemeinsame Sache machen«

1 Einleitung

Mit diesem Text möchte ich grundlegende Prinzipien einer (sonder-) pädagogischen Lernumgebung in einer Förderschule mit Verweisen auf ihre erziehungswissenschaftlichen und psychologischen Annahmen und Bedingungsfaktoren begrifflich erfassen. Schwerpunkt der St. Ansgar Schule ist die Unterstützung der emotionalen und sozialen Entwicklung von zurzeit 120 Kindern und Jugendlichen im Alter zwischen sechs und 18 Jahren; allen wurde ein pädagogischer Unterstützungsbedarf für den Bereich der emotionalen und sozialen Entwicklung zugesprochen. In der St. Ansgar Schule arbeiten 24 Kolleginnen und Kollegen verschiedener Professionen zusammen: Förderschullehrerinnen, Lehrerinnen und Lehrer, Sozialpädagoginnen, Kulturwissenschaftler und Diplompädagoginnen.

Jede und jeder Lehrende betreut eine meist altersheterogene Lerngruppe mit acht bis zehn Schülerinnen und Schülern über den ganzen Vormittag in Zusammenarbeit mit einer pädagogischen Hilfskraft. Diese ist in der Unterstufe als »Teamteacher« ständig, in den Oberstufenklassen zeit- oder bedarfsweise, anwesend.

Der Förderung von Begabungen unserer Schülerinnen und Schüler gehen wir auf der Grundlage einer kooperativen Pädagogik als einer »Pädagogik der gemeinsamen Sache« – einer Formel von Franz Schönberger (vgl. Jetter 2013: 91) – nach. Der kooperative Aspekt der Pädagogik betrifft sowohl die Gestaltung der Arbeit mit den Kindern und Jugendlichen als auch der kollegialen Kultur der Zusammenarbeit in allen schulischen Belangen.

© Springer Fachmedien Wiesbaden GmbH, ein Teil von Springer Nature 2019
C. Kiso und J. Lagies (Hrsg.), *Begabungsgerechtigkeit*,
https://doi.org/10.1007/978-3-658-23274-0_5

2 Grundannahmen und Haltungen

Sonderpädagogik verstehen wir zunächst als die Lehre von der Erziehung derjenigen Kinder, deren »Entwicklung durch individuelle und/oder soziale Faktoren dauerhaft verändert« ist (Moor 1965: 14), also als allgemeine Pädagogik mit hoher Sensibilität für deutlich erschwerte Bedingungen des Lebens und Lernens. Diese Bedingungen haben bei den jungen Menschen zu Veränderungen des Handelns geführt, die – nicht nur von schulischen Agenten – als herausfordernd definiert werden und bezogen auf die Teilhabemöglichkeiten in der Zukunft Sorgen bereiten.

In unserer Arbeit werden die etablierten Kategorisierungen der Ungewissheiten, die sich aus negativ wirksamen Beziehungserfahrungen der Kinder und Jugendlichen in ihrer Bildungsbiografie ergeben haben, gemieden. Vielmehr gehen wir davon aus, dass ein »Kennenlernen« von Menschen immer mit einer relativen Fremdheit von Bedeutungsstrukturen beginnt. Das heißt konkret, dass wir trotz sonderpädagogischer und psychiatrischer Gutachten und Berichtet nicht wissen, was die jungen Menschen unter den von uns bereitstellbaren Bedingungen sozial und kognitiv können, welche Ziele sie in der Interaktion verfolgen und welche Wertvorstellungen ihr Handeln beeinflussen. Diese suchende Haltung nennen wir »handlungsorientiert«.

Die Grundlagen jeden kooperativen Handelns müssen aus diffusen – also nicht rollenhaft definierten und daher lebendigen – Beziehungen herausgearbeitet werden (vgl. Oevermann 1996: 109f.). Pädagoginnen und Pädagogen sollten bereit sein, für sich Licht in die jeweilige nicht nur schulische Beziehungsproblematik zu bringen und versuchen, das »Geflecht zu entwirren, das zwischen den Möglichkeiten des einzelnen und seiner Lebenswelt entstanden ist« (Jetter 1985: 287). Sie sollen Auseinandersetzungen nicht aufschieben, vermeiden oder outsourcen (etwa auf Sozialpädagogik übertragen), sondern sich und ihre Fähigkeiten anbieten, zeitliche Präsenz zeigen, Ressourcen für die Gestaltung des Miteinanders suchen und Pole der Orientierung für die jungen Menschen sein.

3 Sonderpädagogik und Begabungsförderung

Die allgemeinbildende Schule darf – unabhängig davon, ob sie sich besonderen Herausforderungen gegenüber sieht oder nicht – keine für sie adäquaten Begabungen und Ressourcen bei Kindern und Jugendlichen voraussetzen. Sie muss schulisches Lernen so organisieren, dass Begabungen gefunden, aufgenommen und entwickelt werden können. Eine so verstandene Grundlegung der individuellen Unterstützung umfasst neben der Entwicklung kognitiver Fähigkeiten ebenso praktisch-lebensweltliche, künstlerische, soziale, moralische und politische Fähigkeiten; sie muss sich also zu einer Basis eines sogenannten breiten Begabungsbegriffes (vgl. Algermissen/Vogt 2017: 135f.) bewegen. Ein Aspekt dieser Ausrichtung ist, dass sie sich auf konkrete lebensweltliche Probleme und Sachauseinandersetzungen bezieht und es erlaubt, Lernen zu einer individuell verantworteten und motivierten Tätigkeit zu entwickeln.

Um die Perspektiven des schulischen Handelns zu erweitern und uns intensiver auf das Erkennen von Lernvoraussetzungen und Begabungen der uns anvertrauten Kinder und Jugendlichen beziehen zu können, hat das Kollegium der St. Ansgar Schule beschlossen, die pädagogische Arbeit auf der Basis von Arbeitsbündnissen wahrzunehmen. Ein Arbeitsbündnis verlangt eine sozial anspruchsvolle Dimensionierung der Lehrer-Schüler-Beziehungen und hohe Transparenz, Zuverlässigkeit sowie Verlässlichkeit (vgl. Algermissen 2012). Es umfasst die unterrichtliche Dimension, die Vorbildfunktion und die therapeutische Dimensionierung des pädagogischen Handelns (vgl. Oevermann 1996: 146f.). Therapeutik bezieht sich nicht auf explizit therapeutisches Handeln, sondern auf die reflexive Berücksichtigung der therapeutischen Wirksamkeit des eigenen professionellen Handelns.

Beziehungssicherheit muss erarbeitet werden und kann nur durch aktives »Sich-In-Beziehung-Setzen« im Rahmen von Angeboten zu kooperativem Handeln erfahren werden. Der Blick auf erst zu begründende Arbeitsbündnisse hilft uns, Gemeinsamkeiten und Unterschiede bezogen auf Selbst- und Fremdwahrnehmungen, Lernpotenziale und Ressourcen zu erkennen und den Schülerinnen und Schülern jenen Halt zu bieten, der ihnen in ihren Primärumgebungen entgeht (vgl. Gerspach 2000: 219). Um diesen Halt zu bieten, sollten Pädagoginnen und Pädagogen nichts als selbstverständlich voraussetzen und nicht von prästabilisierten Verhältnissen ausgehen (»So ist ein Erstklässler!«) (siehe auch Boger in diesem Band). Sie müssen ein gemeinsames Bemühen entwickeln, um von all den Unterschieden des Lebens und Überlebens der Kinder zu wissen und den Willen haben, die Folgen dieser Unterschiede zu verringern. So unterstreicht etwa Bourdieu (2001: 24):

> »Wenn Lehrer die einfachsten Dinge als bekannt voraussetzen, ist es sehr gut möglich, dass viele Kinder – zumal die Kinder aus dem kulturell benachteiligten Milieus – sie nicht kennen, was diese früher oder später zum Scheitern verurteilt. Um das Unterrichtswesen zu demokratisieren, ist es unabdingbar, immer so vorzugehen, als müsse man allen alles unterrichten«.

Zumindest müssen unterrichtliche Umgebungen sich bemühen, allen Schülerinnen und Schülern im Rahmen breiter Portfolios an Zusammenhängen und Inhalten begabungsgerechte Resonanzen und Perspektiven zu bieten (siehe auch Kiso in diesem Band).

Als Instrument der Umsetzung einer Schulatmosphäre, die Begabungen und Lernpotenziale auf breiter Basis erkennen und für die kooperative Lernarbeit ausloten möchte, haben wir uns auf die Dimensionen der Lerndispositionen bezogen. Sie wurden von Carr und Lee (2012) in Neuseeland entwickelt, um heterogenen individuellen Anforderungen an das neuseeländische Schulsystem besser gerecht werden zu können. Es ging dort darum, die Main-Stream-Kultur mit der Kultur der Maori einander näher zu bringen und gleichzeitig das Schulsystem zu reformieren. Lerndispositionen kennzeichnen einen Mix aus Motivationen und Fähigkeiten, sich mit Anforderungen und Situationen auseinanderzusetzen und mit zu gestalten. Dispositionalität verweist auf die individuellen Ressourcen und Motivationen, mit denen Individuen der Welt Sinn abzugewinnen versuchen (Martin/Heil 2014: 332). Sie bezieht sich darauf, wie Individuen mit den Schnittstellen der aktiven Aneignung der sachlichen und sozialen Welt umgehen und gibt Hinweise auf deren jeweilige Selbst- und Fremdverhältnisse.

Die Lerndispositionen sind für handlungstheoretisch arbeitende Pädagoginnen und Pädagogen deswegen attraktiv, weil sie dazu beitragen, sich immer wieder auf die Interessen, Möglichkeiten und Bereitschaften der Schülerinnen und Schüler zu beziehen. So gelingt es, sich auf ihre sachliche und soziale Beziehungsaufnahme aufmerksam einzulassen und ihre individuellen Begabungen zu erkennen, zu beschreiben und didaktisch zu berücksichtigen.

Die pädagogische Bedeutung der Lerndispositionen werde ich in den folgenden Absätzen genauer erläutern.

3.1 Lerndisposition: Vertrauen

Die von Carr und Lee vorgeschlagenen Lerndispositionen habe ich im Rahmen der praktischen Anwendung und Auseinandersetzung mit Studierenden der Pädagogik in Praxisseminaren für individuelle Lernförderung der Universität Hildesheim um die Dimension des Vertrauens erweitert (vgl. Algermissen 2015). Ein Grund dafür war, dass jede Praxis im Bereich der unterstützenden Arbeit für Kinder mit dem Schwerpunkt der emotionalen und sozialen Entwicklung von gestörtem Vertrauen zu schulisch organisiertem Lernen ausgehen muss. Historische Quellen, vor allem Nohl (1973, im Original 1933) und Bollnow (2013, im Original 1961), als auch aktuelle Untersuchungen und theoretische Bemühungen weisen auf die Bedeutung des wechselseitigen Vertrauens für pädagogisches Handeln hin; exemplarisch seien hier nur die Bindungstheorie von Bowlby (1969), die Untersuchungen von Parsons (1978) und aktuelle Arbeiten zur Traumapädagogik (Zimmermann 2016) genannt. Gemeinsam ist diesen Ansätzen, dass sie diese historische Kategorie des Vertrauens in den allgemeinpädagogischen Bezugsrahmen zurückholen.

Nicht nur in Zusammenhängen der veränderten emotionalen und sozialen Entwicklung ist eine Vertrauensgrundlage basal. Krisenbewältigungen und neue Anfänge sind nur auf einer je zu erarbeitenden und auf Vertrauen begründeten Beziehung möglich. Vor allem zielt die Lerndisposition des Vertrauens auf Aufgaben einer Arbeit mit Menschen, die bewusst oder unbewusst unter der Schule und ihren Angeboten leiden und denen es bereits an der Schwelle der schulischen Bildungsarbeit nicht gelingt, sich auf soziale und inhaltliche Herausforderungen einzulassen. Meist verstellen die Vorstellungen, die ein Kind von sich selbst entwickelt hat, die Aktivierung autonomer Lösungsmuster (vgl. Eggert/Reichenbach/Bode 2003: 9). Beobachtbar sind für Pädagoginnen und Pädagogen Fight- Flight-, Freeze- und Beschämtheitsreaktionen sowie somatische Reaktionsformen (vgl. Streeck-Fischer 2006: 134). Sie fordern zu vertrauensbildendem Handeln heraus, um quasibiologische Reaktionsbildungen zwar noch nicht auf psychologisches Niveau zu heben, aber um sie zunächst überflüssig zu machen. Vertrauensbildung lebt mitunter davon, ungewöhnlich zu sein und mit den erlebten Umgangsformen, die in der Lehrer- und Lehrerinnenrolle verankert sind, zu brechen (Rosa/Endres 2016: 91). Um einen als sicher eingeordneten Beziehungsraum zu erarbeiten, sind etwa selbsterklärende, haltende und tröstende Handlungsformen notwendig. Förderung und Unterstützung ist unabhängig von Begabungen und Lernvoraussetzungen nicht möglich, wenn ein Kind die Frage »Kann ich dir und der von dir bereitgestellten Lernumgebung vertrauen?« für sich nicht positiv beantwortet sieht.

3.2 Lerndispositionen: Interessen und Engagement

Unsere Auffassung von Bildung und Erziehung ist stark von der Handlungsfähigkeit anstrebenden Theorie von Hentigs und Illichs (Hentig 1996: 164) bestimmt. Die Schülerinnen und Schüler sollen das Lernen in der Schule als ihre eigene Sache erkennen. Es deutet vieles darauf hin, dass die uns anvertrauten jungen Menschen aus internen oder externen psychologischen Gründen noch keinen Halt im Bereich schulischen Lernens gefunden haben und dass sie bisher nur die »formale Wichtigkeit« von Schule wahrgenommen haben. Diese formale Perspektive vermittelt jedoch keine inhaltliche Motivation.

Wir versuchen daher, den Unterricht an den Interessen der Kinder und möglichst lebensnah zu orientieren. Dazu müssen wir wissen, was die Kinder beschäftigt, wie und womit sie spielen, mit welchen Gegenständen sie sich gern umgeben, was ihnen wichtig ist. Wir müssen Respekt für die Lebens- und Überlebensstrategien entwickeln, die diesen Orientierungen zugrunde liegen, um die inhaltlichen Dimensionen des pädagogischen Arbeitsbündnisses zu begründen, auf dessen Basis wir mit ihnen zunächst »gemeinsame Sache« machen.

Die kritische Pädagogik kennt durch Leontjew (vgl. Jantzen 1987: 202) den Terminus der »dominierenden Tätigkeit«. Er verweist auf Zusammenhänge und Inhalte, für deren Bewältigung Kinder oder Jugendliche bereits Handlungspläne entwickelt haben. Von dieser »Zone der dominierenden Tätigkeit« aus orientiert sich Unterricht an der »Zone der nächsten Entwicklung«, die Unsicherheiten und Barrieren bereithält. Dominierende Tätigkeiten verweisen auf Handlungsmöglichkeiten, die Sicherheit und Beruhigung vermitteln und immer dann als Rückzug dienen können, wenn ein Kind sich zu stark gefordert fühlt und Ruhe benötigt. So kann es für junge Lerner in der Schule existenziell sein, sich auf Spiele mit Konstruktionsspielzeug oder Tätigkeiten im Sandkasten zurückbeziehen zu können, wenn es ihnen nicht mehr gelingt, sich auf den Unterricht und seine Herausforderungen einzulassen.

»Ich verstehe ja, dass er im Lernen zurück ist, aber er ist nun schon so alt und nun muss er doch endlich!« ist eine Aussage, die pädagogisches Handeln immer begleitet. Sie ist aber immer dann zu früh und falsch, wenn derjenige, der muss, noch nicht wollen kann. Die unterrichtsbegleitende Ermittlung der individuellen Lernstände gelingt durch kooperative Zuwendung in Phasen der Einzelzuwendung und -arbeit, in denen ermutigendes und ko-konstruktivierendes Lehrer- und Lehrerinnenhandeln die Schülerinnen und Schüler zum inhaltlichen Denken und zum selbstsicheren Handeln bewegen soll. Über die Disposition Interesse und Engagement erfahren wir, welche Situationen des konzentrierten und sich-einlassenden Lernens und Arbeitens Kinder oder Jugendliche wahrnehmen können und wie lange sie in dieser verweilen können.

Aus der Perspektive der Begabungsförderung geht es um das Anknüpfen und Entwickeln dessen, was die Kinder oder Jugendlichen in das schulische Leben und Lernen mit- und einbringen. Veränderungsprozesse im Bereich der Handlungssteuerung brauchen Zeit – oder um ein aktuelleres Narrativ zu bemühen – Entschleunigung. Das Leben der jungen Menschen verdient Geduld, Ausdauer und eine gewisse Neugier auf ihre jeweiligen Begabungen, Fähigkeiten und ihre individuellen Lerngeschichten. Vielfältige Angebote und die tendenziell offene Organisation von Lernprozessen erlauben Wahrnehmungen in verschiedenen Tätigkeitsbereichen, die ein über die gemeinsame Sache vermitteltes Kennen- und Schätzenlernen ermöglicht.

3.3 Lerndisposition: Standhalten

Überforderungen, zumal in sozial-emotionaler Dimension, werden nicht intellektuell, sondern eher habituell festgestellt (vgl. Salisch 2002: 216). Als Merkmal des Selbstkonzeptes sind sie nicht direkt beobachtbar, aber anhand von Handlungsstilen (eben als Dispositionen) der Interaktion in exemplarischen Situationen erfahrbar (Eggert/Reichenbach/Bode 2003: 12). So eignen sich Beobachtungen im Bereich des Standhaltens – also ob ein Kind etwa bei Ablenkungen oder Überforderungen trotz einer Störung weiterarbeitet, sich eher widerstandsfähig zeigt oder aufgibt – besonders für die Einschätzung des Unterstützungsbedarfes in sozial-emotionaler Hinsicht.

Da die auf der phänomenalen Ebene wahrgenommenen Probleme der Kinder und Jugendlichen mit dem Unterstützungsbedarf der emotionalen und sozialen Entwicklung vor allem darin bestehen, sich auf sachliche und soziale Herausforderungen einlassen zu können, ist diese Lerndisposition aus der Sicht begabungserkennenden und -fördernden Handelns eine grundlegende. Die sonderpädagogische Unterstützung steuert sich wesentlich über Wahrnehmungen, die sich am Übergang von der Sphäre des Sicheren und Bekannten zu neuen Herausforderungen zeigen. Aufmerksamkeit, Ausdauer und Konzentration sind keine Eigenschaften. Sie weisen auf mehr oder minder gelingende Prozesse, die vom Individuum immer wieder im jeweiligen Kontext bearbeitet werden müssen (vgl. Wenke 2006: 89). Ihr Gelingen ist vor allem an individuelles Wohlbefinden gebunden und ihr Misslingen weist auf Bedarfe an Halt, Struktur, Rekonstruktion und Unterstützung hin.

Vor allem die Spiegelung und die anschließende Übertragung beobachteten erfolgreichen Lösungshandelns auf neue Situationen können pädagogisch unterstützt werden. Denn Kinder, deren Selbstwerterleben von negativen Vorstellungen über sich selbst und ihre Wirksamkeit bestimmt ist (vgl. Eggert/Reichenbach/Bode 2003: 9), profitieren vor allem von Situationen geglückter Auseinandersetzungen mit der sozialen und sachlichen Umwelt. Nur dieses – aus ihrer Sicht neuartige – kooperative und emotional positive Erleben schulischen Lebens und Arbeitens befreit ihr Handlungskonzept aus den Blockierungen. »Das kannst du bereits und hier wollen wir gemeinsam hin« – diese zieldimensionierte Erfassung von Herausforderungen (des noch nicht Erreichten) wird kooperativ begriffen. Sie sind gemeinsames Anliegen von Lehrerinnen und Lehrern und Schülerinnen und Schülern und Hauptlernanliegen der Förderarbeit. Damit Kinder und Jugendliche Lernen als ihre Sache begreifen und die Freiheit erreichen, ihre Begabungen und Fähigkeiten überhaupt als gemeinsame und mit anderen Menschen teilbare Sache begreifen, müssen sie die Fallen ihres Aneignung verhindernden Handelns gegenüber schulischem Lernen verändern.

3.4 Lerndispositionen: Ausdruck und Kommunikativität

Von Sloterdijk (1988) stammt die Formel »Zur Welt kommen – zur Sprache kommen« – wobei die Sprache für Menschen immer zu spät kommt.

Achtsames erzieherisches Helfen fordert eine sprachliche Dimensionierung ein, die von Pädagoginnen und Pädagogen im Zusammenhang professionellen Handelns für die kooperative Zusammenarbeit berücksichtigt werden muss. Dazu schrieb schon Hanselmann 1954 (nach Haeberlin 1996: 313):

> »Immer wieder muss gesagt werden, dass wir mit ein paar hingeworfenen Sätzen zwischen Tür und Angel nichts erreichen, auch in der schönst eingerichteten Anstalt nicht«.

Daher wurde in der St. Ansgar Schule die Arbeit mit den Lerndispositionen als Lerngeschichtenarbeit systematisiert und kultiviert: Den Kindern und Jugendlichen werden regelmäßig mündlich und schriftlich in einfacher Sprache konkrete Beobachtungen zu ihrem Handeln in der Schule gegeben und sie werden zum Lerndialog eingeladen. Die Beobachtungen dienen auch der Interaktion der schulischen Akteure, um über die Entwicklung der Kinder und Jugendlichen nachzudenken, sich deutend zu nähern, sich auszutauschen, Förderintentionen zu planen oder nachzubessern und sich gegenseitig anzuregen.

Für das zur-Welt-, zu-anderen- und zu-sich-Kommen spielt die Schule als Ort der Sozialisation eine entscheidende Rolle. Junge Menschen, die sich bisher als wenig gefördert, gefordert und ge-/beachtet erlebt haben, fehlt der Dialog mit sich und ihrer Umwelt teilweise oder ganz. Bei ihnen kommt die sprachliche Erfassung ihrer Situation definitiv zu spät. Zu ihrer Stabilisierung werden ihnen Geschichten angeboten, in denen sie als Person mit ihren Begabungen und Fähigkeiten – ihr ganzes Leben und Lernen in der Schule – die Hauptrolle spielen.

Die kommentierte Wiedergabe gemeinsam – aus verschiedenen Perspektiven beschriebenen – erlebten Handelns soll ihnen Anker für die Stabilisierung ihrer Positionierung in der sachlichen und sozialen Welt geben. Sie soll ihnen zudem erlauben, eigene Stärken und Schwächen zu erkennen, ihre Begabungen und Fähigkeiten zu artikulieren und darstellen zu lernen. Dieser Prozess kann grundlegend für die Entwicklung eigener Historizität und stärkeren Selbstwerterlebens sein.

3.5 Lerndispositionen: Verantwortung und Teilhabe

Für die jeweils neuen Kolleginnen und Kollegen der St. Ansgar Schule ist die Nähe, mit der die Schule von Kindern, Jugendlichen und den professionellen Akteurinnen und Akteuren der Schule belebt wird, zunächst etwas befremdlich. An ein offenes Lehrerzimmer, gemeinsame Pausen, die vielen ungeplanten und direkten Interaktionen muss sich auch eine professionelle Erzieherin/Lehrerin bzw. ein professioneller Erzieher/ Lehrer erst einmal gewöhnen. Es geht uns darum, dass die Schule für die Kinder gestaltet wird und dies sie anders und neu erleben können, da sie bereits negative Erfahrungen mitbringen.

Zur Untermauerung eines auf Teilhabe und Kooperation zielenden professionellen Handelns rät Johnstone (1993) Lehrerinnen und Lehrern zu Phasen bewussten Tiefstatusspieles: Momente des Zweifels, der Unwissenheit und das Eingeständnis von Fehlern machen sie für die Kinder transparenter. Statt allwissend zu bestimmen, können sie auf diese Weise zur gemeinsamen Suche nach Lösungen einladen und Verantwortung teilen.

Der eigentliche Erfolg einer integrativen Bemühung liegt im Erreichen eines Bildungsabschlusses und in der erfolgreichen Teilhabe der jungen Menschen am weiteren Ausbildungs- und Arbeitsmarkt. Auch bezogen auf diesen Aspekt sind die Fähigkeiten von Schülerinnen und Schülern zu Statusspielen wichtig: sie lernen spielerisch, und wäre das Leben je anders, sich selbst berechenbar zu machen und erleichtern anderen Menschen, Vorbehalte gegen sie abzubauen (vgl. Klee 1987).

4 Schlussbetrachtung

Die Arbeit mit Lerndispositionen, die ich hier kurz umrissen habe, hat für die Kolleginnen und Kollegen in der Binnenkultur der Unterstützungsarbeit in der Schule spürbare Folgen. Es herrschen mehr Ruhe und Miteinander, aber auch qualitativ bessere Auseinandersetzungen in der Schule. Viele Prozesse, nicht nur die des eigentlichen Assessments, sind transparenter und lebendiger. Die Schule wird zudem in einem Sinne emotionaler, als dass Entscheidungen über die Gestaltung des Lernumfeldes von den Kolleginnen und Kollegen eher aus der Sicht der Kinder und Jugendlichen gesehen werden. Interaktionen werden bewusster gestaltet, den Schülerinnen und Schülern wird mehr und intensiver zugehört als in der Vergangenheit. Die Schule wird von mehr Schülerinnen und Schülern als die ihre gesehen.

Die Kinder und Jugendlichen, mit denen wir leben und arbeiten, sind immer bereits isoliert. Wir können mit ihnen zurzeit Lernumgebungen umsetzen, in der wir ihren individuellen Möglichkeiten der Subjektivierung gerecht zu werden versuchen. Unsere Arbeit tritt als Integrationsarbeit in Erscheinung, weil Kinder

- die im Klassenzimmer stören,
- die sich nicht erwartungsgemäß entwickeln,
- die etwas nicht in der vorgegebenen Zeit lernen

in zeitlich und räumlich normierten Umgebungen Symptome entwickeln. Sie denken und handeln dort anders als erwartet, weil sie durch eine individuelle Lebens- und Leidensgeschichte eigene und für sie passende Handlungspläne kultiviert haben.

Diese passenden Handlungspläne spiegeln die Begabungen wider, die situativ Ausgangspunkte für die schulische Bildungsarbeit sein müssen und können. Sein müssen, weil es keine Alternative zu den vorliegenden Voraussetzungen geben kann und sein können, soweit sie von den Kindern und Jugendlichen selbst erkannt und benannt werden können. Die beobachtende und beschreibende Arbeit mithilfe der Lerndispositionen hilft Lehrerinnen und Lehrern, jungen Menschen diesen Erkenntnisvorgang durch positives Spiegeln und kooperatives Handeln zu erleichtern. Sie erlaubt es Lehrerinnen und Lehrern, sich intensiv mit den Weltverhältnissen ihrer Schülerinnen und Schüler auseinanderzusetzen, indem sie

- ihren je spezifischen Zugriff auf die sachliche und soziale Welt erkennbar machen,
- das bisherige Leben und Lernen erfassen,
- Erschwernisse des Lernens ernstnehmen und einer Bearbeitung zuführen,
- das Finden und Aufrechterhalten von Wahlmöglichkeiten erleichtern.

Das Entwickeln von Perspektiven und das inhaltliche Untermauern von Hoffnungen machen den Kern jeder intensiven Integrationsarbeit aus. Die Arbeit mit den Lerndispositionen strukturiert diese Auseinandersetzung und zeigt den Kindern und Jugendlichen selbst ihnen bisher verborgene Zusammenhänge um ihre individuelle Lernbarrieren und deren Herausforderungen auf.

Die Arbeit mit Lerndispositionen unterstützt die Förderung von Kindern und Jugendlichen verschiedener Lernniveaus, insbesondere auch die der als hochbegabt etikettierten. Denn es lassen sich für jede quantitative und qualitative pädagogische Ausgangssituation anspruchsvolle Entwicklungsräume darstellen, kommunizieren und planmäßig umsetzen.

Literatur

Algermissen, U. (2012): Pädagogische Arbeitsbündnisse kooperativ gestalten. Bad Heilbrunn: Klinkhardt.

Algermissen, U. (2015): Lerngeschichtenarbeit und Entwicklungsbegleitung. Impulse für eine pädagogische Lernkultur. In Individuelle Förderung als Weg zur inklusiven Schule, vol. Band 61/14, Loccumer Protokoll. Loccum: Evang. Akademie.

Algermissen, U., Vogt, M. (2017): Inklusive Begabungsförderung. Grundlegungen für eine pädagogische Neuorientierung. In: Fischer, C., Fischer-Ontrup, C., Käpnick, F., Mönks, F.-J., Neuber, N., Solzbacher, C. (Hg.): Potenzialentwicklung. Begabungsförderung. Bildung der Vielfalt. Beiträge aus der Begabungsförderung. Münster, New York.: Waxmann, S. 135-144.

Bollnow, O. F. (2013, im Original 1961): Anthropologische Pädagogik. Würzburg: Königshausen und Neumann.

Bourdieu, P. (2001): Wie die Kultur zum Bauern kommt. Hamburg: VSA.

Bowlby, J. (1969): Attachment: Attachment and Loss, Volume 1. London: Pimlico.

Carr, M., Lee, W. (2012): Learning Stories. Constructing Learner Identities in Early Education. London: Sage Publications.

Eggert, D., Reichenbach, C., Bode, S. (2003): Das Selbstkonzept Inventar (SKI) für Kinder im Vorschul- und Grundschulalter: Theorie und Möglichkeiten der Diagnostik. Dortmund: Modernes Lernen.

Gerspach, M. (2000): Einführung in pädagogisches Denken und Handeln. Stuttgart: Kohlhammer.

Haeberlin, U. (1996): Heilpädagogik als wertgeleitete Wissenschaft. Bern, Stuttgart, Wien: Haupt.

Hentig, von, H. (1996): Bildung. Ein Essay. Berlin: Hanser.

Jantzen, W. (1987): Allgemeine Behindertenpädagogik, Band 1: Sozialwissenschaftliche und psychologische Grundlagen. Weinheim: Beltz.

Jetter, K. (1985): Förderdiagnostik als kooperative Rekonstruktion bedeutsamer Handlungserfahrungen. In: Vierteljahresschrift für Heilpädagogik und ihre Nachbargebiete, Jg. 54, Nr. 3, S. 280-294.

Jetter, K. (2013, im Original 1985): Leben und Arbeiten mit behinderten und gefährdeten Säuglingen und Kleinkindern. Berlin: epubli.

Jetter, K., Schönberger, F. (1979): Verhaltensstörung als Handlungsveränderung: Beiträge zu einem Förderkonzept Behinderter. Bern: Huber.

Johnstone, K. (1993): Improvisation und Theater. Berlin: Alexander-Verlag.

Klee, E. (1987): Behindert. Über die Enteignung von Körper und Bewusstsein. Frankfurt/Main: Rowohlt.

Martin, C. B., Heil, J. (2014): Regeln und Vermögen. In: Vetter, B., Schmid, S. (Hg.): Dispositionen. Texte aus der zeitgenössischen Debatte. Frankfurt/Main: Suhrkamp, S. 312-347.

Moor, P. (1965): Heilpädagogik. Ein pädagogisches Lehrbuch. Bern, Stuttgart: Huber.

Nohl, H. (1973, im Original 1933): Der pädagogische Bezug und die Bildungsgemeinschaft. In: Kluge, N. (Hg.): Das pädagogische Verhältnis. Darmstadt: WBG, S. 35-45.

Oevermann, U. (1996): Theoretische Skizze einer revidierten Theorie professionalisierten Handelns. In: Combe, A., Helsper, W. (Hg.): Pädagogische Professionalität. Frankfurt/Main: Suhrkamp, S. 70-182.

Parsons, T. (1978): Action Theory and the Human Condition. New York: Free Press.

Rosa, H., Endres, W. (2016): Resonanzpädagogik. Weinheim: Beltz.

Salisch, von, M. (2002): Emotionale Kompetenz entwickeln. Grundlagen in Kindheit und Jugend. Stuttgart: Kohlhammer.

Sloterdijk, P. (1988): Zur Welt kommen – zur Sprache kommen: Frankfurter Vorlesungen. Frankfurt/Main: Suhrkamp.

Wenke, M. (2006): ADHS: Diagnose statt Verständnis? Eine phänomenologische Kritik. Frankfurt/Main: Brandes & Apsel.

Zimmermann, D. (2016): Traumapädagogik in der Schule. Gießen: Psychosozial.

Carolin Kiso

Ressourcenorientierung als Perspektivwechsel für Begabungsförderung?

Werden Begabungen als Ressourcen angesehen, wird sicherlich deutlich, dass für eine Begabungsförderung auch an den Ressourcen, die ein Mensch mitbringt, angesetzt werden muss. Ressourcenorientierung, wie sie im Folgenden verstanden wird, geht allerdings über die reine Orientierung an den Begabungen hinaus und birgt als Perspektivwechsel, wie in diesem Artikel dargelegt werden soll, weitere positive Aspekte für eine Förderung der Begabungen. Sie bietet somit in Zeiten von Inklusion einen Beitrag zu Bildungsgerechtigkeit. In diesem Sinne wird zunächst eine begriffliche Annäherung an Ressourcenorientierung angeführt, um darzulegen, welche Aspekte diese umfasst. Es folgt eine kurze Definition von Begabungsförderung. Angesichts dessen, dass es sich bei Ressourcenorientierung und Begabungsförderung um Konstrukte handelt, welche in unterschiedlichen Disziplinen verwendet und verschieden inhaltlich gefüllt werden (für Begabungsförderung vgl. auch Behrensen/ Solzbacher 2016; für Ressourcenorientierung vgl. Kiso/Lotze 2014), stellt eine Einordnung der Begriffe die notwendige Grundlage dar, um die Frage zu beantworten, ob und inwiefern Ressourcenorientierung für Begabungsförderung einen notwendigen Perspektivwechsel darstellt. In Kapitel zwei wird dann begründet, welche Vorteile eine Ressourcenorientierung zum einen direkt in Bezug auf die Begabungsförderung und zum anderen indirekt über eine Selbstkompetenzförderung für die Entwicklung und Performanz von Begabungen birgt. Zu guter Letzt sollen Faktoren angeführt werden, die eine Ressourcenorientierung im Schulalltag erschweren und der in der Überschrift angekündigte Perspektivwechsel ausdifferenziert werden.

1 Was ist Ressourcenorientierung? Eine begriffliche Annäherung

Starten soll das Kapitel zur Definitionsbildung von Ressourcenorientierung mit zwei Erzählungen:

© Springer Fachmedien Wiesbaden GmbH, ein Teil von Springer Nature 2019
C. Kiso und J. Lagies (Hrsg.), *Begabungsgerechtigkeit*,
https://doi.org/10.1007/978-3-658-23274-0_6

Erzählung Nummer eins:

Bereits beim Aufstehen stoße ich mir den Zeh an der Bettkante. ›Na das ist ja ein super Start in den Tag. Das kann ja nur schief gehen‹. Noch müde tapere ich ins Bad, erst mal Zähne putzen. Wie soll es auch anders sein die Zahnpasta landet auf dem Pyjama statt der Zahnbürste ›ich wusste doch das kann nicht gut gehen. Vielleicht sollte ich einfach wieder ins Bett‹. Jetzt erstmal anziehen und ganz dringend einen Kaffee. Wenigstens scheint die Sonne, da setze ich mich doch etwas raus. Gerade mit dem Kaffee bequem gemacht, da landet der auch schon auf der schönen, frisch gewaschenen Bluse. ›Super. Jetzt muss ich mich auch noch umziehen!‹. Ich hetzte wieder zurück und ziehe mich um. Für den Kaffee bleibt nur noch Zeit im Stehen in der Küche. ›Heut' geht wirklich alles schief.‹ Beim Verlassen des Hauses sehe ich Frau Meier. ›Oh nein, die erzählt immer so viel. Hoffentlich sieht sie mich nicht. Darauf habe ich jetzt überhaupt keine Lust‹. ›Guten Morgen‹ tönt es da auch schon. ›War ja klar bei meinem Glück heute‹. ›Ist das nicht ein wunderbar sonniger Tag?‹ ›Ja Frau Meier. Ich habe leider gar keine Zeit‹. Ich senke den Kopf und sehe zu, dass ich schnell zum Auto komme. Wie sollte es auch anders sein, mein Auto gibt widerwillig einige leise Laute von sich, aber springt nicht an. ›Wie ärgerlich. Muss das ausgerechnet sein, wenn ich zur Arbeit will? Jetzt auch noch mit dem Rad fahren, wie furchtbar! Dazu habe ich ja gar keine Lust. Dann kommt man gleich ganz abgehetzt und durchgeschwitzt an‹. Ich strample mit gesenktem Kopf los. Da sehe ich im Augenwinkel Karin. ›Na ist ja richtig nett. Die hätte ja auch mal grüßen können. Treulose Tomate!‹.

Erzählung Nummer zwei:

Bereits beim Aufstehen stoße ich mir den Zeh an der Bettkante. ›Na das ist ja ein super Start in den Tag. Das kann ja nur besser werden. Das schlechte Karma ist weg‹. Ich tapere ins Bad, wie wunderschön die Sonne durch das Fenster scheint. Da war ich doch so abgelenkt, dass ich direkt die Zahnpasta daneben geschmiert habe. Anziehen und dann erstmal mit dem Kaffee in die Sonne setzen. Es ist wirklich herrlich draußen, die Sonnenstrahlen sind schon ganz warm auf meinem Gesicht. Blöderweise verschütte ich Kaffee auf meine frisch gewaschene Bluse. ›Wie ärgerlich, dann muss ich mich umziehen. Egal, wenn ich ehrlich bin, passt die Bluse eh nicht ganz so gut zur Hose. Erst trinke ich auf jeden Fall noch in Ruhe meinen Kaffee aus und genieße etwas die Sonne‹. Beim Verlassen des Hauses sehe ich Frau Meier. ›Guten Morgen‹ tönt es da auch schon. Frau Meier scheint auch sehr gut gelaunt zu sein. ›Ist das nicht ein wunderbar sonniger Tag?‹ Ich bleibe stehen und schaue in das strahlende Gesicht von Frau Meier. ›Ja, wirklich herrlich!‹, lächele ich zurück. ›Ich muss jetzt leider los, aber was halten Sie von einem Kaffee heute Nachmittag?‹ Im Auto sitzend stelle ich fest, dass dieses nicht anspringt. ›Wie ärgerlich. Muss das ausgerechnet sein, wenn ich zur Arbeit will? Naja, aber es regnet nicht und bei dem traumhaften Wetter ist es sicher richtig schön das Rad zu nehmen‹. Ich schwinge mich aufs Fahrrad und fahre gut gelaunt los, den Kopf in die Sonne gerichtet und von Vogelgezwitscher begleitet. Da vorne ist Karin. ›Hallo Karin!‹, rufe ich ihr vom Rad aus mit beiden Händen wedelnd zu. ›Guten Morgen‹ kommt es winkend und mindestens genauso enthusiastisch zurück.

Die gleiche Geschichte und doch irgendwie ganz anders. An diesen zwei unterschiedlichen Perspektiven auf einen Beginn des Tages wird deutlich, welche Auswirkungen ein positiver Blick haben kann: Er kann wie in dem Beispiel der zweiten Erzählung zu einer positiven Verstärkung beitragen. Wissenschaftlich eingebettet und übertragen auf den pädagogischen Kontext kann ein positiver Blick, eine Fokussierung auf die Ressourcen eines Menschen, ebenfalls einen ähnlichen positiven Effekt erzeugen. So zeigen Studien beispielsweise, dass Menschen, die ihren Erfolg internal attribuieren und davon überzeugt sind eine Aufgabe zu bewältigen, tatsächlich erfolgreicher sind als Menschen, die nicht an ihre Stärken glauben (vgl. Gerrig 2015). Im schulischen Zusammenhang zeugt der Pygmalion-Effekt, der aus einer Studie von Rosenthal und Jakobs im Jahr 1965[1] hervor geht, davon, dass, wenn Lehrkräfte hohe Erwartungen an ihre Schülerinnen und Schüler stellen, diese auch höhere Lernerfolge erzielen. Heute ist gut nachgewiesen, dass der Pygmalion-Effekt existiert,

---

[1]   Im Rahmen der Studie wurde Lehrkräften mitgeteilt, dass auf der Grundlage eines Tests von 20% ganz bestimmter Schülerinnen und Schülern in dem nächsten Schuljahr besondere Entwicklungsschübe zu erwarten sind. In Wirklichkeit wählten Rosenthal und Jakobs die Schülerinnen und Schüler nach dem Zufallsprinzip aus. Diesen zufällig ausgewählten Schülerinnen und Schüler attestierte ein ein Jahr später stattfindender Intelligenztest eine erheblich größere Intelligenzsteigerung als der nicht ausgewählten Schülerschaft (vgl. Rosenthal/Jakobson 1968)

jedoch im Durchschnitt gering ist als dies die Studie von Rosenthal und Jakobs aufzeigte, dass er nur unter bestimmten Voraussetzungen stattfindet
(vgl. Baudson 2011). Dazu gehört unter anderem, dass der Schüler bzw. die
Schülerin die hohen Erwartungen an sich auch intentionalisiert, das bedeutet
dem Schüler bzw. der Schülerin müssen seine bzw. ihre Stärken so überzeu-
gend dargelegt werden, dass diese die Überzeugung teilen.

Anhand des Beispiels des Pygmalion-Effekts wird bereits deutlich,
dass Ressourcenorientierung nicht nur als besonders begabt eingeschätz-
te oder getestet Schülerinnen und Schüler adressiert. Vielmehr geht das
Konzept davon aus, dass jeder Mensch eigene Ressourcen besitzt (vgl.
z.B. Tsirigotis 2008; Klemenz 2007; Petermann/Schmidt 2006), die genauso einzigartig sind wie ein Fingerabdruck. Diese Ressourcen müssen
allerdings nicht immer aktiviert sein, sondern können auch im Verborge-
nen liegen[2] (vgl. Kiso/Lotze 2014). Damit können Ressourcen alles sein,
was eine Person in einer Situation stärkt oder stärken kann. Abbildung 1
zeigt in einer vernetzten Darstellung als ›Ressourcenbaum‹, welche Faktoren dies unter anderem sein können und wie diese sich gegenseitig
beeinflussen (vgl. Kiso/Lotze/Behrensen 2014).[3]

---

[2]   Ein sehr extremes Beispiel dafür, dass Ressourcen nicht immer ausgeschöpft werden, ist
       das Phänomen des Underachievments (siehe Greiten in diesem Band).
[3]   Ziel des Baums ist es beispielhaft einige Ressourcen zu veranschaulichen. Es wird also
       bei weitem kein Anspruch auf Vollständigkeit erstellt, sondern vielmehr davon ausge-
       gangen, dass Ressourcen ganz individuell, von Mensch zu Mensch und Situation zu
       Situation verschieden sind und es somit unmöglich sein kann, dies generalisierend,
       vollständig abzubilden.

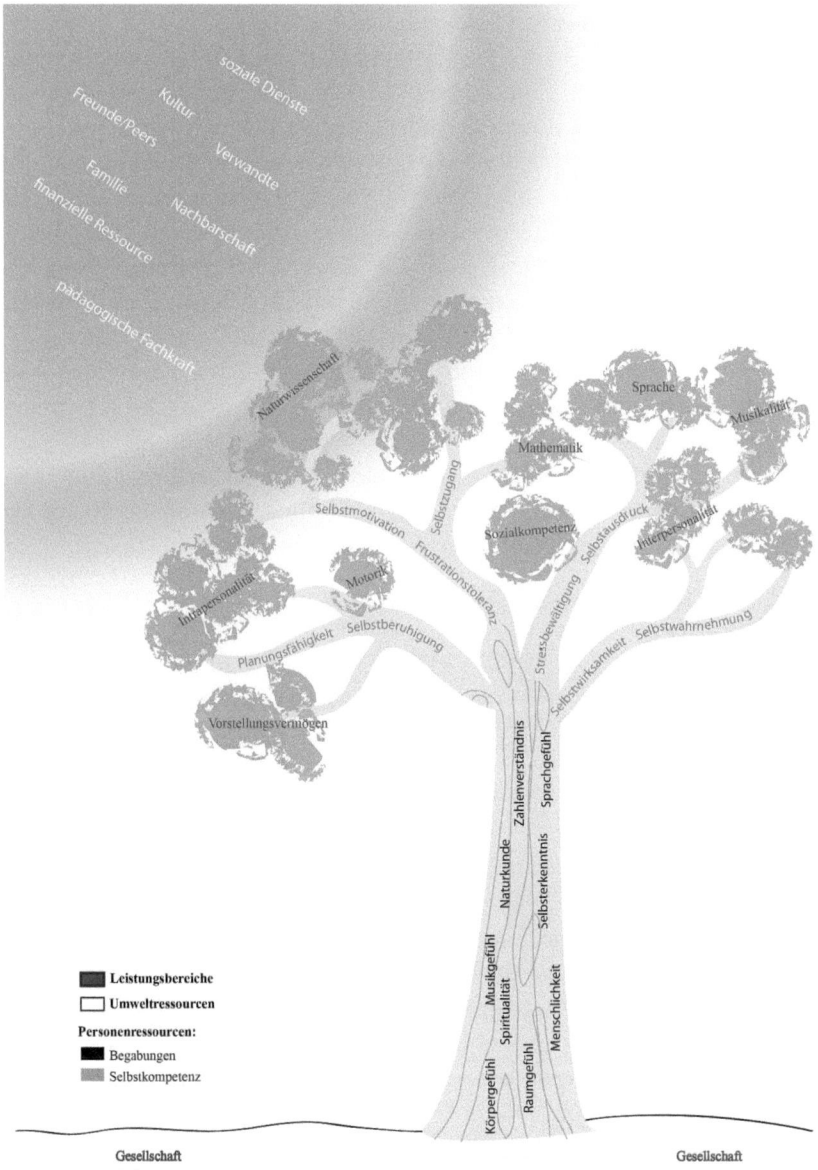

Abb. 1: Ressourcenbaum (Kiso/Lotze/Behrensen 2014: 9)

Ressourcen sind zum einen Faktoren, die ein Mensch in sich trägt, z.b. Begabungen (hier im Stamm dargestellt), aber auch Selbstkompetenzen[4] (die Äste des Baumes). Zum anderen können Ressourcen auch Faktoren sein, die sich in der Umwelt befinden (die Sonne)[5]. So kann eine gute Bindung an die Eltern eine Ressource darstellen oder auch eine Lehrkraft, die ihre Schülerinnen und Schüler in ihrer Entwicklung unterstützt. All diese Ressourcen tragen dazu bei oder können dazu beitragen, dass Menschen handlungsfähig bleiben und sich entwickeln. Ziel einer Ressourcenorientierung ist es die Ressourcen aufzudecken und zu nutzen, um die Persönlichkeit mit ihren Stärken entfalten zu können. »Ressourcenorientierung bezeichnet [dann] eine grundsätzliche Haltung des Entdeckens, Aufzeigens, Nutzens und Förderns von Ressourcen zur Unterstützung der Entwicklung« (Kiso/Lotze/Behrensen 2014: 6).

Ressourcenorientierung bedeutet in dem Sinne nicht, dass Fehler ausgeblendet werden sollen. Im Gegenteil, sie können optimale Lernanlässe bieten, wenn konstruktiv mit ihnen umgegangen wird:

> »Subtiler Umgang mit Fehlern (*Fehlerkultur*) (Hervorh. im Original) kann dazu führen, dass Personen den gleichen Fehler nicht ein zweites Mal tun, sondern gleichsam durch den Fehler ein inneres Warnsystem aufbauen, als ein negatives Wissen, das genau dann zum Tragen kommt, wenn der Protagonist in eine ähnliche Situation gerät. […] Was heißt aber subtiler Umgang? Es ist damit gemeint, dass Menschen (a) kontrastierend mit dem richtigen konfrontiert werden, dass sie (b) ein Bewusstsein der Situation, in denen das Falsche auftritt, erhalte, (c) nicht von außen beschämt werden […], sondern einen inneren Anspruch entwickeln, das Richtige zu tun, (d) eine Möglichkeit erhalten, die gleiche Situation zu wiederholen und auf diese Weise Sicherheit im richtigen Umgang mit dem Falschen zu erlangen« (Oser/Spychiger 2005: 27).

Zu einer solchen Fehlerkultur, die wertschätzend und anerkennend ist, kann auch ein sensibler Sprachgebrauch gezählt werden. Durch kleine Umformulierungen kann bereits ein Unterschied entstehen, wenn beispielsweise statt: ›Das hast du schon wieder falsch gemacht‹ gesagt wird: ›Das kannst du schon, jetzt versuch doch beim nächsten Mal das noch zu berücksichtigen‹. Wird ein Fehler einem Kind auf diese Weise rückgemeldet, bekommt es einen konstruktiven Hinweis, wie dieser zukünftig verhindert werden kann. Wenn Defizite bzw. Ressourcen im Sprachgebrauch als momentaner Ist-Zustand beschrieben werden beispielsweise

---

4   Selbstkompetenzen sind Fähigkeiten, die dazu beitragen in sich verändernden Zusammenhängen handlungsfähig zu bleiben (vgl. z.B. Kuhl/Künne/Aufhammer 2011; Kuhl/Solzbacher 2012).

5   Die Wechselbeziehung zu den Umweltressourcen (als Sonne dargestellt), wurde wohl wissend, dass diese auch existieren aus darstellerischen Gründen vernachlässigt.

in Form von ›das gelingt dir noch nicht‹, stellen sie keine Merkmalszuschreibungen dar und beschreiben nicht eine Person als solches (siehe
hierzu auch die Ausführungen zum parasitären Sprechen von Boger in
diesem Band). Damit werden Defizite und Ressourcen als dynamischer
Prozesse verstanden und die Möglichkeit ihrer Veränderbarkeit und
Entwicklung auch sprachlich ausgedrückt.

Besondere Entwicklungsverläufe sollen also nicht ignoriert werden. Der
Fokus liegt vielmehr darauf zu schauen, ›Was kann das Kind bereits?‹, ›Wo
liegt die nächste Entwicklungsstufe?‹ und ›Wie kann ich diese aufbauend,
auf dem was das Kind kann, erreichen?‹ (vgl. Vygotsky 1978).

2 Inwiefern trägt Ressourcenorientierung zur Begabungsförderung bei? Gründe für Ressourcenorientierung im Hinblick auf eine begabungsgerechte Förderung

In der definitorischen Auseinandersetzung mit Ressourcenorientierung
sind bereits erste Argumente für eine Orientierung an den Ressourcen
von Schülerinnen und Schülern angeklungen, die nachfolgend nun in
Bezug auf Begabungsförderung, das zweite inhaltlich zu füllende Konstrukt aus der Überschrift, geschärft und vertieft werden.

Nachdem das diesem Artikel zugrunde gelegte Verständnis von Ressourcenorientierung expliziert wurde, soll zunächst eine Definition von
Definitionsbildung von Begabungsförderung folgen, um daran anknüpfend den Mehrwert einer ressourcenorientierten Perspektive für die Förderungen von Begabungen aufzuzeigen.

Begabungsförderung, wie sie in diesem Artikel verstanden wird,
stützt sich auf ein breites, dynamisches Begabungsverständnis, also die
Annahme, dass Begabungen entwicklungsfähig sind und dass jedes Kind
Begabungen in ganz unterschiedlichen Facetten besitzt.[6] Begabungsför-
derung, die diese Prämisse ernst nimmt, bedeutet in den Worten von
Behrensen und Solzbacher:

> »Heranwachsende in ihren individuellen Fähigkeiten unter Berücksichtigung ihrer Le-
> benssituation und ihrer biografischen Erfahrungen, ihren spezifischen (Lern-)
> Voraussetzungen, (Lern-)Bedürfnissen, (Lern-)Wegen, (Lern-)Zielen und (Lern-)
> Möglichkeiten zu fördern und hierfür angemessene Bedingungen zu schaffen« (Behren-
> sen/Solzbacher 2016: 163).

---

[6] Für Ausführungen zu den unterschiedlichen Begabungsverständnissen siehe auch
Lagies/Kiso in diesem Band.

Solch eine Begabungsförderung umfasst eine Sensibilisierung für mögliche Faktoren, die eine Begabungsentwicklung verstellen können. Dies können beispielsweise hinderliche Umweltfaktoren oder fehlende Selbstkompetenzen sein (vgl. Abb. 1). So gesehen unterstützt eine Förderung der Selbstkompetenzen die Begabungsentfaltung und die Performanz von Begabungen (vgl. Solzbacher/Behrensen 2014; siehe auch Solzbacher in diesem Band).

Ressourcenorientierung hat zum einen Einfluss auf die direkte Begabungsentfaltung und zum anderen eben auf den Aufbau von Selbstkompetenzen als ein ausschlaggebender Faktor von Begabungsförderung, wie im Folgenden aufgezeigt werden soll.

Werden die Ressourcen, die einem Menschen in einer Situation, bei einer Handlung oder in Bezug auf bestimmte Inhalte stärken können, aufgedeckt und aktiv genutzt, können sie dazu beitragen, dass die Begabungen sich entfalten und in Performanz zeigen (in dem Ressourcenbaum ist dies durch die Blüten dargestellt). In der Geschichte mit den zwei verschiedenen Vormittagen hat die Einstellung der Protagonistin maßgeblich ihre Wahrnehmung und auch ihr Verhalten gesteuert. Ähnlich kann dies auf pädagogische Settings übertragen werden, ›wenn ich der Überzeugung bin, Stärken zu besitzen und etwas zu beherrschen, setze ich dieses viel selbstbewusster ein und manchmal werden Potenziale freigesetzt, die ich ohne diese positive Einschätzung nicht gezeigt hätte‹. Das heißt, wenn ich mir meiner vorhandenen oder vielleicht auch nur potenziell vorhandenen Begabungen bewusst bin, kann ich diese ganz anders zur Entfaltung bringen und einsetzen.

Zudem ist lerntheoretisch bewiesen, dass Menschen auf bereits bestehenden Ressourcen viel leichter Neues lernen können (Friedrich 2010). Wenn ich mir meiner Stärken bewusst bin, kann ich daran anknüpfend neue Kompetenzen entwickeln.

Das heißt beispielweise in Bezug auf Mathematik (um einen Begriff aus dem Ressourcenbaum aufzugreifen), dass ein Kind zunächst einmal wahrnimmt diese Begabung zu besitzen. Selbstmotiviertes Üben kann die Entwicklung der mathematischen Fähigkeit beispielsweise fördern. Werden die individuellen Ressourcen eines Menschen fokussiert, unterstützt dies die »Auflösung unnützer und stigmatisierender Kategorisierungen« (Boger in diesem Band: 69). Dadurch, dass das Individuum mit seinen je spezifischen Stärken berücksichtigt wird, tritt ein Denken in

Kategorien in den Hintergrund. Ressourcenorientierung in diesem Sinne bedeutet dann in Bezug auf die personalen Ressourcen beispielsweise eine Stärke in Mathematik auszudifferenzieren in eine Stärke im Multiplizieren mit einstelligen Zahlen. Dies bietet die Chance, einem Schüler bzw. einer Schülerin, der bzw. die beispielsweise in der räumlichen Wahrnehmung Schwächen hat, dennoch Stärken zuzusprechen. Werden diese diagnostischen Feststellungen vom Kind aus gedacht, werden Kategorisierungen wie ›die begabten Mathematiker‹ obsolet und es kann mit und an den spezifischen Begabungen der Schülerinnen und Schülern gearbeitet werden. Eine solch ressourcenorientierte Diagnostik von Begabungen erlaubt dann zur Begabungsförderung eine Einteilung in Gruppen, unter der Prämisse, diese als dynamisch wandelbar anzusehen und zeitlich zu begrenzen (vgl. auch Solzbacher/Behrensen 2013).

Wird davon ausgegangen, dass die Entwicklung des Menschen ein lebenslanger Prozess ist (wie es auch versucht wurde in der Baum-Symbolik darzustellen), können Parallelen zu einem sich entwickelnden komplexen Begabungsgefüge gezogen werden und Begabungen werden nicht als statische Merkmalszuschreibungen definiert, die eine Person bedingen. Ressourcenorientierung bedeutet dann eine dauerhafte Suche nach vorhandenen Ressourcen zur Unterstützung des Menschen.

Die Tatsache um die eigenen Begabungen zu wissen, kann darüber hinaus dazu beitragen die Selbstkompetenz zu stärken. Dazu erneut ein Beispiel, diesmal aus dem Kinderbuch ›The Dot‹ von Peter H. Reynolds. Das Kinderbuch erzählt die Geschichte von Vaschti, die nach dem Kunstunterricht über einem leeren Blatt Papier sitzt und an ihrer Fähigkeit zu zeichnen zweifelt. Die Kunstlehrerin gibt ihr den Tipp, mit einem Zeichen anzufangen und zu schauen, wohin es sie führt, woraufhin Vashti einen Punkt setzt. Die Kunstlehrerin bittet Vashti das Blatt zu unterzeichnen und als Vashti in der nächsten Woche zum Kunstunterricht kommt, hängt ihr Bild mit dem Punkt und der Unterschrift eingerahmt an der Wand. Daraufhin stellt Vashti fest ›I can make a better dot than that!‹ und beginnt eifrig Punkte in ganz unterschiedlichen Farben und Größen zu malen.

In dem Beispiel wird die Auswirkung von Ressourcenorientierung auf die Selbstmotivation deutlich: Über den Glauben in ihre Stärke, auch wenn diese zu Beginn vielleicht noch nicht sichtbar war, wird die Motivation Vashtis gesteigert. Sie probiert viel aus und experimentiert mit

Farben und Größen. Dies trägt wiederum zu einem Kompetenzzuwachs im Malen bei, z.B. erfährt Vaschti unterschiedliche Mischverhältnisse und ihre explorative Kreativität kommt zum Ausdruck. Vaschti findet über das Lob einen ganz eigenen Zugang zu der Thematik und erschließt sich das Feld.

Psychologisch eingebettet kann das Beispiel an die Theorie der Selbstwirksamkeitserfahrung nach Bandura geknüpft werden. Selbstwirksamkeitserwartung bezeichnet die Erwartung einer Person, aufgrund eigener Kompetenzen gewünschte Handlungen erfolgreich selbst ausführen zu können. Ein Mensch, der daran glaubt, selbst etwas bewirken und auch in schwierigen Situationen selbstständig handeln zu können, hat demnach eine hohe Selbstwirksamkeitserwartung und ist eher bereit Wagnisse einzugehen, beziehungsweise Dinge auszuprobieren (vgl. Bandura 19, Jerusalem/Schwarzer 2002) und kann somit auch eher wieder neue Erfahrungen sammeln. Werden neue Selbstwirksamkeitserfahrungen gesammelt, kann dies wiederum die Selbstwirksamkeitserwartungen steigern. Die Lehrkraft in der Geschichte hat Vashti das Gefühl vermittelt, an ihre Kompetenzen zu glauben, dadurch wurde sie wirksam, indem sie viel ausprobiert hat. Sie konnte dann Selbstwirksamkeitserfahrungen sammeln und somit ihre Selbstkompetenzen weiterentwickeln, ist z.B. immer selbstbewusster geworden. Eine Selbstkompetenz, die unter anderem maßgeblich durch eine Ressourcenorientierung gestärkt werden kann. Gerade Kinder, die sich im Schulalltag selten als selbstwirksam erleben, da sie nicht das erwartete Leistungspotenzial erreichen oder sich als leistungsschwächer als ihre Mitschüler und Mitschülerinnen erleben (dies muss gar nicht die tatsächliche Kompetenz der Schülerinnen und Schüler widerspiegeln), können durch ein Aufzeigen ihrer Stärken an Selbstbewusstsein gewinnen und sich selbst wieder mehr zutrauen. Dies hat indirekt wiederum Auswirkungen auf die Begabungsentwicklung, denn Zutrauen und Ausprobieren sind elementare Faktoren der Begabungsentfaltung. Wenn ich mich mit einem Gegenstand oder einer Handlung intensiv auseinandersetze, kann dies zu einem Wissens- bzw. Kompetenzzuwachs führen (vgl. Meyer 2004; Helmke 2012).

Die Geschichte von Vashti zeigt auch den Beitrag von Umweltressourcen für die Begabungsentwicklung, worauf als letzter Faktor im Folgenden noch näher eingegangen werden soll. Die Kunstlehrerin nimmt in der Geschichte eine entscheidende Rolle ein und stellt den Ausgangspunkt dafür dar, dass Vashti ihre künstlerische Begabung zum Ausdruck bringt. Auch Seitz und Pfahl greifen einen Aspekt der Umweltressourcen auf, wenn sie im Zusammenhang mit inklusiver Begabungsförderung auf die Bedeutung hinweisen, Kinder und Jugendliche »als Teil von Familien in unterschiedlichen Lebenslagen« (Seitz/Pfahl 2018: 120) zu sehen. Neben der Familie können weitere Umweltressourcen fokussiert werden, die näher im Relevanzsystem für pädagogische Fach- und Lehrkräfte liegen und damit leichter wahrzunehmen und zugänglich sind. Auch die Schule selbst hat Ressourcen, die die Begabungsförderung unterstützen können. Hier ist beispielsweise an Bücher oder Schulmaterialien, an pädagogische Fach- und Lehrkräfte oder andere Kooperationspartner zu denken. Den Schülerinnen und Schülern diese Umweltressourcen aufzuzeigen und ihnen gegebenenfalls zu vermitteln, wie sie dies für sich nutzen können, kann dazu beitragen Begabungen – sicht- und unsichtbare – zu entfalten. Somit können Ressourcen, die in der Schule wahrgenommen werden, auch erschwerende Entwicklungsbedingungen wie beispielsweise fehlende finanzielle Ressourcen ausgleichen. Schülerinnen und Schüler, die gerne lesen, können beispielsweise mit Büchern aus der Schulbibliothek oder einer Tauschbörse versorgt werden. Dies kann mitunter zu einer Begabungsentfaltung führen. Ressourcenorientierung kann so Faktoren entgegenwirken, die die Begabungsentfaltung verstellen und somit zu mehr Bildungsgerechtigkeit führen (vgl. Graalmann in diesem Band). Auch Miller und Velten verweisen auf den Beitrag von Ressourcenorientierung zu Bildungsgerechtigkeit:

> »Lehrer müssten gerade die personalen und sozialen Ressourcen der Kinder sehr viel stärker fördern und unterstützen, weil diese eine zentrale Grundlage für die Persönlichkeitsentwicklung darstellen und gerade Kinder aus prekären Lebensverhältnissen dem Risiko ausgesetzt sind, diesbezüglich schlechtere und instabilere Grundlagen mitzubringen, sodass dann auch Auswirkungen auf die Leistungsentwicklung und die intellektuelle Kompetenzentwicklung wahrscheinlich sind« (Miller/Velten 2015: 49).

So können unterschiedliche Ressourcen, auch Umweltressourcen vor allem dann wenn sie bewusst sind und bewusst eingesetzt werden, dazu beitragen, Bildungsungerechtigkeit vorzubeugen.

3 Wie funktioniert Ressourcenorientierung? Ressourcenorientierung als Perspektivwechsel

Die Begriffsklärung von Ressourcenorientierung hat bereits in Ansätzen gezeigt, dass es sich bei Ressourcenorientierung um einen Perspektivwechsel von einer Konzentration auf die Defizite zu einer Fokussierung der Ressourcen handelt. Dies soll im Folgenden noch weiter ausdifferenziert werden, in dem aufgezeigt wird, dass Ressourcenorientierung aufgrund der Herausforderungen, die eine Ressourcenorientierung birgt, mehr umfasst, als das Anwenden ressourcenorientierter Methoden. Damit wird im Folgenden der dritte Teil der Überschrift, der ›Perspektivwechsel‹ näher beleuchtet.

Es existieren zahlreiche Methoden, wie Ressourcen aufgedeckt werden können. In einem Themenheft haben Kolleginnen und ich das ›Ressourcen ABC‹ als eine Methode vorgeschlagen. Bei dieser Übung soll zu jedem Anfangsbuchstaben aus dem Alphabet eine Personen- oder Umweltressource aufgeschrieben werden (vgl. Kiso/Lotze/Behrensen 2014). Solche oder ähnliche einzelne Methoden können ein erster Schritt sein, sich vermehrt auch auf die Stärken der Schülerinnen und Schüler zu konzentrieren. Ressourcenorientierung als Perspektivwechsel geht allerdings noch weiter, als mit einem konkreten Instrument die Ressourcen aufzuzeigen und meint viel mehr dauerhaft im Schulalltag die Stärken im Blick zu haben.

Ressourcen und Stärken, aber auch Defizite und Schwächen, sind immer abhängig vom Betrachter bzw. von der Betrachterin: Das, was für den einen eine Ressource darstellt, kann für den anderen ein Defizit sein und umgekehrt. Beispielsweise kann ein Kind, das im Unterricht viel mit seinen Sitznachbarn bzw. Sitznachbarinnen redet, als Störfaktor wahrgenommen werden. Der Austausch mit Klassenkameraden und -kameradinnen kann aber auch positiv als Sozialkompetenz gedeutet werden und das Kind als besonders kommunikativ gelten. Wie die Kommunikation gedeutet wird, ist zudem auch von dem eigenen Befinden des Betrachters bzw. der Betrachterin abhängig. Es gibt sicherlich Tage, an denen die Lehrkraft das Mitteilungsbedürfnis während des Unterrichts wertschätzen kann und andere, wenn sie beispielsweise unter Stress steht und besonders geräuschempfindlich ist, an denen sie diese stark tadelt. Wie die Kommunikationsfreudigkeit des Kindes eingeschätzt wird, ist zudem situationsabhängig. In der eben geschilderten Unterrichtssituation wird sie wahrscheinlich eher negativer bewertet als im Kontext der Pause. Des Weiteren ist die Umwelt eine wichtige Größe, wenn es um die Bewertung von Ressourcen geht. Defizite und Ressourcen sind gesellschaftlich mitbestimmt und unterliegen einer sozialen Bewertung. Gerade im Zusammenhang mit Inklusion ist dies eine wichtige Reflexionsgrundlage für pädagogische Fach- und Lehrkräfte (vgl. auch Kiso in Druck). Ressourcenorientierung ist damit ein reflektierter Umgang mit Stärken und Schwächen, der eben diese soziale Konstruiertheit mit einbezieht. Leider lässt sich Ressourcenorientierung nicht so einfach vollziehen, wie z.b. sich vorzunehmen positiv in den Tag zu starten, um das Beispiel erneut aufzugreifen. Es kann allerding sicherlich einen Anfang darstellen, sich vorzunehmen Ressourcenorientierung umsetzen zu wollen (vgl. Kuhl 2001). In dem Sinne ist Ressourcenorientierung nichts was aufoktroyiert werden kann. Ganz nach der Prämisse Galileos: »Man kann einen Menschen nichts lehren, sondern ihm nur helfen, es in sich selbst zu entdecken«. Damit Ressourcenorientierung authentisch umgesetzt wird, muss sie zur eigenen Handlungsmaxime gemacht werden und das ist, im deutschen Schulsystem nicht einfach, denn eine Aufgabe von Schule besteht hier unter anderem auch darin einen Massenlernprozess zu organisieren (Trautmann/Wischer 2014). Bei ca. 26 Schülerinnen und Schülern ist es gar unmöglich zu jeder Zeit und bei jedem Schüler und jeder Schülerin die je individuellen Ressourcen aufzuzeigen.

Zudem herrscht eine historisch gewachsene Fokussierung auf Defizite, die mitunter in der Selektionsfunktion von Schule begründet liegt (vgl. Fend 2009). Den Schülerinnen und Schülern ihre Stärken aufzuzeigen, steht damit im Widerspruch dazu, die Schülerinnen und Schüler entsprechend ihrer Leistung Schulformen und beruflichen Perspektiven zuzuteilen. Es entsteht ein Widerspruch zwischen der Qualifikations- und Selektionsfunktion von Schule (Fend 2009).

Zur Veranschaulichung soll an dieser Stelle ein Fallbeispiel aus einer Interviewbefragung von Lehrkräften angeführt werden[7]. Bereits in der Eingangssequenz des Interviews mit Lehrkraft Pergamon wird ihre ressourcenorientierte Positionierung gegenüber ihren Schülerinnen und

---

[7]   Das Fallbeispiel stammt aus meinem Dissertationsvorhaben, in dem ich das Verständnis von Begabung und Begabungsförderung aus der Perspektive von Lehrkräften erforsche.

Schülern deutlich. Sie startet das Interview gefragt nach einer Beschreibung ihrer Schülerinnen und Schüler wie folgt:

>»Ich hab eigentlich eine total tolle Klasse. Ich bin wirklich ein bisschen wehmütig, dass ich die jetzt abgeben muss. Ich hatte damals als ich angefangen hab, ich wäre eigentlich lieber bei den Kleinen, weil ich ja von der Grundschule komme, bin dann aber irgendwie bei den Siebenern dann reingerutscht und musste dann Sieben, Acht, Neun machen und bin eigentlich total begeistert, dass die total selbstständig sind und, ja also ich bin eigentlich auch ein Fan von meinen Schülern« (Hauptschule\Pergamon: 12 - 12).

In dem Interview zeigt sich immer wieder, wie Lehrkraft Pergamon durch das Schulsystem in ihrer Ressourcenorientierung und dem Wunsch, die Begabungen der Schülerinnen und Schüler zu fördern, eingeschränkt wird. Hierzu soll exemplarisch folgende Szene angeführt werden:

>»Was ich eigentlich auch wichtig finde, ist, dass man jedes Kind anschaut. Also nicht nur diejenigen, die ein starkes Begabungspotenzial haben oder die, die von/ die ein ganz schwaches Begabungspotenzial haben. Es ist ja oft so, dass man die Leistungsstarken und die Leistungsschwachen besonders fördert, sondern dass man auch auf das Mittelfeld guckt, denn ich finde auch die haben das Recht individuell gefördert zu werden auf ihre Begabungen hin. Ich glaube, dass das ganz schwierig ist, weil die Gruppen - Ah das würde ich mir übrigens auch wünschen, kleine Gruppen – beide Gruppen teilweise zu groß sind. Und dann ist man eigentlich immer zufrieden, wenn man die Starken fördern kann und die Schwachen und das breite Mittelfeld läuft so mit. Aber das ist es ja eigentlich nicht/ eigentlich sollte man Zeit zur Verfügung haben sich, auch die, die so mittendrin sind, sehr zu fördern, denn jedes Kind hat ja Potenziale, hat auch das Recht, dass diese Potenziale gefördert werden. Und was ich auch wichtig finde, ist, dass man ein Begabungspotenzial nicht erst dann anerkennt, wenn es irgendwie ganz weit oben ist oder der Norm entspricht, sondern guckt, ja der war/ der stand da und jetzt ist er hier und das ist schon enorm. Das ist super. Dass man so was auch irgendwie im Zeugnis irgendwie vermerken könnte, das wäre doch auch mal schön oder? [...] Also irgendwie, ›du hast dich toll entwickelt‹ und dass man da vielleicht/ Weil so ne Note ja schon manchmal ein bisschen traurig dann ist ne? also dann [hat er sich] sehr viel Mühe gegeben und entwickelt und die Note wenn es dann von ner fünf auf ne vier ist, ist trotzdem ja/ Da kann man noch so viel sagen ›das ist toll, dass du das geschafft hast‹« (Hauptschule\Pergamon: 105 - 107)[8].

Hier zeigt sich die von Helsper herausgestellte Antinomie zwischen Differenzierung und Homogenisierung (vgl. z.B. 2001, 2002):

>»Einerseits müssen Lehrer in ihren Vermittlungsprozessen zwischen Schülern differenzieren, sie hinsichtlich ihrer Lernausgangsbedingungen, -möglichkeiten und -ressourcen, ihrer je spezifischen Stärken und Schwächen unterscheiden. Andererseits müssen Lehrer die differenzierten, höchst unterschiedlichen Schüler ›homogenisieren‹, etwa hinsichtlich von Anfang und Ende, von Lernzeiten und -abläufen und von Lerngegenständen« (Helsper 2001: 86).

---

8   Die Interviewausschnitte wurden aus Gründen der Lesbarkeit sprachlich geglättet.

Auf der einen Seite möchte Lehrkraft Pergamon individuell fördern und die Potenziale, die jedes einzelne Kind hat, unterstützen. Sie betont mehrfach im Interview wie wichtig es ihr ist, dass im Unterricht »auf die Ressourcen des Kindes geschaut werden sollte« (Hauptschule\Pergamon: 109-109) und die Potenziale genutzt werden. Auf der anderen Seite nimmt die Lehrkraft eine Einteilung in Leistungsgruppen vor, sie spricht von ›leistungsstarken‹, ›leistungsschwachen‹ und dem ›Mittelfeld‹ und wünscht sich mehr Zeit und kleinere Gruppen, um besser differenzieren und individuell fördern zu können. Sie bewertet damit das Begabungspotenzial von einer Norm aus, weist allerdings auf diese Problematik hin, wenn sie den Wunsch äußert, nicht nur Begabungspotenziale zu fördern und zu würdigen, die der Norm entsprechen oder darüber liegen. In diesem Zusammenhang thematisiert die Lehrkraft auch die Schwierigkeit von Noten, die Leistungsfortschritte ihrer Meinung nach nicht immer ausreichend würdigen. In dem gesamten Interviewmaterial zeigt sich, wie Lehrkraft Pergamon, mit ihrem eigenen hohen Anspruch den Kindern ihre Ressourcen aufzuzeigen und sie über Anerkennung in ihrem Selbstwertgefühl zu stärken, durch strukturelle Bedingungen an ihre Grenzen stößt.

Auch Büker (2015) verweist darauf, dass in ihren Praxisforschungen in Grundschule, Kindertageseinrichtung und Bildungshaus »aus Sicht der befragten Akteure häufig große Diskrepanzen zwischen ambitionierten pädagogischen Zielen und der täglichen Handlungspraxis wahrgenommen werden« (ebd.: 12).

Wenn Strukturen und Systeme eine Ressourcenorientierung so erschweren, wie kann Ressourcenorientierung dann umgesetzt werden?

Es müssen Wege gefunden werden, mit den schulischen Antinomien (Helsper 2002) umzugehen und handlungsfähig zu bleiben. Ressourcenorientierung stellt damit einen besonderen Blick dar, einen Perspektivwechsel, der authentisch im Selbst verhaftet sein muss, damit das Handeln danach ausgerichtet ist (vgl. Kuhl 2001). Dazu gehört ein reflektierter Umgang mit Stärken und Schwächen, das Wissen darum, dass diese sozial konstruiert, abhängig von der Situation und dem Betrachter bzw. der Betrachterin sind und die Berücksichtigung dieses bei der Bewertung von Stärken und Schwächen. Dies ist mitunter deshalb auch so schwer umsetzbar, da pädagogische Fach- und Lehrkräfte handlungsfähig bleiben und auf Situationen ad-hoc reagieren müssen. In den Ad-

Hoc-Situationen ist, der Theorie der Persönlichkeits-System-Interaktionen (PSI-Theorie) folgend (vgl. Kuhl 2010), die intuitive Verhaltenssteuerung aktiviert, die »weitgehend unabhängig ist von (1) bewusster Kontrolle (d.h. sie ist intuitiv), (2) von einzelnen auslösenden Objekten oder Reizen (d.h. sie kann auch spontan erfolgen, (3) von Bedürfnissen und Anreizen (d.h. sie funktioniert auch anreizungsunabhängig), (4) von starren Reaktionsgewohnheiten (d-h. sie ist flexibel) und die (5) über ein eigenes, bislang wenig erforschtes (weil unbewusstes) Wahrnehmungssystem verfügt (d.h. sie arbeitet ›sensu-motorisch‹)« (Kuhl 2010: 85).

Kuhl, Schwer und Solzbacher schlagen daher vor, dass Fach- und Lehrkräfte selbst in Aus- und Weiterbildungen in ihren Selbstkompetenzen gestärkt werden, damit es ihnen möglich wird, »auf das jeweilige psychische Teilsystem zugreifen zu können, welches sie situationsabhängig in ihrem pädagogischen Handeln benötigen und aktivieren können.« (2014: 103; für Anregungen zur Umsetzung siehe auch Kuhl/Solzbacher/Zimmer 2017)

Sicherlich hilft es dennoch im übertragenen Sinne morgen mit einem positiven Blick auf die Dinge aufzuwachen und sich zu entschließen auf die Ressourcen der Kinder zu schauen und sicherlich gibt es bereits zahlreiche Schulen, die diesbezüglich gute Arbeit leisten (siehe z.B. Draber in diesem Band und Algermissen in diesem Band) und Schülerinnen und Schüler über eine Wertschätzung der Ressourcen in ihren Selbstkompetenzen und Begabungen stärken.

4 Schlussbemerkung

Sollen Kinder in ihrer Heterogenität wertgeschätzt und in ihrer Individualität anerkannt werden, wie es im Zusammenhang mit Inklusion gefordert wird (vgl. z.B. Hinz 2006; Prengel 2014), bietet Ressourcenorientierung als Perspektivwechsel eine Möglichkeit, die Kinder in der Entfaltung ihrer Begabungen, wie es in der Behindertenrechtskonvention gefordert wird (United Nation 2006: Artikel 24), zu unterstützen. Das Fokussieren der Ressourcen, die jedes einzelne Kind mitbringt und der Faktoren, die eine Entfaltung und/oder Performanz der Stärken verhindern, kann ein Beitrag zur Bildungsgerechtigkeit leisten. Dabei handelt es sich um eine systemisch bedingte Herausforderung, die sicherlich nicht allein Aufgabe der pädagogischen Fach- und Lehrkräfte, im Sinne von, hier bedarf es nur der ›richtigen Haltung‹ ist, wie hoffentlich deutlich wurde. Auch auf struktureller Ebene sollte sich gefragt werden, wie eine stärker ressourcenorientierte Perspektive etabliert werden kann, um sowohl eine Begabungsentfaltung und Performanz zu unterstützen als auch zu mehr Bildungsgerechtigkeit beizutragen.

Literatur

Bandura, A. (1997): Self-efficacy. The exercise of control. New York: Freeman.

Baudson, T. G. (2011): Pygmalion in der Schule. Wie mächtig sind Lehrererwartungen? In: MinD-Magazin, Jg. 82, S. 8-10. https://www.unidue.de/imperia/md/content/dia/mindmag82-tgb.pdf. Zugriff am 07.06.2018.

Behrensen, B., Solzbacher, C. (2016): Grundwissen Hochbegabung in der Schule. Weinheim, Basel: Beltz.

Boger, M.A. (2018): Implikationen des Dekategorisierungsdiskurses der Inklusionspädagogik für den Begabungsbegriff. In: Kiso, C., Lagies, J. (Hg.): Begabungsgerechtigkeit. Perspektiven auf stärkenorientierte Schulgestaltung in Zeiten von Inklusion. Wiesbaden: Springer, S. 71-101.

Büker, P. (2015): Kinderstärken – Kinder stärken: Pädagogische, soziologische und psychologische Zugänge zu einer »starken Idee«. In: Büker, P. (Hg.): Kinderstärken – Kinder stärken. Erziehung und Bildung ressourcenorientiert gestalten. Stuttgart: W. Kohlhammer.

Fend, H. (2009): Neue Theorie der Schule. Wiesbaden: Springer.

Friedrich, S. (2010): Entwicklung einer ressourcenorientierten Haltung. In: Möbius, T., Friedrich, S. (Eds.): Ressourcenorientiert arbeiten. Anleitung zu einem gelingenden Praxistransfer im Sozialbereich. Wiesbaden: VS-Verlag, S. 39-50.

Gerrig, R. J. (2015): Psychologie. Halbergmoos: Pearson.

Helmke, A. (2012): Unterrichtsqualität und Lehrerprofessionalität. Seelze-Velber: Klett/Kallmeyer.

Helsper, W. (2001): Antinomien des Lehrerhandelns – Anfragen an die Bildungsgangdidaktik. Wiesbaden: Springer.

Helsper, W. (2002): Lehrerhandeln als antinomische Handlungsstruktur. In: Marotzki, M., Kraul, M., Schweppe, C. (Hg.): Biographie und Profession. Bad Heilbrunn: Klinkhardt, S. 64-103.

Hinz, A. (2006): Inklusion. In: Hinz, A., Bleidick, U. (Eds.): Handlexikon der Behindertenpädagogik. Stuttgart: Kohlhammer, S. 97-98.

Jerusalem, M., Schwarzer, R. (2002): Das Konzept der Selbstwirksamkeit. In: Jerusalem, M., Hopf, D. (Hg.): Selbstwirksamkeit und Motivationsprozesse in Bildungssituationen. Weinheim, Basel: Beltz, S. 28-53.

Kiso, C. (in Druck): Ressourcenorientierte Begabungsförderung als Ansatzpunkt für die Arbeit in inklusiven Schulen. In: Falkenreck, D., Götzel, N., Hollen, M., Ossowski, E. (in Druck): Inklusion zwischen Theorie und Praxis. Baltmannsweiler: Schneider.

Kiso, C., Lotze, M. (2014): Ressourcenorientierung als Grundhaltung? Mögliche Konsequenzen pädagogischer Diskurse für die Kooperation verschiedener Professionen. In: Schwer, C., Solzbacher, C. (Eds.): Professionelle pädagogische Haltung. Historische, theoretische und empirische Zugänge zu einem viel strapazierten Begriff. Bad Heilbrunn: Klinkhardt, S. 139-156.

Kiso, C., Lotze, M., Behrensen, B. (2014): Ressourcenorientierung in KiTa & Grundschule. Nifbe Themenheft Nr. 24. Osnabrück: Nifbe-Eigenverlag.

Klemenz, B. (2007): Ressourcenorientierte Erziehung. Tübingen: dgvt-Verlag.

Kuhl, J. (2001): Motivation und Persönlichkeit: Interaktion psychischer Systeme. Göttingen: Hogrefe.

Kuhl, J. (2010): Lehrbuch der Persönlichkeitspsychologie. Motivation, Emotion und Selbststeuerung. Göttingen, Bern, Wien, Paris, Oxford und weitere: Hogrefe.

Kuhl, J., Solzbacher, C. (2012): Selbstkompetenzförderung durch Beziehungsarbeit. In: Solzbacher, C., Müller-Using, S., Doll, I. (Hg.): Ressourcen stärken! Individuelle Förderung als Herausforderung für die Grundschule. Köln: Carl Link, S. 277-295.

Kuhl, J., Künne, T., Aufhammer, F. (2011): Wer sich angenommen fühlt, lernt besser: Begabungförderung und Selbstkompetenzen. In: Kuhl, J., Müller-Using, S., Solzbacher, C., Warnecke, W.: Bildung braucht Beziehung. Selbstkompetenzen stärken – Begabungen entfalten. Freiburg, Harder, S. 15-27.

Kuhl, J., Solzbacher, C., Zimmer, R. (2017): WERT: Wissen, Erleben, Reflexion, Transfer. Ein Konzept zur Stärkung der professionellen Haltung von pädagogischen Fach- und Lehrkräften. Baltmannsweiler: Schneider.

Meyer, H. (2004): Was ist guter Unterricht? Berlin: Cornelsen.

Miller, S., Velten, K. (2015): Kinderstärkende Pädagogik in der Grundschule. Stuttgart: Kohlhammer.

Oser, F., Spychiger M. (2005): Lernen ist schmerzhaft. Zur Theorie des Negativen Wissens und zur Praxis der Fehlerkultur. Weinheim, Basel: Beltz.

Prengel, A. (2014): Inklusive Bildung: Grundlagen, Praxis, offene Fragen. In: Häcker, T., Walm, M. (Hg.): Inklusion als Entwicklung. Konsequenzen für Schule und Lehrerbildung. Bad Heilbrunn: Klinkhardt 2015, S. 27-46.

Petermann, F., Schmidt, M. H. (2006): Ressourcen – ein Grundbegriff der Entwicklungspsychologie und Entwicklungspsychopathologie? In: Kindheit und Entwicklung, Jg. 15, Nr. 2, S. 118-127.

Reynolds, P. H. (2003): The Dot. Somerville: Candlewick Press.

Rosenthal, R., Jacobson, L. (1968): Pygmalion in the classroom. New York: Holt, Rinehart & Winston.

Seitz, S., Pfahl, L. (2018): Schülerbiografien und Begabungsförderung. In Seitz, S., Pfahl, L., Lassek, M., Rastede, M., Steinhaus, F.: Hochbegabung inklusive. Inklusion also Impuls für Begabungsförderung an Schulen. Weinheim, Basel: Beltz, S. 89-118.

Solzbacher, C., Behrensen, B. (2013): Inklusion und individuelle Förderung – Zwei Seiten einer Medaille. In: Pädagogische Führung, Jg. 5, 164-167.

Solzbacher, C., Behrensen, B. (2014): »Ich bin gemeint!« Selbstkompetenzförderung durch Beziehungsarbeit. In: Friedrich Jahresheft »Fördern«, Jg. 32, S. 100-102.

Trautmann, M., Wischer, B. (2014): Heterogenität in der Schule: Eine kritische Einführung. Wiesbaden: Springer.

Tsirigotis, C. (2008): Empowerment und Ressourcenorientierung unter erschwerten Bedingungen – Welche professionelle Haltung braucht ressourcenorientierte Alltagspraxis in Frühförderung und Schule? In: Hintermair, M. & Tsirigotis, C. (Eds.): Wege zu Empowerment und

Ressourcenorientierung in der Zusammenarbeit mit hörgeschädigten Menschen. Heidelberg: Median-Verlag, S. 45-62.

United Nations (2006): Convention on the Rights of Persons with Disabilities. Retried 12.10.2015. http://www.un.org/disabilities/convention/conventionfull.shtml. Zugriff am 16.05.2018.

Vygotsky, L.S. (1978): Mind in society: the development of higher psychological processes. Cambridge, Massachusetts, London: Harvard Press.

Heike Draber

Jedes Potenzial jederzeit fördern – Erfahrungen aus der Grundschule auf dem Süsteresch in Schüttorf

Eine große Herausforderung stellt sich jedem Kollegium darin, gesellschaftlichen Veränderungen auf schulischer Ebene flexibel und kreativ zu begegnen. Wie kann Lernen in der Heterogenität der Inklusion gelingen? Bei der Einschulung treffen wir auf Entwicklungsunterschiede von bis zu sechs Entwicklungsjahren bei biologisch gleichem Alter (vgl. z.B. Edelstein 1997; Martschinke/Kammermeyer 2003). Kinder, die ihren Namen noch nicht schreiben können und an den Fingern mühsam bis fünf abzählen, treffen auf Kinder, die sich das Lesen selber beigebracht haben und mathematisch im Zahlenraum bis 1000 operieren. Wie schaffen wir es, das Lernen so zu personalisieren, dass es zum jeweiligen Entwicklungsstand eines Kindes passt (siehe hierzu auch Algermissen in diesem Band)? Wie schaffen wir es, unsere Vision vom inklusiven Begabungsbegriff in der Praxis zu realisieren? Dies sind und waren zentrale Fragen für den Schulentwicklungsprozess unserer Schule, die im Juni 2016 für ihre innovative schulprogrammatische Arbeit den Hauptpreis des Deutschen Schulpreises erhielt. Unsere Antworten können und sollen angehenden Lehrpersonen und anderen Schulen als Impulse dienen und ermutigen, eigene Fragen zu stellen bzw. eigene mutige Antworten zu finden.

1 Von Haltungen und Visionen

Schon seit vielen Jahren verstehen wir uns als eine inklusive Gemeinschaftsschule für alle – ungeachtet von Herkunft, Religion, Handicaps oder Begabungen. Wir akzeptieren das Vorhandensein äußerst unterschiedlicher Potenziale, sind uns aber sicher, dass jedes Kind ein individuelles Potenzial besitzt (vgl. z.B. auch Behrensen/Solzbacher 2016; Heller/Perleth 2007 und Solzbacher in diesem Band). Die große Heterogenität zwangsweise zu homogenisieren, indem alle Kinder zur selben Zeit das Gleiche bearbeiten, wäre nach unserem Verständnis ein Fall für den europäischen Gerichtshof für Menschenrechte. Die große Kunst besteht somit darin, jedem Kind Raum für persönliche Entwicklungsschritte zu

© Springer Fachmedien Wiesbaden GmbH, ein Teil von Springer Nature 2019
C. Kiso und J. Lagies (Hrsg.), *Begabungsgerechtigkeit*,
https://doi.org/10.1007/978-3-658-23274-0_7

geben. Die hierzu notwendigen inhaltlichen und methodischen Anpassungen erarbeiten wir stets mit dem gesamten Team, formulieren unsere Visionen von guter Schule. Wir wollen mehr als nur eine Schule für Kinder sein. Unser Team investiert darin, ein »Lebens- und Lernhaus mit Wohlfühlcharakter« zu sein[1]. In der festen Überzeugung, dass sich nachhaltiges Lernen, der Aufbau von Wissensnetzen und die Bandbreite persönlicher Potenziale ausschließlich in einer intensiven Beziehungsdidaktik (vgl. z.b. Miller 1997) und in einer anregenden Lernumgebung auf Basis multipler Erfahrungen entfalten, gestalteten wir sukzessive passende, stimulierende Lernarrangements auf struktureller und räumlicher Ebene. Kooperativ mit dem gesamten Team erscheint dabei ein zentraler Schlüssel unserer Schulentwicklung.

2 Begabungsbegriff am Süsteresch

Nach unserem Verständnis sind begabte Kinder in erster Linie ganz normale Kinder, die oft bereits in den ersten Schulwochen durch ihren speziellen, tiefsinnigen Humor, ihr erstaunliches Sprachvermögen, durch ihren großen Wissensdurst und Forscherdrang sowie ihren starken Gerechtigkeitssinn auffallen. In der Regel sind sie offensive Schnelllerner, die ihren Altersgenossen auf kognitiver Ebene oft um mehrere Jahre voraus sind. Sie wollen Erfahrungen sammeln, sich ausprobieren, in ihrem persönlichen Tempo lernen und voranschreiten.

Unsere alltäglichen Erfahrungen sowie Ergebnisse verschiedener wissenschaftlicher Studien zeigen uns allerdings, dass gute kognitive Anlagen alleine kein Garant für überdurchschnittliche schulische Leistungen bilden (siehe z.B. Greiten in diesem Band). Damit begabte Kinder ihre Begabungen entfalten und Expertise aufbauen können, brauchen sie anregende Impulse im schulischen und häuslichen Umfeld, kombiniert mit der Möglichkeit, ihre Personal- und Sozialkompetenz im interaktiven Miteinander zu entfalten. Ein großes Ziel besteht darin, die bei Schuleintritt unbändig wirkende Lernmotivation zu erhalten. Deshalb benötigen begabte Kinder täglich und in jedem Unterricht herausfordernde Lernarrangements und Aufgaben, die zum Nachdenken, Argumentieren und kreativ sein anregen (siehe Greiten in diesem Band). Isolierte Angebote am Nachmittag oder einmal wöchentlich in der Stundentafel, die oft ein

---

[1] vgl. http://suesteresch.de/so-denken-wir/schulprogramm/ (Zugriff am 28.05.2018).

mehr im Vergleich zu Klassenkameraden und Klassenkameradinnen bedeuten, bilden allerhöchstens einen Tropfen auf den heißen Stein. Um unserem Anspruch nach inklusiver Begabungsförderung realistisch nachzukommen, übernehmen unsere Kinder in täglichen 110 minütigen Selbstlernzeiten (Mit-)Verantwortung für ihr inhaltliches Voranschreiten. Dabei findet das individuelle Lernen im optimalen Fall vom Kind aus statt. Es entscheidet selbst über den nächsten Lernschritt. Ergänzt werden diese täglichen Lernzeiten durch wöchentliche Enrichment-Angebote sowie durch regelmäßige Projekte und verschiedene Wettbewerbe.

3 Vernetzung von Raum und Pädagogik

Wir leben an unserer Schule eine »Pädagogische Architektur«. Der Raum besitzt den Stellenwert des dritten Pädagogen (z.B. Reich et al. 2018; Hollen-Schulte/Ossowski 2012). Alle Klassenräume sind übersichtlich, ästhetisch, hell, luftig und gemütlich gestaltet. Im »Klassenraum« finden die Kinder alle Arbeitsmittel und Geräte, die sie zum Erfinden, Forschen und Entdecken benötigen. Dabei sind alle Räume ähnlich strukturiert bzw. ausgestattet, sodass sich die Kinder schnell in jedem Raum heimisch fühlen und sich leicht orientieren können.

Abb. 1: Bilder aus einem Klassenraum (Gruppentisch, Gesprächsviereck, Computerecke)

Geht es um Umsetzung der Inklusion sowie um eine inklusive Begabungsförderung, so verliert das traditionelle Klassenzimmer als Raum der Instruktion seine zentrale Rolle. Die Kinder unserer Schule gehen neue Wege und gestalten ihren Lernprozess inhaltlich, sozial, personell und räumlich mit. Deshalb gilt es, eine Wahlmöglichkeit zwischen verschiedenen Raumsituationen zu realisieren (vgl. Abb. 1 und 2). Um der

Vielfalt sowie den individuellen Interessen unserer facettenreichen Schülerschaft gerecht zu werden und um den Entdeckergeist hoch zu halten, gestalteten wir in den vergangenen zwölf Jahren sukzessive thematische Lernateliers (vgl. Abb. 3), die den individuellen Bedürfnissen unserer Kinder in besonderer Weise Rechnung tragen, die deren Drang nach Bewegung, Spielen und Lernen unterstützen (siehe hierzu auch Algermissen in diesem Band), die aber auch Möglichkeiten zum Austausch, zur Vertiefung, zum Aufbau von Expertise schaffen oder wichtige Rückzugsinseln darstellen. Neben den Klassenräumen finden sich am Süsteresch mittlerweile neun thematische Lernateliers, die durch das große Engagement unseres Teams im Wesentlichen geplant, diskutiert, finanziert und umgesetzt wurden. Mittlerweile verfügen wir über Raumangebote mit mathematischem, sprachlichem, kreativem und naturwissenschaftlichem Schwerpunkt (s. Abb. 3).

Abb. 2: Lerngelegenheiten im Schulgebäude

Kinder erhalten Raum und Zeit für individualisiertes und selbstständiges Lernen und erfahren dabei im kommunikativen Austausch mit anderen Besucherinnen und Besuchern des jeweiligen Lernateliers gegenseitige Unterstützung, Rückmeldung und Wertschätzung. Während der täglichen 110-minütigen Selbstlernzeit unterstützen und beraten erwachsene Lernbegleiterinnen und Lernbegleiter die Kinder in ihren Lernideen.

Entsprechend ihrer Interessen, Fähigkeiten und Neigungen können sie beispielsweise in der Schuldruckerei eigene Texte drucken, in der Baubude zu geometrischen Schwerpunkten forschen, ihre sprachlichen Fähigkeiten beim Schülerradio vervollkommnen, im Forscherlabor Vorträge ausarbeiten und Expertise entwickeln oder aber Wissenslücken handelnd aufarbeiten. Dabei fördert die Arbeit in den Lernateliers die Kreativität der Kinder, denn der individuelle Lösungsweg für eine Aufgabe, für ein Problem steht im Vordergrund. Durch den aktiven Austausch über verschiedene Lösungswege, Fehler, Abkürzungen und Missverständnisse baut sich ein nachhaltiges Wissen auf. Strukturen, Regeln und Muster werden deutlich und helfen langfristig, die Bildungsbereiche kompetent zu überblicken und zu erfassen.

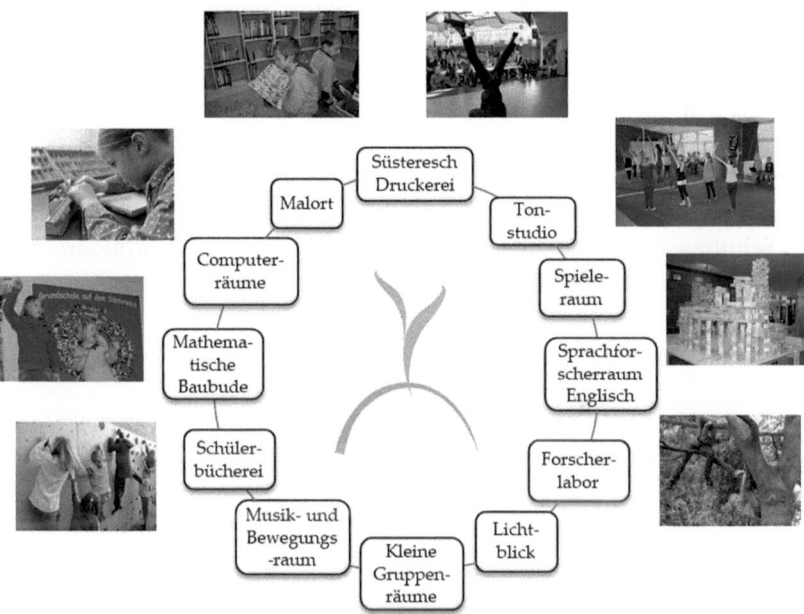

Abb. 3: Übersicht über bestehende Lernateliers am Süsteresch

Während der Arbeit in den Lernateliers erleben sich alle Kinder als selbstwirksam sowie als Teil unserer Schulgemeinschaft, trainieren ihre kommunikativen und sprachlichen Ausdrucksweisen und schulen ihre Empathiefähigkeit. Dadurch, dass Kinder an verschiedenen Schwerpunkten in ihrem individuellen Tempo arbeiten, eben nach Interesse, Fähigkeit und Neigung, ist es normal, verschieden zu sein: *Niemand* wird ausgeschlossen, *alle* gehören dazu!

4 Raum für Vielfalt kindlicher Lernwege – Selbstlernzeit am Süsteresch

Konzeptionell ist die Selbstlernzeit angelegt an die »Didaktik des weißen Blattes« (Peschel 2002). Auf vorstrukturierte Aufgabenplantage wird weitestgehend verzichtet. Vielmehr entdecken, planen, erkunden, beobachten, experimentieren und dokumentieren die Kinder über Fächergrenzen hinaus im eigenen Tempo auf individuellem Niveau. Interessengeleitet arbeiten sie mit selbstgewählten Materialien in Einzel- oder Partnerarbeit oftmals an eigenen Produkten. Lernen geschieht so weniger kopierend, sondern auf Basis von sogenannten Eigenproduktionen (vgl. Abb. 4). So schreiben die Kinder eigene Geschichten, Briefe, Sachtexte, Gedichte, Theaterstücke oder Hörspiele in ihr Reisetagebuch. Vor allem begabte Kinder zeichnen und verschriften in ihre leere DIN A4 Kladde vom ersten Schultag an, was sie bewegt. Schnell werden immer komplexere Texte verfasst und Schrift wird als funktional erfahren.

Abb. 4: Beispiel einer Umsetzung der »Didaktik des weißen Blattes«

Sehr gerne bringen begabte Schreiber und Schreiberinnen ihre persönlich bedeutsamen Erlebnisse in der Schule zum Ausdruck. Jede Klasse ist deshalb mit einer Digitalkamera ausgestattet, sodass die Kinder ihre Spuren einfangen und jederzeit dazu schreiben können. Das Sprach- und Schreibniveau wird vom Können des Kindes selbst auf dem jeweiligen Entwicklungsstand bestimmt (Individualisierung von unten). In den Klassenräumen stehen den Kindern vielfältige Schreibimpulse in Form

von Irritationsbildern, lustigen Fotos, Schreibideen und so weiter zur
Verfügung. Dabei entscheiden die Kinder selbstständig, ob bzw. welches
Material sie als Hilfestellung oder zur Impulsgebung benutzen. In Büro-
gesprächen oder im Präsentationskreis werden die individuellen Produktionen besprochen und auf grammatikalische und orthographische Phänomene hin im Rechtschreibgespräch untersucht. Gerne nutzen begabte
Kinder unsere Schul-Druckerei zum professionellen Drucken des selbst-
erfundenen Produkts.

Abb. 5: Expressives Schreiben, Anfang Klasse 2

Elektronische Medien ergänzen und unterstützen das individualisierte
Lernen im Unterricht. Begabte Kinder nutzen bereits frühzeitig die Möglichkeit zu selbstgewählten Themen zu forschen. Hierzu recherchieren
die jungen Forscherinnen und Forscher in Sachbüchern, im Internet oder
in Zeitschriften und nutzen die Forscherkisten des Forscherlabors mit
unseren ca. 90 Themenkisten als Informationsquelle sowie Ideenbörse.
Sie finden systematische Antworten auf ihre persönlichen Fragen an die
Welt. Geforscht wird über Erdmännchen, Vulkane & Co. Den Lernideen
der Kinder sind keinerlei Grenzen gesetzt. Die Kinder schreiben Sachtexte zu ihren Spezialthemen in ihr Reisetagebuch oder am Computer. An-
geeignetes Wissen wird den Mitschülern in einer Plakat- oder Power-

point-Präsentation vermittelt. Während frei wählbaren Lesezeiten lesen unsere Schülerinnen und Schüler in ihren Lieblingsbüchern, die sie in unserer umfangreichen Bücherei ausleihen. Mithilfe des Online-Programms »Antolin« können die Kinder ihre Leseleistung jederzeit selbstständig überprüfen, indem sie Fragesätze zu gelesenen Büchern beantworten.

Abb. 6: Arbeiten in der Selbstlernzeit (Aufnahme durch Theodor Barth)

Ferner zählen, ordnen, strukturieren die Kinder beispielsweise große Mengen gleicher Objekte, erfinden Rechengeschichten im individuellen Forscherheft, legen und zeichnen Muster, entdecken Symmetrien und verfassen Forscherberichte zu ihren mathematischen Erfindungen. Ihre Lernergebnisse notieren sie in die vom Team entwickelten Dokumentationshefte. Vor allem begabte Mathematiker erfinden für sich oder für ihre Klassenkameraden gerne etwas Neues. Dabei werden die Erfindungen der Kinder im Laufe der Zeit immer komplexer. »Scheinbar automatisch« erobern begabte Kinder immer größere Zahlenräume, finden mathematische Ideen in ihrer Umwelt und entwickeln Wege, diese zu Papier zu bringen. Dabei erzeugen mathematische Eigenproduktionen nach unserer Beobachtung ein hohes Engagement bzw. eine große Identifikation mit der Aufgabe.

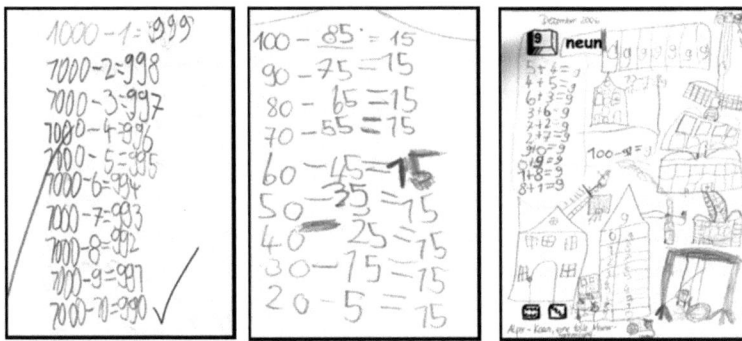

Abb. 7: Erfindungen zu Lieblingszahl, Klasse 1

Gerne konfrontieren wir begabte Kinder mit offenen Aufgabenstellungen. Die Kinder sind gefordert, eigene Lösungen zu den vorgegebenen Rechenproblemen zu finden, wodurch wir das unkonventionelle Aufspüren mathematischer Phänomene fördern. Der Umgang mit offenen Aufgabenformaten schult die Ausdrucksfähigkeit, denn Kinder sind gefordert, eigene Gedankengänge für andere nachvollziehbar schriftlich in Worte zu fassen. Gleichzeitig liefern diese Formate die Vorlage, um gemeinsam über Mathematik und die verschiedenen Formen der Lösungsdokumentation ins Gespräch zu kommen. Prozessual betrachtet unterstützen offene Aufgaben die Entwicklung einer verständlichen Fachsprache (vgl. Draber 2014).

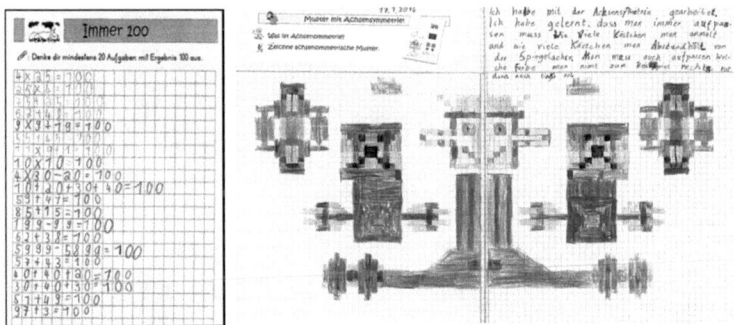

Abb. 8: Mathematische Umsetzungen von Hannes, Mitte Klasse 1 und Carolin, Mitte Klasse 2

Um verschiedene Gesetzmäßigkeiten und Besonderheiten selbstständig aufzuspüren, geben wir begabten Kindern gezielt Forscheraufgaben (z.B. Entdeckerpäckchen, fortzusetzende Zahlenreihen, Auffinden mathematischer Teilbarkeitsregeln usw.). Diese Aufträge erfordern mathematisches Begründen und Beschreiben der vorliegenden Systematik und laden wiederum zu eigenen Erfindungen ein. Die Schülerinnen und Schüler begeben sich auf die Suche nach dem Warum? Die Erkenntnisse werden in einem kurzen Forscherbericht festgehalten. Das Verfassen der Berichte dient der Bewusstmachung und der Dokumentation der Gedanken.

5 Wertschätzung

Jede Selbstlernzeit endet mit einer Präsentationsphase im Kreis. Hier erhalten unsere Kinder die Gelegenheit, ihre Erfindungen und Entdeckungen ihrer Gemeinschaft als Vortrag, per Plakat, als Forscherbericht, Ausstellung oder als Powerpoint-Präsentation vorzustellen. Die Präsentierenden erhalten Tipps und konstruktive Rückmeldung von ihren Mitschülern. Es findet ein reger Austausch über Erfahrenes, Gelerntes, Lösungswege und Probleme statt. Schülerprodukte werden so zum Inhalt, Kommunikation über Lernprozesse findet implizit statt. Anstrengungen und Lernergebnisse werden darüber hinaus wertgeschätzt, Lernideen ausgetauscht und vertieft. Durch die ritualisierte Implementierung des Kreises als Abschluss der Selbstlernzeit realisieren wir den Brückenschlag zwischen Individualisierung und Gruppendynamik (vgl. Draber/Brinker 2017).

Abb. 9: Entdeckergespräch zu Drehsymmetrie, Klasse 1 (Aufnahme durch Theodor Barth)

Lebendige und vielfältige Projekte gehören zum täglichen Leben unserer Schule. Ob Bewegung, Theater, Benefizkonzerte, Schulwald, Nachhaltigkeit oder gesunde Ernährung: Kein Bereich ist vor Süsteresch Kindern sicher. Gerne nehmen wir Bereiche unseres täglichen Lebens genauer unter die Lupe. Oft initiieren die Kinder die Auswahl der Projektthemen sowie die Zugangsweisen. Gerade hierdurch verändert sich die Sicht der Kinder auf die Welt nachhaltig. Häufig entstehen spontane Projektideen aus der Selbstlernzeit.

6 Gemeinsamer Unterricht

Der erste Arbeitsblock eines jeden Schulalltags zeichnet sich mit der Selbstlernzeit durch einen sehr hohen Anteil an eigenverantwortlichen Lernzeiten aus. Durch feste Rituale und Strukturen im weiteren Tagesverlauf, wie dem gemeinsamen Frühstück mit Vorlesezeit, der gemeinsamen Morgengymnastik, festen Trainingszeiten mit Input- und Reflexionsphasen, Rechtschreibgesprächen sowie dem Fachunterricht im dritten Arbeitsblock wird diese Selbstbestimmtheit verlässlich gerahmt.

Stundenplan der Dalmatiner 4				
Stunde	**Montag**	**Dienstag**	**Mittwoch**	**Donnerstag**	**Freitag**
7.30 - 7.50	Offener Anfang	Offener Anfang	Offener Anfang	Offener Anfang	Offener Anfang
7.50 - 9.15	Selbstlernzeit	Selbstlernzeit	Selbstlernzeit	Selbstlernzeit	Selbstlernzeit
9.15 - 9.40	Präsentationskreis	Präsentationskreis	Präsentationskreis	Präsentationskreis	Präsentationskreis
9.40 - 10.00	Bewegungspause				
10.00 - 10.10	Frühstücks - und Vorlesepause				
10.10 - 10.20	Fit for Kids im Lichtblick	Fit for Kids im Lichtblick	Fit for Kids im Lichtblick	Fit for Kids im Lichtblick	Fit for Kids im Lichtblick
10.20 - 10.40	Trainingszeit	Trainingszeit	Englisch	Projekt Sachunterricht	Trainingszeit
10.40 - 11.30	Sachunterricht	Religion	AG (jahrgansübergr.)		Klassenrat
11.30 - 11.55	Bewegungspause				
11.55 - 13.10	Englisch & Musik	Sport			Werken&Textil

Abb. 10: Exemplarischer Stundenplan einer Jahrgangsstufe 3

7 Enrichmentangebote am Süsteresch

Die Förderung begabter Kinder durch einen personalisierten Unterricht erweitern wir an unserer Schule durch ein breites Angebot an zusätzlichen Forschungs- und Vertiefungsprojekten. Exemplarisch möchte ich einige vorstellen.

7.1 Expertenarbeiten

Römer, Griechen, Autos & Co.! Über ein ganzes Schuljahr besuchen unsere Experten – vornehmlich Dritt- und Viertklässler bzw. -klässlerinnen – mindestens zwei Stunden pro Woche die Expertengruppe unserer Schule. Durch intensive Literaturrecherche, durch Befragung von Experten schlüpfen sie nach und nach in die Rolle eines echten Experten. Im Laufe des Schuljahres verfassen die Kinder zu ihrem speziellen Interessengebiet eine umfangreiche Expertenarbeit, eine Powerpoint-Präsentation sowie etwas Kreatives wie ein Gemälde, eine Plakatwand oder ein Modell. Am Ende des Schuljahres präsentieren die Kinder vor geladenen Gästen die Ergebnisse ihrer Forschungen.

7.2 Jugend forscht – Schülerinnen und Schüler experimentieren

Wo wachsen in der Schule die meisten Bakterien? Wie viel Zucker braucht der optimale Joghurt? In welchem Boden vermehren sich Regenwürmer am besten? Wie wirkt sich Lärm auf das Lernen von Kindern aus? Ein halbes Schuljahr erforschen interessierte Viertklässler bzw. Viertklässlerinnen vier Stunden pro Woche eine spannende, selbst gestellte Forscherfrage und probieren durch Versuche, Befragungen, Beobachtungen, Untersuchungen eine Antwort auf ihre Frage zu finden. Es geht darum, junge Menschen für die Bereiche Naturwissenschaft, Technik und Informatik zu begeistern. Die Forschungsergebnisse stellen die Kinder in einer Ausarbeitung schriftlich dar und nehmen mit ihrem Beitrag am Nachwuchswettbewerb »Schüler experimentieren« teil.

7.3 Techniktürme

In wöchentlichen Treffen erforschen naturwissenschaftlich begabte Kinder fächerübergreifend alle Themengebiete aus dem Bereich »Technik«. Hierzu nutzen sie die Experimentierboxen der Techniktürme. Sie führen selbstständig naturwissenschaftliche Experimente durch und notieren ihre Beobachtungen in einem Forscherbericht. Insbesondere das kreative Planen und Entwerfen stehen im Fokus. So stellen Kinder Zahnpasta, Seifen und eigenes Haargel her, lernen Solar- und Windenergie kennen, konstruieren eine stabile Brücke und beschäftigen sich mit Riemenscheiben und Zahnrädern.

Abb. 11: Techniktürme

7.4 Medien-AG

Wenn es blitzt und zoomt, wenn ein Hauch von Hollywood am Süsteresch zu spüren ist, wenn aus dem Tonraum Urwaldgeräusche kommen und wenn aus dem Powerpoint-Programm ein digitales Quizzboard wird, dann arbeitet die Medien-AG auf Hochtouren. Im Rahmen dieser Arbeitsgemeinschaft erproben die Teilnehmerinnen und Teilnehmer die Vielfalt und Fähigkeiten verschiedenster Medien. Dabei wird die Schnittstelle zwischen realer und digitaler Welt durch den kompetenten und kreativen Umgang mit Medien aller Art trainiert und automatisiert. So entsteht zum Beispiel aus gemalten Bildern und ausgedruckten Fotos in Verbindung mit einem Camcorder, einem Stativ sowie einer weißen Fläche ein Common-Craft Film. Aus vorerst normalen Fotografien werden durch technische Mittel Trickfotos und das Lieblingsbuch dient als Gegenstand eines digitalen Quiz.

Ziel der Medien-AG ist, den teilnehmenden Kindern neue Ausdrucksmöglichkeiten auf technischer Ebene zu bieten und sie als Multiplikatoren für eigene Lerngruppen zu qualifizieren.

7.5 Mathe-Asse

In wöchentlichen Treffen bereiten sich unsere Mathe-Asse auf die Mathe-Olympiade sowie den Känguru-Wettbewerb vor. Rechnen, probieren, argumentieren, kreativ mit Zahlen und Formen jonglieren bis die Köpfe rauchen – so lautet die Devise. Dabei legen wir großen Wert auf Teamarbeit und auf das Diskutieren der Lösungswege. Den Kindern wird deutlich, dass es eben nicht immer den absoluten Weg gibt. Die Freude der Kinder an problemlösendem Denken soll gefördert und intellektuelle Neugier geweckt werden. Durch ein vielfältiges mathematisches Tun soll der Stoff des Mathematikunterrichts angereichert und vertieft werden.

7.6 Radio »Klimperkasten«

Abb. 12: Arbeiten in der Radio-AG »Klimperkasten« (Aufnahme durch Theodor Barth)

Jetzt knallt`s durchs Mikro! Jeden Montag in der Zeit von 14.00 bis 15.45 Uhr trifft sich unsere Radio-AG, um die wöchentliche Radiosendung zu planen und zu entwerfen. Hinter jeder der zehnminütigen Sendung steckt eine große Portion Arbeit: Es werden Interviews geschrieben und geführt, die Logo-Nachrichten werden herausgesucht und umgeschrieben, die Musikwünsche werden ausgezählt und auch eine originelle Frage für das Quiz der Woche muss ermittelt werden. Außerdem findet eine Generalprobe statt. Dank der Mitarbeit der ganzen Schule (Musikwünsche, Antworten zum Quiz der Woche, Sendekritik) gelingt es wöchentlich aufs Neue, eine tolle Sendung auf die Beine zu stellen. Besonders sprachlich begabte Kinder können ihre Kreativität ausleben, ihr sprachliches Geschick nutzen und bekommen Anerkennung für ihre sprachliche Finesse.

7.7 LEGO Mindstorms-Roboter

Bei LEGO Mindstorms handelt es sich um ein Konstruktionsset für den Bau von programmierbaren Robotern, mit denen Kinder schließlich ihre eigenen LEGO Fahrzeuge, Maschinen und Erfindungen bauen, programmieren und steuern können. Hierzu lernen die Kinder Lego Elemente mit einem programmierbaren Stein, Motoren und Sensoren zu kombinieren, um ihre Maschinen zum Laufen, Fahren, Sprechen, Rühren zu bringen.

Abb. 13: Beispiel für LEGO Mindstorms

7.8 Aktion Lesefuchs

Ein einfaches Mittel um Kinder zu begeistern und zu neugierigen Bücherwürmern zu erziehen, ist regelmäßiges Vorlesen. Kinder lesen vor – das ist ein Ziel der Aktion Lesefüchse. Organisiert wird die Aktion von der Euregio-Bücherei Nordhorn, die die Ausbildung begabter Leserinnen und Leser zu Lesefüchsen anbietet. Begabte Leserinnen und Leser aus den dritten Jahrgangsstufen erhalten nach mehrwöchiger Ausbildung und bestandener Prüfung ihr Lesefuchs-Diplom. Schließlich werden sie als Vorlese-Paten eingesetzt und lesen einmal pro Woche interessierten Kindern aus den unteren Jahrgängen in unserer Schülerbücherei oder anderen Ruhebereichen vor. Die Lesefüchse werden auch außerhalb von Schule in Kindergärten oder Altersheimen als Vorleser aktiv.

7.9 Naturwissenschaftlicher Wettbewerb

Abb. 14: Teilnahme an naturwissenschaftlichen Wettbewerben

Fragen! Forschen! Entdecken! Unser schulinterner naturwissenschaftlicher Wettbewerb hält den Forschergeist in unserem Hause wach. Offen formulierte Forscherfragen fordern Kinder auf, eigenen Lösungen für physikalische Fragestellungen zu finden. Dem Einfallsreichtum der jungen Forscher werden dabei keine Grenzen gesetzt. Forscherwettbewerbe bieten wir mehrfach pro Jahr an. Teilnehmende Kinder präsentieren ihre Lösungen in der Schulversammlung. Die Gewinnerinnen und Gewinner werden durch unsere Teamjury ermittelt und mit tollen Sachpreisen belohnt.

8 Fazit

Menschen, die unser Schulhaus betreten, registrieren sehr schnell das hochkonzentrierte, von Vertrauen geprägte Lernklima, spüren, dass die Mädchen und Jungen sich in ihrem Lernprozess selbstwirksam erfahren. Der Gedanke der inklusiven Begabungsförderung beginnt oder endet aber keineswegs ausschließlich auf Schüler- und Schülerinnenebene. Eine konsequente partizipative schulprogrammatische Arbeit, unter Einbeziehung aller an unserer Schule beteiligten Menschen erzeugte und erzeugt eine hohe Identifikation mit dem eigenen Haus.

Gemeinsam haben wir uns als Team auf den Weg gemacht, Schule neu zu denken und unsere Vision einer modernen Schule zu definieren, die in ihrer Gesamtheit den Fokus darauf richtet, Lernsituationen so zu personalisieren, dass sie zum jeweiligen Entwicklungsstand des Kindes passen.

Dieses gemeinsame Ziel vor Augen erhöhte – in der Retroperspektive – den Zusammenhalt der Schulgemeinschaft ebenso wie die Bereitschaft zur Zusammenarbeit im Team. Unterrichtsvorbereitungen bzw. -nachbereitungen fanden und finden immer weniger im heimatlichen Arbeitszimmer, sondern vielmehr bei uns im Lehrerzimmer statt. Synergieeffekte werden produktiv genutzt und konzipierte Materialien für jeden Kollegen und jede Kollegin systematisch archiviert. Bei uns muss niemand das Rad neu erfinden. Die Arbeit in der Schule wird als hilfreich und entlastend empfunden und liefert großen Raum für spontane pädagogische Besprechungen.

Gerade die im Unterricht etablierten Eigenproduktionen generieren auf Schülerseite eine hohe intrinsische Motivation. Kinder erfinden eigene Forscheraufgaben, bereiten Präsentationen zu Spezialthemen vor, verfassen eigene Gedichte und Texte und liefern den Lehrpersonen gleichzeitig Raum und Zeit, sich immer wieder intensiv verschiedenen Kindern zu widmen, um kompetenzorientiert zu diagnostizieren und zu beraten. Dabei eröffnen gerade Eigenproduktionen unverstellte Blickwinkel in die Denkweisen und Fähigkeiten der Kinder, denn alle Produktionen werden entweder direkt während der Lernzeit mit dem Lernbegleiter reflektiert oder aber zur Endredaktion im sogenannten Tresor abgelegt. Hier, am konkreten Schülerprodukt setzt die Nach- und Vorbereitung unserer Kolleginnen und Kollegen an. Die Produkte der Kinder werden gesichtet und individuell kommentiert sowie mit Hinweisen zur konstruktiven Weiterarbeit versehen. Dieses Neudenken von Unterricht samt Etablierung einer Verantwortungskultur auf inhaltlicher, organisatorischer und personaler Ebene führt zu einem kompletten Neudenken der Lehrer- und Lehrerinnenrolle und eröffnet gewinnbringende Möglichkeiten, die den Weg vom Alleinkämpfertum zum Teamplayer ebnen. Es kommt auf die richtige Haltung an.

Literatur

Behrensen, B., Solzbacher, C. (2016): Grundwissen Hochbegabung in der Schule. Theorie und Praxis. Weinheim, Basel: Beltz.

Draber, H. (2014): Der Mathematik auf der Spur. Kinder entdecken Zahlen und Strukturen. In: Zeitschrift Grundschulmagazin, Jg. 3, S. 17-21.

Draber, H., Brinker, H. (2017): Jedes Lernen fördern. Erfahrungen aus der Grundschule auf dem Süsteresch. In: Zeitschrift Lernende Schule, Jg. 80, S. 44-47.

Edelstein, W. (1997): Theoretischer Ertrag und praktischer Nutzen der SCHOLASTIK-Studie zur Entwicklung im Grundschulalter: Kommentar. In: Weinert, F., Helmke, A. (Hg.): Entwicklung im Grundschulalter. Weinheim: Beltz, S. 475-484.

Heller, K. A., Perleth, C. (2007): Talentförderung und Hochbegabtenberatung in Deutschland. In: Heller, K. A., Ziegler, A. (Hg.): Begabt sein in Deutschland. Münster: Lit, S. 139-170.

Hollen-Schulte, M., Ossowski, E. (2012): Kind und Raum: zum Zusammenhang von Lernraumgestaltung und individueller Förderung. In: Solzbacher, C., Müller-Using, S., Doll, I. (Hg.): Ressourcen stärken! Individuelle Förderung als Herausforderung für die Grundschule. Köln: Carl Link, S. 402-416.

Martschinke, S., Kammermeyer, G. (2003): Jedes Kind ist anders. Jede Klasse ist anders. Ergebnisse aus dem KILIA-Projekt zur Heterogenität im Anfangsunterricht. In: Zeitschrift für Erziehungswissenschaft, Jg. 2, S. 257-275.

Miller, R. (1997): Beziehungsdidaktik. Weinheim: Beltz.

Peschel, F. (2002): Offener Unterricht – Idee, Realität, Perspektive und ein praxiserprobtes Konzept zur Diskussion. Teil I: Allgemeindidaktische Überlegungen. Teil II: Fachdidaktische Überlegungen. Baltmannsweiler: Schneider Verlag Hohengehren.

Reich, K., Kricke, M., Schanz, L., Schneider, J. (2018): Raum und Inklusion – Neue Konzepte im Schulbau. Weinheim: Beltz.

Schulprogramm Grundschule auf dem Süsteresch. http://suesteresch.de /so-denken-wir/schulprogramm/. Zugriff am: 28.05.2018.

Silvia Greiten

Hochbegabte Underachiever – Impulse zur Schul- und Unterrichtsentwicklung. Befunde aus Fallstudien.

1 Hochbegabte Underachiever – Definition, Identifikation und Kritik

Bereits 1955 machte Gowan auf ein Problem aufmerksam, das auch heute noch aktuell und in der Schulpädagogik bislang wenig beachtet wird: »One of the greatest social wastes in our culture, is that presented by the gifted child or young person who either can not or will not work up to his ability. [...] Counseling and rehabilitating these young people presents a challenging and important problem for teachers and personnel workers« (Gowan 1955: 247).

Es erscheint auf den ersten Blick wie ein Rätsel, dass hochbegabte Schülerinnen und Schüler in der Schule geringe Leistungen erbringen. Ob sie ihre Fähigkeiten, die im Zusammenhang mit der Hochbegabung stehen, nicht zeigen können oder wollen, ist sicherlich eine berechtigte Frage, diese richtet sich aber vorrangig auf die Person des Schülers, der Schülerin. Underachievement Hochbegabter geht über die Person hinaus und verweist auf das komplexe System der Schule. Damit gewinnt es an Aktualität: In der Diskussion zur inklusiven Schul- und Unterrichtsentwicklung zeigen sich Gemeinsamkeiten in den Anforderungsbeschreibungen zur Förderung hochbegabter Underachiever und Schülerinnen und Schülern mit sonderpädagogischen Förderbedarfen: Es geht um individuelle Voraussetzungen der Lernenden, um Diagnostik, Lernprozesse und schließlich um Konsequenzen für Schule und Unterricht. Im Verständnis eines weiten Inklusionsbegriffes und der Perspektive auf special needs, lassen sich daher auch Kontexte von Hochbegabung und Underachievement einordnen (siehe hierzu auch in diesem Band: Algermissen, Graalmann und Solzbacher).

Hochbegabung, Intelligenz und Leistung hängen in der Diskussion über Förderung von Begabungen zusammen: Alle Modelle zur intellektuellen Hochbegabung beinhalten das Konstrukt der Intelligenz (vgl. Preckel/Vock 2013: 98; Baudson 2014: 69). Wenngleich die Konstruktvalidität der in den Modellen verwendeten Intelligenzbegriffe kritisch zu diskutieren ist, wird dennoch meist auf klassische Testverfahren zur Intel-

© Springer Fachmedien Wiesbaden GmbH, ein Teil von Springer Nature 2019
C. Kiso und J. Lagies (Hrsg.), *Begabungsgerechtigkeit*,
https://doi.org/10.1007/978-3-658-23274-0_8

ligenzmessung verwiesen. Nach internationaler Konvention gilt als intellektuell hochbegabt, wer einen Intelligenzquotienten (IQ) von ≥ 130 erreicht. An dieser Cut-off Setzung wird seit Jahren Kritik geübt, da sie nur eine geringe Aussagekraft für Fördermaßnahmen hat. Deswegen sollte der diagnostischen Fragestellung mehr Relevanz zukommen (vgl. Preckel/Vock 2013: 104). Des Weiteren fokussieren Hochbegabungsmodelle auf das individuelle Leistungspotenzial (vgl. Weigand et al. 2012: 7; Hany 2012: 37; Baudson 2014: 70) und damit auch auf Fragen der Performanz.

Aus schulpädagogischer Sicht rücken vor allem die Schulleistung und das Lern- und Arbeitsverhalten von als hochbegabt diagnostizierten Schülerinnen und Schülern in den Mittelpunkt. Und dann geraten hochbegabte Underachiever ins Visier, weil deren Schulleistungen unter den Erwartungen liegen und sie meist Schwierigkeiten im Lern- und Arbeitsverhalten aufweisen. Nach einer viel zitierten Definition von Rost (2007: 8) liegt Underachievement »dann vor, wenn bei einem Schüler/einer Schülerin zwischen der aufgrund seiner/ihrer intellektuellen Kompetenz (z.b. IQ) zu erwartenden Schulleistung und der gezeigten Performanz (beobachtete Schulleistung, z.b. Zensurendurchschnitt) eine pädagogisch-psychologische Diskrepanz besteht, wobei die gezeigte Schulleistung wesentlich schlechter als die zu erwartende ist«. Damit folgt Rost, wie viele andere Autorinnen und Autoren auch, der Tradition der Diskrepanzdefinition und rekurriert allgemein auf Leistung mit Bezug auf Leistungen unterhalb des Klassendurchschnitts oder eines Wertes in Leistungstests. Standardisierte Leistungstests sind jedoch nicht in der Lage, die fachliche Vielfalt und das Bedingungsgefüge schulischer Leistungssituationen und -bewertungen abzubilden. Zudem reicht die Diskrepanzdefinition lediglich für eine oberflächliche Betrachtung der Problematik aus. Für die schulpädagogische Arbeit greift sie zu kurz, da sie die Perspektive auf psychologisch dominierte Forschung zur intellektuellen Hochbegabung und durch Noten dokumentierte schulische Leistungen verengt (vgl. Greiten 2013a: 32). Das IQ-Maß erlaubt zwar Vorhersagen von Leistungen in vielen Leistungsbereichen (vgl. Hany 2012: 37) und Intelligenz und Schulleistung korrelieren mittelhoch (vgl. Klauer/Leutner 2007: 283; Preckel/Vock 2013: 67), jedoch ist die Prognosefähigkeit von IQ-Werten für schulisches Lern- und Leistungsverhalten angesichts der Fülle von Unterrichtsfächern und der Komplexität von Leistungsermöglichung, -beurteilung und -bewertung durch Lehrkräfte,

Aussagekraft von Zensuren und vor allem der Bedingungen zur Leistungserbringung durch die betroffenen Schülerinnen und Schüler kritisch einzuschätzen.

Hinzu kommt, dass Leistungsdiskussionen im Kontext von Hochbegabung zu wenig Bezug auf Unterrichtssituationen und schulsystemische
Spezifika, die insbesondere in der Sekundarstufe I und II hinsichtlich der
Qualifikationsphasen bedeutsam sind, nehmen. Auch aus personaler
Sicht ist kritisch anzumerken, dass, wenn von einer Kausalität von Hochbegabung und schulischer Hochleistung ausgegangen wird, Erwartungen resultieren, Hochbegabte müssten in der Schule auch hohe Leistungen erzielen.

Schulpädagogisch bedeutsam wird schulische Leistung aber erst
dann, wenn Schülerinnen und Schüler Leistungssituationen und
-bewertungen als belastend erleben oder Schullaufbahnen nachhaltig
beeinträchtigt und gegebenenfalls auch Abschlüsse gefährdet sind. Schülerinnen und Schüler mit Hochbegabung, die sich überwiegend im mitt-
leren Leistungsbereich bewegen, oder auch nur in einzelnen Fächern weit
unterdurchschnittlich bewertet werden, erleben diese Situationen nicht
zwingend als problematisch. Man kann ihnen daher auch nicht pauschal
zuschreiben, dass sie erwartungswidrig unter ihren Fähigkeiten bleiben.
Damit wäre Leistung in der Komplexität der Schule zu einfach gedacht.

2 Schulpädagogische Perspektive zu hochbegabten Underachievern

Beobachtungen im Schulalltag verdeutlichen, dass die Vergabe von Zensuren nicht der entscheidende Maßstab zur Identifikation der Hochbegabung sein kann. Das Begabungsprofil, die individuelle Motivation und
vor allem das Verhalten sowie die Einschätzungen der Schülerinnen und
Schüler zu unterrichtlichen Situationen dienen der Diagnostik und der
Entwicklung von Fördermaßnahmen (vgl. Greiten 2013a: 32). Insbesondere für Hochbegabte ist dabei auch der Blick auf die mögliche Unterforderung in Unterrichtssituationen zu lenken. Ist der Unterricht gemessen
an den individuellen Bedürfnissen gleichförmig und zu wenig an-
spruchsvoll, oder wird das eigene Lernen im Unterricht als zu langsam
empfunden, kann sich ein Zustand des »Wartens und Retardierens« ein-
stellen, der zur »Qual« wird (Spahn 1997: 223). Auch Feger und Prado
(vgl. 1998: 88) wiesen schon vor Jahren auf diese Zusammenhänge hin

und formulierten, dass eine langanhaltende Unterforderung zu einer
»Spirale der Enttäuschung« führen und Leistungsabfall bis hin zur
-verweigerung eine mögliche Folge sein könne. Während aber die mögliche Unterforderung für hochleistende Hochbegabte logisch erscheint,
wird für hochbegabte Underachiever häufig argumentiert, dass Unterforderung in Unterrichtsfächern, in denen sie schlechtere Zensuren erhalten, für sie nicht zutreffen könne, da sie den Inhalten nicht folgen könnten. Die Vermutung der Unterforderung erscheint für hochbegabte Underachiever oberflächlich betrachtet zunächst paradox – kann aber zutreffen (vgl. Greiten 2013a: 63). Für die schulpädagogische Perspektive
auf Underachievement sind weitere Akzente relevant: Schulische Leistungen, die im Regelschulsystem mit Zensuren einhergehen, werden
durch ein komplexes Gefüge von Faktoren bestimmt. Lernprozesse verlaufen sehr individuell und eine Schullaufbahn kann nur mit Anpassung
an schulsystemische Bedingungen erfolgreich durchlaufen werden. Zudem bestimmen die unterrichtlichen Bedingungen und vor allem die
Unterrichtsgestaltung durch die Lehrkräfte und angebotene Leistungssituationen die erfolgreiche Schullaufbahn mit.

Maßnahmen zum Enrichment und zur Akzeleration sind in Überlegungen zu Fördermaßnahmen Hochbegabter mittlerweile Standard (vgl.
Preckel/Vock 2013: 149f.). Für die Förderung von hochbegabten Underachievern zeigt sich dann aber häufig eine Grenze. Ihnen werden Maßnahmen zur Begabungsförderung, die individuelle Leistungen ermöglichen und ein höheres Niveau anstreben, aufgrund der ihnen zugeschrie-
benen geringeren Leistungsfähigkeit seltener angeboten. In solche Maßnahmen finden sich meist Schülerinnen und Schüler mit hohen, weit
überdurchschnittlichen Leistungsnoten (vgl. Greiten 2016). Maßnahmen
innerer Differenzierung im Unterricht hingegen werden in der Begabungsförderung noch zu wenig diskutiert, da sich hier vor allem fachdidaktische und strukturelle Überlegungen zur Unterrichtsorganisation im
Klassenverband anschließen.

Für die Entwicklung von Fördermaßnahmen sind schulrelevante Fragen individuell zu diskutieren: Reichen die Fokussierung auf Leistung
und die Anwendung der Diskrepanzdefinition zum Beschreiben des
individuellen Problemfeldes aus? Stellen mittlere Schulleistungen von
Hochbegabten bereits ein schulpädagogisch relevantes Problem dar? Wer
definiert dies als Problem? Ab wann wird Underachievement für Hoch-

begabte zu einem persönlichen Problem? Wie sieht die Leistungsentwicklung in der Gesamtheit der Fächer aus und welche Perspektiven ergeben sich daraus für die Gestaltung der Schullaufbahn mit Perspektive auf Schulabschlüsse? Ab wann ist die weitere Schullaufbahn tatsächlich gefährdet? Letztendlich: Geht es »nur« um die Leistung? Oder geht es um mehr?

3 Ansätze zur Schul- und Unterrichtsentwicklung aus Fallstudien zu hochbegabten Underachievern[1]

3.1 Forschungskontext

Die Komplexität des Underachievements Hochbegabter ist bislang kaum erforscht (vgl. Stamm 2007: 14f.; Greiten 2013a: 37). Es gibt insbesondere zu wenige Erkenntnisse über den Zusammenhang zwischen schulischen Bedingungen, Hochbegabung und Leistung in der Entwicklung hochbegabter Underachiever.

Um diese Zusammenhänge im Kontext des schulischen Systems aus Sicht von betroffenen Schülerinnen und Schülern exemplarisch zu untersuchen, eignen sich qualitativ-empirische Einzelfallstudien im Längsschnitt (vgl. Greiten 2013a: 76f., 93f.; Fatke 2010: 165). Zur Fallauswahl wurde folgende Definition zugrunde gelegt (vgl. Greiten 2013a: 76): Als hochbegabter Underachiever gilt, bei dem nach internationaler Konvention ein IQ von ≥ 130 gemessen wurde, wer langandauernde Schulleistungsschwierigkeiten erheblicher Art, mit nur ausreichenden oder mangelhaften Leistungen in einigen Kernfächern und vorrangig in schriftlichen Leistungsüberprüfungen aufweist. Leistungsschwierigkeiten zeigen sich dabei auch im schulischen und lernbezogenen Verhalten. Zudem lässt sich bei den Betroffenen eine negativ orientierte Lernbiografie nachweisen. Die Schülerinnen und Schüler sind somit »durch andauernde Schul-, Lern- und Leistungsschwierigkeiten erheblichen Umfangs« gekennzeichnet (vgl. Greiten 2013a: 76).

Für eine Studie zu hochbegabten Underachievern wurden zwei Fälle ausgewählt. Kai war im Untersuchungszeitraum zwischen zehn und zwölf Jahre und Marc zwischen 17 und 19 Jahre alt. Beide waren als

---

[1] Die Ausführungen zum Forschungsdesign und ausgewählten Ergebnissen beziehen sich auf Fallstudien im Rahmen einer Dissertation (Greiten 2013a), die für diesen Artikel reanalysiert wurden. Eine Kurzfassung der Dissertation findet sich in Greiten 2013b, ein Übersichtsartikel in Greiten 2014.

hochbegabt diagnostiziert, besuchten Gymnasien, wiesen in mehreren Unterrichtsfächern nur ausreichende zum Teil auch mangelhafte Zensuren auf und waren während des Untersuchungszeitraums einmal von Nichtversetzung bedroht (vgl. Greiten 2013a: 149ff., 248ff.). Den Längsschnittstudien liegen für den Fall Kai dreizehn dokumentierte Sitzungen und für den Fall Marc neun dokumentierte Sitzungen im Verlauf von ca. zwei Jahren zugrunde. Diese Datensätze ermöglichen es, fallspezifisch vielfältige Zusammenhänge und Entwicklungslinien aufzuzeigen.

Die Datenerhebung erfolgte über das problemexplorierende Gespräch (vgl. Greiten 2013a: 125ff.) und die Datenauswertung über die qualitative Inhaltsanalyse mit induktiver Kategorienbildung (vgl. Greiten 2013a: 136ff.; Mayring 2015: 69ff.). Durch diese Zugänge wurden inhaltsanalytisch basierte Porträts erstellt (vgl. Greiten 2013: 144ff.), die auf der Basis von Kategorien vielfältige Facetten der Einzelfälle darstellen.

3.2 Fokussierende Fallanalysen

Im Folgenden werden zunächst fallvergleichend und zusammenfassend Ergebnisse aus der Analyse der Einzelfallstudien zur Frage vorgestellt, wie die an der Studie teilnehmenden Jungen ihre Hochbegabung erleben und dann ausführlicher, wie sie ihr Lernen und Arbeiten für die Schule und ihre Leistungsschwierigkeiten beschreiben. Abschließend werden Folgerungen für die Schul- und Unterrichtsentwicklung abgeleitet.

Erleben der Hochbegabung

Kai geht davon aus, dass die Hochbegabung zwar erblich bedingt, aber im Laufe des Lebens veränderbar ist. Er verbindet sie eng mit Denk- und Gedächtnisleistungen sowie Problemlösefähigkeiten. So erklärt er sich auch, für einige schulische Leistungen nicht lernen zu müssen und sie dennoch gut bewältigen zu können. Gleichzeit erlebt er auch negative Auswirkungen. Er sieht die Hochbegabung als Ursache des Erlebens von Anderssein und Unnormalität und als Bezugspunkt für Selbstzweifel (vgl. Greiten 2013a: 174f.). Vor allem dann, wenn er keine guten schulischen Leistungen erbringt, weil dies aus seiner Sicht nicht mit Hochbegabung zusammenpasst. Die Schule in ihrer Komplexität wird nach der Ansicht von Kai durch die Hochbegabung zum Problem (vgl. Greiten 2013a: 244) und hindert ihn daran, ›ein ganz normaler Junge‹ sein zu können (vgl. Greiten 2013a: 245).

Marc verortet die Entwicklung von Hochbegabung in der Umwelt, konkret in der Erziehung. Frühe Anregungen zum Denken, zum ›Anderssehen‹ sind für ihn dabei zentral (vgl. Greiten 2013a: 251). Wie bei Kai auch ist Hochbegabung für ihn in der kognitiven Dimension beschreibbar und mit Attributen der Denkfähigkeit, Schnelligkeit und Komplexität des Denkens verbunden. Darüber hinaus zeigt sich Hochbegabung nach Marcs Ansicht auch in dem Durchhaltevermögen, in der Auseinandersetzung mit relevanten Problemen, in einem besonderen Ideenreichtum und einer guten Kommunikationsfähigkeit (vgl. Greiten 2013a: 250ff.). Er sieht einen positiven Zusammenhang zwischen Hochbegabung und Problemlöseprozessen (vgl. Greiten 2013a: 252). Auch er erlebt dadurch ein Anderssein (vgl. Greiten 2013a: 257).

Beide beschreiben, dass aufgrund der Hochbegabung Denkprozesse schneller und komplexer verlaufen können. Beide erleben eine Diskrepanz zwischen ihrer Denkleistung und derer ihrer Mitschülerinnen und Mitschüler. Wenngleich sich die aus ihrer Sicht guten Denkleistungen schulisch positiv auswirken können, ist es in beiden Fällen so, dass die schulischen Leistungen in der Sekundarstufe I vielfach problematisch sind – und auch hierzu sehen sie Verbindungen mit der Hochbegabung. Im Folgenden werden mit dem Fokus auf Underachievement ausgewählte Ergebnisse zusammengefasst.

Lernen, Arbeiten, Leisten als Kerne schulischer Schwierigkeiten im Kontext des Underachievements

Fall Kai

Für Kai ist das Thema Lernen negativ besetzt, weil sich darin dokumentiert, dass er etwas nicht auf Anhieb versteht und daraus schlechtere Noten resultieren könnten. Damit ist Lernen für ihn eng mit Schule und schulischen Schwierigkeiten verknüpft und emotional mit Langeweile, unangenehmen Gefühlen bis hin zum Hass konnotiert (vgl. Greiten 2013a: 185, 233). Die empfundene Langeweile durchzieht mehrere Schuljahre. Die Beschäftigung mit konkreten Aufgaben, die er sich selber stellt, kann teilweise Langeweile vorbeugen. Konkret sind es die Art der Auseinandersetzung, das Material, der Neuheitsgehalt von Themen und das geweckte Interesse durch Inhalte, die Lernen für ihn relevant machen und nicht mit Langeweile verbunden werden (vgl. Greiten 2013a: 186). Den Zusammenhang zwischen eigener Anstrengung, seiner Arbeit und dem Verbessern von Noten erkennt er erst ab der fünften Klasse. Auffallend ist bei Kai die mangelnde Planhaftigkeit des Lernens (vgl. Greiten 2013a: 187). Er betont zwar immer wieder, Lerntechniken und Pläne zu machen, in der Umsetzung finden sich aber kaum Organisationsstrukturen, die nicht durch seine Eltern mit unterstützt werden. Lerntechniken, die er sich selbst überlegt hat, beispielweise für das Vokabellernen, behält er bei, auch wenn diese offenkundig nicht erfolgreich sind. Es zeigt sich in seiner Schullaufbahn vielfach eine negative Haltung gegenüber dem Erlernen neuer Techniken. Durch seine Argumentationen liegt die Vermutung nahe, dass Angst vor Selbstwerterniedrigung eine Rolle spielen könnte (vgl. Greiten 2013a: 192f.): Wenn er einen Inhalt nur mithilfe besonderer Lerntechniken erlernen könne, würde dies demonstrieren, dass seine Fähigkeiten alleine nicht ausreichen. Hinzu kommt die Auffassung, dass Hochbegabte auch ohne Lernen gute Leistungen erbringen müssen. Insofern würde die Verwendung von Lerntechniken Zweifel an der Hochbegabung schüren.

Leistungsschwierigkeiten in der Sekundarstufe I konzentrieren sich auf die Fächer Deutsch, Englisch und Latein, oft mit Leistungsnoten in schriftlichen Leistungsüberprüfungen zwischen ausreichend und mangelhaft. Selten erreicht Kai in diesen Fächern befriedigende Zensuren (vgl. Greiten 2013a: 194). Das Erlernen und Erinnern von Vokabeln, die Textproduktion, das Erlenen und Anwenden von Grammatikregeln erweisen sich als große Hürden (vgl. Greiten 2013a: 195). Rechtschreibschwierigkeiten kommen hinzu und ziehen sich durch alle Fächer. Auch zeigen sich Schwierigkeiten in der Grafomotorik und im lauten Vorlesen (vgl. Greiten 2013a: 199). Die Leistungen in mündlichen Beurteilungen sind teilweise besser. Aber auch diesen Beurteilungsbereich erlebt er als undurchsichtig. Auch beklagt er einige Male, dass er im Unterricht mehr machen möchte, aber die Unterrichtssituationen so gestaltet seien, dass er zu wenig zu Wort kommen könne (vgl. Greiten 2013a: 235). Die Leistungsschwierigkeiten sind aber auch direkt mit der Person der Lehrkräfte gekoppelt. Während des Untersuchungszeitraums äußert sich Kai mehrfach dazu, dass er Lehrkräfte fachlich oder persönlich nicht schätzt und dass dies im Zusammenhang mit schlechten Leistungen steht (vgl. Greiten 2013a: 234f.). Aus Kais Sicht sind vor allem die Lehrerinnen und Lehrer für die Noten verantwortlich. Er sieht aber auch seine Arbeitsleistung als Ursache für schlechtere Zensuren an. Die Prozesse der Leistungsbewertung durch die Lehrkräfte wirken auf ihn häufig diffus und erzeugen dadurch Unsicherheit und Angst (vgl. Greiten 2013a: 209). Fatal wirken sich schlechter Schulnoten aus, wenn Kai sie als Misserfolg interpretiert. Sorge um eine mögliche Nicht-Versetzung stellt sich ein und Motivation sowie Anstrengungsbereitschaft sinken (vgl. Greiten 2013a: 211).

Kai ist sich der schulischen Schwierigkeiten bewusst, geht aber situativ sehr unterschiedlich mit ihnen um. Das Spektrum reicht von Ignorieren und Nicht-Eingestehen von Problemen in konkreten Situationen, Ablehnung unterstützender Maßnahmen bis zur Überschätzung seiner Leistungsfähigkeit, um Übungen und Hilfen ablehnen zu können (vgl. Greiten 2013a: 200). Entsprechend variieren die Arbeitsmotivation und Anstrengungsbereitschaft. Arbeitsprozessen, von denen er ahnt, dass sie mit einem höheren Anspruchsniveau einhergehen und die für ihn zu Beginn wenig überschaubar sind, weicht er häufig aus (vgl. Greiten 2013a: 202).

Ein weiterer Bezugspunkt ist die Leistung, die sich in Form von Zensuren in Zeugnissen dokumentiert. Die Wochen vor den Zeugnissen zum Halbjahr und zum Jahresende erlebt Kai immer als besonders belastend. Sie erzeugen eine hohes Angstpotenzial in Bezug auf eine mögliche Nicht-Versetzung und infolgedessen Gefährdung der Schullaufbahn (vgl. Greiten 2013a: 193). Die Zensuren werden daher immer wieder Thema.

Fall Marc

Mit Lernen verbindet Marc das Verstehen von Inhalten und Zusammenhängen (vgl. Greiten 2013a: 259). Dies geschieht durch Auseinandersetzen mit der Thematik sowie durch Lesen und Nachdenken. Als Vorbereitung auf schriftliche Leistungsüberprüfungen erhält das Lernen einen expliziten Kontext durch kurzfristiges Lernen, um Inhalte hinschreiben zu können. Langfristiges und systematisches Lernen gelingt ihm nach eigenen Aussagen nicht (vgl. Greiten 2013a: 259). Die Motivation zum Lernen wird überwiegend durch Druck ausgelöst, entweder, weil Prüfungssituationen anstehen, oder Lehrkräfte Lernen und Leistungen konkret einfordern. Dies gilt vor allem für die ersten Jahre der Schullaufbahn, in denen der »Weitblick« gefehlt habe; Er bewertet es als positiv, von einigen Lehrkräften »an die Grenze« gebracht worden zu sein, da er immer nur nach dem ›Minimalprinzip‹ gearbeitet habe (vgl. Greiten 2013a: 262). Er wünscht sich diesbezüglich, dass Lehrkräfte häufiger Lernen und Leistungen eingefordert hätten.

In höheren Klassen misst er der Auseinandersetzung mit Fragen von Schülerinnen und Schülern im Unterricht einen hohen Lernanreiz zu, vor allem dann, wenn sie komplex und mit Bezug zum Lebensalltag diskutiert würden (vgl. Greiten 2013a: 282, 291). Zudem merkt er an, dass Lehrkräfte dadurch auch mehr Informationen über die individuellen Interessen von Schülerinnen und Schülern erhielten (vgl. Greiten 2013a: 282).

Die schulischen Schwierigkeiten, die Marc während seiner Schullaufbahn immer wieder wahrnimmt, konzentrieren sich vor allem auf schriftliche Leistungsüberprüfungen. Leistungsprobleme begannen ab der siebten Klasse (vgl. Greiten 2013a: 265). Zum Ende seiner Schullaufbahn, vor dem Abitur, resümiert er, dass er erst spät verstanden habe, dass Formalia eingehalten, verständliche Texte geschrieben werden müssten und präzise Formulierungen notwendig seien (vgl. Greiten 2013a: 253).

Während des Untersuchungszeitraums konzentrieren sich die Leistungsschwierigkeiten auf die Fächer Englisch, Mathematik und Physik (vgl. Greiten 2013a: 269). Er führt seine Schwierigkeiten zu diesem Zeitpunkt auf Wissenslücken zurück. Betont aber zugleich, dass diese hätten durch den nötigen Druck in der Schule nicht entstehen müssen. Für Englisch sind die Vokabeln ein Problem, darüber hinaus ziehen sich durch seine Schullaufbahn aber auch Rechtschreibprobleme (vgl. Greiten 2013a: 269). Bis zum Abitur nimmt er wahr, dass er über die Rechtschreibung intensiv nachdenken muss (vgl. Greiten 2013a: 275). Auch das Verfassen von Texten für schulische Anforderungen unterschiedlicher Fächer stellt bis zur Oberstufe ein Problem dar (vgl. Greiten 2013a: 275).

Als ein weiteres Problem sieht Marc die ihm oft fehlenden Kontexte der im Unterricht vermittelten Inhalte an. Wenn eine neue Thematik eingeführt worden sei, habe er versucht, zu verstehen, wie dieses Thema in einen Kontext passt und das Thema auf das Leben zu beziehen. Dies sei oftmals nicht gelungen. Bei ihm sei eher der Eindruck entstanden, überprüfbares Wissen lernen zu müssen und dann hätten sich Verständnisschwierigkeiten aufgetan (vgl. Greiten 2013a: 275).

Rückblickend stellt er für sich fest, dass Leistungsfähigkeit und Leistungsbereitschaft auch mit der persönlichen Einstellung zusammenhängen (vgl. Greiten 2013a: 256). ›Ich würde mich gerne hinsetzen, Dinge erarbeiten und verstehen, verfalle aber schnell ins ›Lethargische‹ und verdränge dann den Wunsch, etwas tun zu wollen und komme in Bezug auf Schule damit durch‹ (vgl. Greiten 2013a: 256).

Marc bringt ab der Sekundarstufe mit Schule und Unterricht Langeweile in Verbindung. In der Grundschule sei dies noch nicht so ein Thema gewesen, weil er sich auch hätte mit anderen Dingen beschäftigen können (vgl. Greiten 2013a: 257). In der weiteren Schullaufbahn jedoch habe es kaum Anreize gegeben, lernen zu müssen, da er mit seinem Wissen und damit ohne Lernen gut zurechtgekommen sei. Er formuliert für seine Entwicklung, dass er in der Schule zu lange unterfordert gewesen sei, ein Arbeitsverhalten dadurch nicht aufgebaut habe und Wissenslücken entstanden seien (vgl. Greiten 2013a: 257, 259, 276). Leistung, die er auch als Leistung wahrnehme, sei in der Schule zu wenig eingefordert worden (vgl. Greiten 2013a: 274). Er bemängelt auch, dass Lehrkräfte sich zu wenige Gedanken darüber machen, wie Schülerinnen und Schüler Leistungen auch erbringen können und woran es liegt, wenn dies nicht gelingt (vgl. Greiten 2013a: 280).

Einen Teil der Leistungen erhält man durch mündliche Formen der Beteiligung im Unterricht. Marc stellt für sich fest, dass seine Beteiligung von persönlichem Interesse, dem unterrichtlichen Niveau und der Unterrichtsgestaltung abhängig ist (vgl. Greiten 2013a: 260). Er übt deutliche Kritik, indem er äußert, dass die gängige Leistungsbewertung im Unterricht sich nicht an der Auseinandersetzung mit Fragen und Inhalten, sondern an Äußerlichkeiten wie der Mitarbeit und dem im Unterricht beobachtbaren Arbeitsverhalten orientiere (vgl. Greiten 2013a: 260, 272). Andere Formen der Leistungsbewertung werden zu wenig praktiziert.

Grundsätzlich kritisiert Marc die Strukturierung und Rhythmisierung von Unterricht. Er wünscht sich eine freiere Zeiteinteilung, in der eine intensivere und selbstständige Auseinandersetzung mit Unterrichtsinhalten möglich ist (vgl. Greiten 2013a: 284). Auch würden in der zur Verfügung stehenden Zeit oft zu wenige Inhalte bearbeitet (vgl. Greiten 2013a: 284). Eine fundamentale Kritik formuliert er am Ende seiner Schullaufbahn: Er habe »über Schule und Lernen« etwas gelernt, nämlich das »Hinnehmen« und »Automatisieren« zu akzeptieren, gegen das er sich

»sein Leben lang gewehrt habe« und inzwischen weniger wehre (Greiten 2013a: 272). Hiermit bemängelt er die wenig ausgeprägten Individualisierungsmöglichkeiten im Schulsystem.

Folgerungen für die Schul- und Unterrichtsentwicklung

Kai und auch Marc erleben während ihrer Schulzeit immer wieder Langeweile, trotz zum Teil gravierender schlechter Schulleistungen. Für die Unterrichtsentwicklung stellt sich damit die Aufgabe, die Passung von Inhalten und Interessen zu suchen und zumindest phasenweise stärker interessegeleitet vorzugehen, um individuelle Leistungsnoten vergeben zu können, um Schwächen in anderen Bereichen ausgleichen zu können. Gleichzeitig gilt es, die Balance zu curricularen Vorgaben zu halten, da die gesamte Lerngruppe der Klasse im Blick bleiben muss. Unterrichtsgestaltung und Leistungsbewertung sind zentrale Bezugspunkte zur Unterrichtsentwicklung im Kontext von Underachievement Hochbegabter.

Auf die Unterrichtsgestaltung weisen mehrere Aussagen hin. Einige Unterrichtsinhalte sollten individuell auch mit unterschiedlichem Lerntempo bearbeitet werden können. Zudem bietet sich Unterricht an, bei dem Lehrkräfte auch Informationen über die Lernentwicklung entnehmen können, um dann individuelle Entscheidungen treffen zu können (vgl. Greiten 2013a: 281).

Vor allem Marc fordert für die höheren Klassen, dass Fragen von Schülerinnen und Schülern intensiver diskutiert werden und Inhalte selber entwickelt werden sollten (vgl. Greiten 2013a: 281). Marc formuliert für sich, dass die Unterrichtszeiten individueller gestaltet werden müssten. Vor allem ab der Mittelstufe bis zur Oberstufe favorisiert er Inputphasen, die in kurzer Zeit Unterrichtsinhalte vermitteln. An diese sollen sich dann längere, offenere Phasen anschließen, in denen eine intensivere Auseinandersetzung mit Inhalten möglich ist. Die Digitalisierung würde weitere Möglichkeiten bieten.

Die Gestaltung der Arbeitsphasen sollte variabler sein, wie die Fälle zeigen: Während in der Erprobungsstufe bei Kai eine Unterrichtssituation, die durch Arbeitsblätter und damit Ordnungsstrukturen verbunden ist, bessere Bedingungen bietet, sind es bei Marc in der Oberstufe die offenen Aufgabenformate, die ihn zum Lernen motivieren.

Beide Schüler gehen konkret auf die Situationen der mündlichen Beteiligung im Unterricht ein. Auch wenn sich in den beiden Fallstudien während der Erhebung die Schulstufen – Erprobungsstufe bei Kai einerseits und Oberstufe bei Marc andererseits – unterscheiden, wünschen beide mehr Raum zur mündlichen Beteiligung. Bei Marc spezifiziert sich dies auch noch in dem Wunsch nach konkreten Diskussionen, die einen längeren Zeitraum in Anspruch nehmen und kontrovers sind. Das Argumentieren, einen Standpunkt entwickeln, diesen formulieren und verteidigen sind Ansprüche, die er stellen möchte.

In beiden Fällen wird die aus Sicht der Schüler fehlende Transparenz der Leistungsbewertung deutlich. In den schriftlichen Formen bei Klassenarbeiten und so weiter wiegt dies weniger schwer als bei Beurteilungen von mündlichen oder sonstigen Beiträgen. Diese erscheinen diffus. So bietet sich auch hier ein Ansatzpunkt für die Unterrichtsentwicklung. Für hochbegabte Underachiever sind die Zensuren oft Hürden im Schulsystem. Sind sie an einem Punkt des Scheiterns angekommen und haben dennoch die Motivation, das Schuljahr zu schaffen, sind die Transparenz der Leistungskriterien und Erläuterungen des damit verbundenen Lernens zentral.

Für die Leistungsbeurteilung zu mündlichen Formaten ist dies ähnlich. Auch hier sind nach Meinung der Jungen transparente Kriterien notwendig. Aus den Fallstudien lassen sich Empfehlungen zu umfangreicheren Formaten, tiefergehenden Auseinandersetzungen mit Inhalten ableiten. Dies bedeutet, dass eher klassische Formate des fragend-entwickelnden Verfahrens oder auch Unterrichtsgespräche, die eher auf kurze Schülerbeiträge ausgerichtet sind, den Wünschen nach kognitiver Auseinandersetzung mit Inhalten wenig entsprechen.

Für das Lernen sind individuelle Anreize erforderlich, die dem Wissensvorsprung, den viele Hochbegabte mitbringen, auch gerecht werden. Zu betonen ist für beide Fälle aber auch, dass Lehrkräfte Lern- und Leistungsprozesse einfordern, aber transparent gestalten sollen. Sowohl offene als auch strukturierte Formate sind dabei möglich und zur Auswahl individuelle Voraussetzungen relevant.

Für die Schulentwicklung sind vor allem solche Konzepte zur Beratung und Förderung tragfähig, die das individuelle Verstehen der Situation von hochbegabten Underachievern und individuelle Maßnahmen ermöglichen. Damit stellen sich aber auch die Fragen nach dem Personal und den Qualifikationen. Kenntnisse zur Hochbegabung und vor allem zum Underachievement Hochbegabter und ihrer Sichtweisen auf das Schulsystem sind unabdingbar (vgl. Greiten 2005). Für die Schulentwicklung sollten auch Möglichkeiten entwickelt werden, Schullaufbahnen individueller zu gestalten (vgl. Greiten: 2016), auch mit der Option, das Abitur früher ablegen zu können.

4 Fazit

Die Diskrepanzdefinition bzw. Fokussierung auf »Leistung« reicht nicht aus, weder zur Identifizierung hochbegabter Underachiever noch für die Planung individueller Förderung, wenngleich die Diskrepanz zwischen hohem IQ und schulischen Leistungen in mehreren Fächern ein Indiz für Underachievement liefern und so Förderung initiieren kann. Um das Problemfeld schulpädagogisch zu konturieren, sollten langandauernde Schul-, Lern- und Leistungsschwierigkeiten, die Einfluss auf die Persönlichkeitsentwicklung nehmen, stärker in den Blick kommen.

Für beide Fälle lässt sich feststellen, dass trotz offensichtlicher Probleme in der Schule der Umgang mit Problemen und die Interpretationen der Problemsituationen individuell unterschiedlich erfolgen können. Zudem wird in diesen Kontexten Hochbegabung nicht zwingend als problematisch wahrgenommen oder extremer Leidensdruck erlebt.

Die dargestellten Fallstudien verweisen auf zu erforschende Zusammenhänge zwischen dem Erleben von Unnormalität und Anderssein sowie widersprüchlichem Erleben der Hochbegabung als Chance und als Problem. Zudem lassen sich aus ihnen Vorstellungen über gute Unterrichtsgestaltung und die systemischen Bedingungen von Schule ableiten. Hochbegabte Underachiever nur als Hochbegabte mit Leistungsschwierigkeiten zu beschreiben, wird den individuellen Problemen nicht gerecht. Forschung zum Underachievement Hochbegabter muss sich auf die Entwicklung der Schülerinnen und Schüler in allen Fächern ausweiten, um den Begabungspotenzialen gerecht zu werden, Unterricht vom Lernenden aus zu denken und die Unterrichtsgestaltung auf Heterogenität hin auszurichten (siehe auch Graalmann in diesem Band). Umfangreiche Fallstudien erscheinen notwendig, um individuelle Zusammenhänge verstehen und Forschungsergebnisse aus standardisiert durchgeführten Untersuchungen einordnen zu können. Damit können Studien zu hochbegabten Underachievern eine weitere Facette für inklusive Schul- und Unterrichtsentwicklung eröffnen.

Literatur

Baudson, T. G. (2014): Standardisierte Tests und individuelle Förderung: unversöhnliche Gegensätze oder unnötige Grabenkämpfe. In: Hackl, A., Imhof, C., Steenbuck, O., Weigand, G. (Hg.): Begabung und Traditionen, S. 66-75.

Fatke, R. (2010): Fallstudien in der Erziehungswissenschaft. In: Friebertshäuser, B., Langer, A., Prengel, A. (Hg.): Handbuch Qualitativer Forschungsmethoden in der Erziehungswissenschaft. Weinheim: Juventa, S. 159-172.

Feger, B., Prado, T. M. (1998): Hochbegabung. Die normalste Sache der Welt. Darmstadt: Wissenschaftliche Buchgesellschaft.

Gowan, J. C. (1955): The Underachieving Gifted Child - A Problem for Everyone. In: Exceptional Children, Jg. 21, Nr. 7, S. 247-271.

Greiten, S. (2005): »Begleitende Pädagogik der kleinen Schritte« – Hilfen für Underachiever im Schulalltag. Journal für Begabtenförderung, Jg. 5, Nr. 1, S. 41-51.

Greiten, S. (2013a): Einblicke in Schulwelten intelligenter Grenzgänger – Fallstudien zu hochbegabten Underachievern. (Dissertation Universität Siegen). http://dokumentix.ub.unisiegen.de/opus/volltexte/2013/715/index.html. Zugriff am 31.05.2018.

Greiten, S. (2013b): Hochbegabte Underachiever - Perspektiven und Fallstudien im schulischen Kontext. Münster: LIT.

Greiten, S. (2014): »Die Schule ist ein Problem« – Hochbegabte auf der Grenze des Scheiterns. In: Fischer, C., Fischer-Ontrup, C., Westphal, U. (Hg.): Individuelle Förderung: Lernschwierigkeiten als schulische Herausforderung. Teilleistungsschwierigkeiten. ADS/ADHS, Underachievement. Münster: LIT, S. 215-238.

Greiten, S. (2016) (Hg.): Das Drehtürmodell in der schulischen Begabtenförderung. Studienergebnisse und Praxiseinblicke aus Nordrhein-Westfalen. Frankfurt: Karg-Stiftung.

Hany, E. A. (2012): Zum Verhältnis von Begabung und Leistung. In: Hackl, A., Pauly, C., Steenbuck, O., Weigand, G. (Hg.): Werte schulischer Begabtenförderung; Begabung und Leistung. Karg: Frankfurt/Main, Nr. 4, S. 35-40.

Klauer, K. J., Leutner, D. (2007) (Hg.): Lehrern und Lernen. Einführung in die Instruktionspsychologie. Weinheim: Beltz, PVU.

Mayring, P. (2015): Qualitative Inhaltsanalyse. Grundlagen und Techniken. Weinheim: Beltz.

Preckel, F., Vock, M. (2013): Ein Lehrbuch zu Grundlagen, Diagnostik und Fördermöglichkeiten. Göttingen: Hogrefe.

Rost, D. H. (2007): Underachievement aus psychologischer und pädagogischer Sicht. Wie viele hochbegabte Underachiever gibt es tatsächlich?. In: news & science. Begabtenförderung und Begabungsforschung. ÖZBF, Nr. 15.

Stamm, M. (2007): Underachievement: Theoretische Konzepte – Empirische Befunde und langfristige Perspektiven. In: Stamm, M. (Hg.): Unterfordert, unerkannt, genial. Randgruppen unserer Gesellschaft. Zürich: Rüegger Verlag, S. 11-36.

Spahn, C. (1997): Wenn die Schule versagt. Vom Leidensweg hochbegabter Kinder. Asendorf: MUT.

Weigand, G., Steenbuck, O., Pauly, C., Hackl, A. (2012): Begabung und Leistung: Zur Einführung. In: Hackl, A, Pauly, C., Steenbuck, O., Weigand, G. (Hg.): Werte schulischer Begabtenförderung; Begabung und Leistung. Karg: Frankfurt/Main, Nr. 4, S. 6-13.

Perspektiven auf Lehrerinnen- und Lehrerbildung

Christian Reintjes

(Diversitätssensible) Aufgaben als Schlüsselmerkmal professioneller Kompetenz: professions- und professionalisierungstheoretische Grundlegungen sowie hochschuldidaktische Implikationen

1 Hintergrund

Auf dem Hintergrund der vielfältigen *Aufgaben*, die moderne Gesellschaften an ihr Bildungswesen übertragen, ist das Thema *professionelles Handeln* unabdingbar. Dies drückt sich unter anderem in breit abgestützten, wissenschaftlichen Befunden aus, die aus einer Vielzahl von Forschungsprogrammen oder Forschungsprojekten hervorgegangen sind. Auf dieser Grundlage hat sich ein bildungswissenschaftlicher Diskurs etabliert, der unterschiedliche Handlungsebenen in den Blick nimmt, verschiedene Akteure spezifisch adressiert und der sich an vier Begründungslinien exemplifizieren lässt:

- Wer als Lehrerin, als Lehrer berufliche Autonomie wahren, den Lehrplan und die pädagogische Entwicklung der Schule mitgestalten will, muss wissenschaftliche Argumente selbst kritisch beurteilen können. Dies erfordert, dass man wissenschaftliche Aussagen in der ›Landkarte‹ wissenschaftlicher Theorien und Konzepte einordnen und im Zweifelsfall die nötigen kritischen Rückfragen stellen kann. Ziel der Lehrer- und Lehrerinnenausbildung ist es also, *scientific literacy* gemäß den festgelegten Mindeststandards in dem Sinne zu gewährleisten, dass ›kritische Wissensrezeption‹ auf der Bachelor-Ebene für die ›Wissensproduktion‹ auf Master-Ebene grundlegend ist.
- Neue Konzepte von Professionalität fordern unter anderem eine experimentelle forschende Haltung sowie die Entwicklung bzw. Schärfung eines analytisch-reflexiven Blicks auf die Komplexität bzw. Kontingenz pädagogischen Handelns.
- Die Veränderungsdynamik im Bildungswesen erfordert die Rezeption einschlägiger Forschungsbefunde.

© Springer Fachmedien Wiesbaden GmbH, ein Teil von Springer Nature 2019
C. Kiso und J. Lagies (Hrsg.), *Begabungsgerechtigkeit*,
https://doi.org/10.1007/978-3-658-23274-0_9

- Wissenschaftlich gesichertes und differenziertes Wissen soll Lehrkräfte unterstützen, in einem zunehmend komplexeren Umfeld ihre beruflichen Aufgaben auch in Zukunft kompetent wahrnehmen zu können.

Auf professionelles Handeln wird also unterschiedlich Bezug genommen, wenn zentrale Entwicklungslinien im Bildungswesen diskutiert werden.

In den letzten zwei Jahrzehnten hat aufseiten der Anforderungen an und Ziele von pädagogische(r) Professionalität ein erheblicher Klärungsprozess stattgefunden. International orientiert sich die Lehrerinnen- und Lehrerbildung derzeit stark an Standards und Kompetenzordnungen, um das intendierte professionelle Handeln von Lehrpersonen zu beschreiben und zu beurteilen. Weniger gut geklärt ist die Frage nach der *Genese* und *Entwicklung der intendierten Handlungskompetenzen* und hier im Besonderen die Frage nach den *institutionellen, curricularen* und *personellen* Bedingungen, die *Wissenserwerb* und *Kompetenzentwicklung* der angehenden Lehrpersonen in der Phase der Ausbildung *zwischen* den Lernorten Universität, Studienseminar (Zentren für schulpraktische Lehrerausbildung) und Schule ermöglichen sollen.

Im Zuge der zunehmenden Kompetenzorientierung wird in der Debatte zur Lehrerinnen- und Lehrerbildungsreform kritisch hinterfragt, ob die Lehramtsstudiengänge (staatlich oder nicht-staatlich, ein- oder zweiphasig) hinreichend auf das Berufsfeld ausgerichtet sind (u.a. Arnold/Gröschner/Hascher 2014). Angesichts empirischer Befunde, welche die Wirksamkeit bloßer Praxiserfahrungen für die Professionalisierung zum Teil infrage stellen (vgl. Hascher 2011), stellt sich somit die Frage, wie sich Professionalisierungsprozesse institutionell, curricular und personell zielführend gestalten lassen (vgl. Reintjes/Bellenberg/im Brahm 2018).

Vergegenwärtigt man sich neben diesem Professionalisierungsdiskurs die Diskussion um die Weiterentwicklung der unterrichtlichen Aufgabenkultur als ein Kerngeschäft von Lehrpersonen, so tritt dabei ein antinomisches Spannungsverhältnis zwischen dem »pädagogisch-proaktiven Umgang mit Heterogenität und dem Auftrag der Erreichung von Bildungsstandards« hervor (Reusser 2014: 78).

»Ein die Diskussion zusätzlich befeuerndes Zauberwort, welches mit der Einführung der Bildungsstandards eng verknüpft ist, ist der Begriff der Kompetenzorientierung bzw. des kompetenzorientierten Unterrichts. Damit sind wir bei jenem Punkt angelangt, bei dem die Funktion und Qualität von Aufgaben und ihrer angeleiteten und selbstständigen Bearbeitung in Hinsicht auf den mit heterogenen Lerngruppen zu erreichenden Bildungsauftrag hervortreten« (Reusser 2014: 79).

In fast allen Bundesländern ist der bildungspolitische Anspruch, dass »jeder junge Mensch [...] ohne Rücksicht auf seine wirtschaftliche Lage und Herkunft und sein Geschlecht ein Recht auf schulische Bildung, Erziehung und individuelle Förderung« (MSW NRW 2014: §1) hat, in Schulgesetzen verankert. Die Aufgabe, Schülerinnen und Schüler individuell zu fördern, ihren Begabungen und Potenzialen gerecht zu werden, stellt Lehrpersonen gleichwohl im unterrichtlichen Alltag vor große Herausforderungen. Unweigerlich wird in diesem Kontext auch die Frage virulent, wie Handlungskompetenz in der individuellen Begabungsförderung durch die Lehrerinnen- und Lehrerausbildung angebahnt werden kann.

Vor diesem Hintergrund scheint es angezeigt, zunächst die schulische Aufgabenkultur (Kap. 2) in den Blick zu nehmen, um daran deren die Relevanz für professionelles Handeln zu markieren und somit auch Implikationen für die Lehrerinnen- und Lehrerausbildung zu entfalten. Da der Erwerb professioneller Handlungskompetenz eng verknüpft ist mit den (aufgabenorientierten) Lerngelegenheiten, wird in Kapitel 3 ein heuristisches Modell zur Analyse von Aufgaben in der Lehrerinnen- und Lehrerbildung skizziert, das eine systematische Annäherung an Aufgaben in der Ausbildung von Lehrpersonen ermöglichen und als Grundlage für die theoriebasierte Analyse und empiriegeleitete Konzeption solcher Aufgaben dienen soll. Eine wesentliche Analysekategorie dabei ist die Relationierung in dem Sinne, dass angehende Lehrpersonen Wissen, Erfahrungen und Anforderungen aus verschiedenen Ausbildungsteilen und -bereichen zu einer komplexen professionellen Handlungskompetenz verbinden müssen. Am Beispiel der individuellen Begabungsförderung wird dann in Kapitel 4 der Erwerb bzw. die Anbahnung professioneller Handlungskompetenz im Rahmen einer diversitätssensiblen Lehrerinnen- und Lehrerbildung skizziert.

2 Aufgaben und Aufgabenkultur in Schule und Unterricht

Wer in den 1980er- und 1990er-Jahren in bildungswissenschaftlich orientierten Fachzeitschriften und Fachpublikationen recherchierte, musste konstatieren, dass das Thema *Aufgaben* weder in den Fachdidaktiken noch in der Allgemeinen Didaktik bzw. Schulpädagogik breite Beachtung fand, auch wenn seine Bedeutung für die unterrichtliche Praxis normativ oft hervorgehoben wurde (vgl. z.B. Grell/Grell 1983; Seel 1981).

»Seit der Jahrtausendwende ist mit den PISA-Schulleistungsstudien und dem damit verbundenen Bildungsmonitoring die *Kompetenzorientierung* zu einem prägenden Element der bildungswissenschaftlichen und fachdidaktischen Diskussion geworden. Unterricht sollte fortan evidenzbasiert gestaltet werden, also auf der Grundlage von Ansätzen, deren Wirksamkeit empirisch überprüft ist, wobei den kompetenzorientierten Aufgaben eine entscheidende Funktion zugeschrieben wurde. Mit ihnen sollten die Bildungsstandards umgesetzt und der Forderung nach Kompetenzentwicklung Rechnung getragen werden« (Reinfried 2016: 5).

In den Fachdidaktiken und in der Erziehungswissenschaft hat dies eine Akzentverschiebung in Richtung *Lernaufgaben* ausgelöst. Sie zielen auf den Auf- und Ausbau fachlicher und überfachlicher Kompetenzen, sie strukturieren Lernprozesse und machen diese sichtbar (Keller/Bender 2012). Aufgrund der verstärkten Orientierung des Unterrichts an Kompetenzen mussten die Fachdidaktiken ihre Aufgabenkulturen und auch die damit verbundenen fachspezifischen Traditionen und Normen hinterfragen: Die Aufgaben des herkömmlichen Unterrichts sind an die Erfordernisse des kompetenzorientierten Unterrichts anzupassen, sowie ihre Wirksamkeit am Ziel des Kompetenzauf- und -ausbaus empirisch zu überprüfen (vgl. Keller/Reintjes 2016).

Gleichzeitig rücken Testitems stärker als früher in den Blick, d.h. *Leistungsaufgaben*, die bestimmten testtheoretischen Qualitätsstandards genügen und mit denen sich – so der Wunsch – die Kompetenzen der Lernenden reliabel und objektiv messen und damit die Wirksamkeit des Bildungssystems beurteilen lassen (Köller 2014). Vorgeschlagen wird zum Beispiel in der Klieme-Expertise, Kompetenzen so in Aufgabenstellungen umzusetzen, dass mit Testverfahren empirisch zuverlässig geprüft werden kann, »ob eine Person das [mit den Bildungsstandards, C.R.] angestrebte Ergebnis oder Handlungspotential entwickelt hat« (Klieme et al. 2007: 19).

Die Bindung der Wirksamkeitsüberprüfung an Kompetenzzuwachs ist theoretisch einleuchtend, stößt empirisch jedoch aufgrund der nicht geklärten Bezugsgrößen an Grenzen. So umfassen beispielsweise die zur Überprüfung des Bildungssystems entwickelten und empirisch validierten Kompetenzmodelle nur einen Teil der im Unterricht auf- und auszubauenden

Kompetenzen, und auch das Erfassen von Kompetenzzuwachs ist sowohl empirisch als auch theoretisch kaum geklärt (Schlömerkemper 2006).

Die Notwendigkeit, Lern- und Leistungsaufgaben deutlich voneinander zu separieren, betont bereits Weinert (1999) in den von ihm betreuten Längsschnittstudien (»Scholastik«- und »Logik«), indem er auf die »völlig unterschiedlichen psychologischen Gesetzmäßigkeiten« von Lern- und Leistungssituationen hinweist (Weinert 1999: 33).

> »Wähnt man sich als Lernender in einer Leistungssituation, bemühe man sich darum, Erfolge zu erzielen und Fehler zu vermeiden. Dahingegen können Fehler in Lernsituationen als Lerngelegenheiten angesehen werden, Neues zu lernen, Wissenslücken zu schließen oder unklar Gebliebenes besser zu verstehen« (Heins 2017: 29).

Beide Situationen sind für einen erfolgreichen Unterricht folglich gleicherweise notwendig, aber in deutlich voneinander getrennten Phasen zu realisieren.

2.1 Lernaufgaben als konstitutives Element des Unterrichts

Neubrand (2002) bezeichnet Aufgaben als *Kristallisationspunkt des Lernens*, Büchter und Leuders (2005) als *Steilvorlage für guten Unterricht*, Thonhauser (2008) als *Katalysatoren von Lernprozessen*, und Reusser (2013) als *Substrat der Lerngelegenheiten im Unterricht*. Nach Luthiger et al. (2018) umreißt eine Aufgabe eine Anforderungssituation, die Lernende zur inhaltlichen Auseinandersetzung mit einem Sachverhalt veranlasst.

> »Sie [Die Aufgabe; C.R.] ist Teil einer Angebot-Nutzungs-Struktur, die es notwendig macht, zwischen dem Potenzial der Aufgabe (Angebotsseite) und der tatsächlichen Aufgabenbearbeitung (Nutzungsseite) zu unterscheiden. Aufgaben folgen in diesem Sinne einem (fach-)didaktischen Aufgabenverständnis, das offenlässt, in welchem Maße Aufgaben von außen an die Lernenden herangetragen oder durch sie selbst entwickelt und formuliert werden. Dieses Verständnis lässt auch offen, ob Aufgaben schriftlich oder mündlich erteilt werden« (Luthiger et al. 2018: 21).

In einer uninformierten Betrachtungsweise von Unterricht werden Lernaufgaben partiell gleichgesetzt mit dem präsentierten Material (z.B. Arbeitsblätter, Lehrbücher) und den Organisationsformen (z.B. Partner- oder Gruppenarbeit).

Hingegen hat bereits Doyle (1983) betont, dass Aufgaben nicht nur die Sichtstruktur von Unterricht tangieren, sondern auf die Tiefenstruktur des Unterrichts zielen, auf welcher sie Lernprozesse initiieren, steuern und organisieren:

»Tasks influence learners by directing their attention to particular aspects of content and by specifying ways of processing information. These effects are clearly apparent in the contrast between semantic and nonsemantic processing, that is, the processing of information for meaning versus the processing of information for surface features (Doyle 1983: 62).«

Folgerichtig beschreiben Luthiger et al. (2018) Aufgaben als »situationsgebundene Denk- und Handlungsanweisungen, welche die Grundstruktur potenzieller Lerngelegenheiten definieren«. Als konstitutives Element des Unterrichts sind sie in Anlehnung an die drei Dimensionen des didaktischen Dreiecks (Reusser 2014) zugleich »Träger der Lerninhalte (Aufgabenqualität) und Strukturgeber für die Aktivitäten der Schülerinnen und Schüler (Lernprozessqualität) sowie Stifter von Interaktionen und Lerndialogen zwischen der Lehrkraft und den Schülerinnen und Schülern (Qualität der Aufgabensituation)« (Luthiger et al. 2018: 24).

Diesem Verständnis folgend ist unter *Aufgabenkultur* die Art und Weise zu verstehen, wie Lehrende und Lernende im Unterricht mit Aufgaben umgehen (vgl. z.B. Bohl et al. 2013: 7) oder anders gesagt die Einbettung von Aufgaben in eine stimmige Unterrichtschoreografie.

2.2 Merkmale kompetenzorientierter Lernaufgaben

Nach Lipowsky (2015) sind Lernaufgaben Aufgabenstellungen, die beispielsweise einen kognitiven Konflikt (Perturbation) auslösen, Problemlöseprozesse erfordern und am Vorwissen der Lernenden anknüpfen. In Übereinstimmung mit Grell und Grell (2010) intendieren Lernaufgaben nach Leisen (2006: 263) das selbstständige Erschließen von Neuem und den Aufbau von verstehensrelevanten Wissensnetzen.

Winkler (2011) systematisiert Lernaufgaben nach der Richtung der zu erbringenden mentalen Operationen und unterscheidet (1) Generierungs, (2) Rekonstruktions- und (3) Bewertungsaufgaben. Die Richtung der mentalen Operationen unterscheidet sich darin, ob (1) ein Verstehensprodukt generiert werden muss, ob (2) ein solches durch die Aufgabe geliefert wird und zu rekonstruieren ist oder ob (3) ein strittiges Verstehensprodukt gegeben ist, welches in seiner Angemessenheit bewertet werden muss.

Häufig werden Lernaufgaben auch als Aufgabenstellungen charakterisiert, mit denen sich Lernende neue fachliche Inhalte und/oder Vorgehensweisen erarbeiten oder diese festigen (Ralle et al. 2014: 9). In diesem

Fall werden unter Lernaufgaben verschiedene Aufgabentypen subsumiert, wie komplexe Erarbeitungs- und Experimentieraufgaben oder Aufgaben mit Lösungsbeispielen (sog. Inquiry-Aufgaben; vgl. Kleinknecht et al. 2013: 63).

Während Winter und Canonica (2012: 248) Lernaufgaben als eigenen Aufgabentyp neben Übungs-, Prüfungs-, Präsentations- und Diagnoseaufgaben definieren, lassen sich für Wilhelm, Luthiger und Wespi (2014) Lernaufgaben ausdifferenzieren in Konfrontations-, Erarbeitungs-, Übungs-, Vertiefungs-, Synthese- und Transferaufgaben.

Dieser exemplarische Querschnitt zu *Lernaufgaben* aus den Fachdidaktiken und der Pädagogik verdeutlicht, dass weder eine einheitliche Definition des Begriffs »Lernaufgabe« noch ein allgemein gültiges Schema zur Klassifikation von Lernaufgaben existiert. Vielmehr handelt es sich bei dem Begriff *Lernaufgaben* um ein Konstrukt, das »nicht durch eine allgemein anerkannte Definition festgelegt ist, sondern im Hinblick auf soziologische und/oder bildungspolitischen Veränderungen reinterpretiert wird« (Reinfried 2016: 6).

Gleichwohl lässt sich schlussfolgern, dass die Entwicklung von und der Umgang mit Aufgaben prinzipiell als bedeutsame Momente des professionellen pädagogischen Handelns von Lehrpersonen anzusehen sind und somit eine zentrale Aufgabe und Herausforderung der institutionalisierten Lehrerinnen- und Lehrerausbildung verkörpert. Eine Lehrperson kann kompetenzorientierten Unterricht dann planen und durchführen, wenn die domänenspezifische Kompetenzentwicklung bekannt ist und sowohl Lern- als auch Diagnoseaufgaben im Hinblick auf ihre Passung zur aktuellen Kompetenzentwicklung der Lerngruppe analysiert und konzipiert werden können (vgl. Kleinknecht/Lankes 2012; Maier 2012).

3 Aufgaben und Aufgabenkultur in der Lehrerinnen- und Lehrerausbildung

Die Fragen, welches die Aufgaben der Ausbildung von Lehrerinnen und Lehrern sind – bzw. welche Aufgaben *in* dieser Ausbildung verwendet werden sollen – sind gegenwärtig aufs engste verbunden mit dem Ausbildungsziel der pädagogischen Professionalität angehender Lehrpersonen. Erstens rückt dabei die Frage in den Vordergrund, welche Kompetenzen im Rahmen der Lehrerinnen- und Lehrerbildung entwickelt werden sollen und welche Bedeutung diese später für die weitere Berufstätigkeit der Studierenden haben. Zweitens, und nicht minder bedeutsam, ist dann die Frage relevant, in welchen Lerngelegenheiten oder anhand welcher Aufgabenstellungen diese Kompetenzen entwickelt werden sollen (vgl. Reintjes et al. 2016).

Während in der Lehrerinnen- und Lehrerbildung aufseiten der konzeptionellen Rahmenbedingungen und theoretischen Bezugssysteme in den letzten Jahren beträchtliche Fortschritte erzielt worden sind, haben entsprechende Entwicklungsbemühungen aufseiten der *Lerngelegenheiten und -prozesse sowie der konkreten Aufgabenstellungen* bisher kaum stattgefunden – auch die Forschung hat diese Ebene weitgehend vernachlässigt. Zwar hat man in der Lehrerinnen- und Lehrerbildungsforschung bereits versucht, die Kompetenzen von Studierenden empirisch zu messen (z.b. COACTIV-Studie, Kunter et. al 2011; TEDS-Studie, Blömeke/Kaiser/ Lehmann 2010). Die Frage nach den konkreten *Aufgaben und Aufgabenkulturen* (Keller/Bender 2012), anhand derer sich diese Kompetenzen während der Ausbildung entwickeln sollen, ist aber sowohl was die fachwissenschaftliche, die fachdidaktische, die erziehungswissenschaftliche als auch die berufspraktische Dimension betrifft, nach wie vor ein weitgehend blinder Fleck auf der Forschungskarte der Lehrerinnen- und Lehrerbildung geblieben (Terhart/Bennewitz/Rothland 2014).

Diese Forschungslücke ist insofern gravierend, als sich die Qualität der (gemessenen) Handlungskompetenzen in einem Fachgebiet nicht sinnvoll trennen lässt von der Qualität der Situationen oder Gelegenheiten, in denen diese erworben werden (Reintjes et al. 2016).

3.1 Von administrativen Vorgaben zu (aufgabenorientierten)
   Lerngelegenheiten in der Lehrerinnen- und Lehrerbildung: Ein komplexer
   Transformationsprozess

Viele Universitäten und pädagogische Hochschulen haben in den letzten Jahren kompetenzorientierte Ausbildungspläne und -programme erarbeitet.

Den Lerngelegenheiten im Studium wird dabei eine entscheidende Rolle für den Professionalisierungsprozess zugeschrieben. In Anlehnung an die Studie TEDS-M (Teacher Education and Development Study, z.B. Blömeke/Kaiser/Lehmann 2010) und die daran anschließende LEK-Studie (Längsschnittliche Erhebung pädagogischer Kompetenzen von Lehramtsstudierenden, König/Seifert 2012) werden *Lerngelegenheiten* (im Englischen *opportunities to learn*) als institutionelle Ausbildungsangebote definiert, von denen angenommen wird, dass sie einen Beitrag zum Erwerb professionsbezogener Kompetenzen leisten (z.b. König/Peek/Blömeke 2010).

Die Verbindlichkeit fachlicher, erziehungswissenschaftlicher wie auch schulpraktischer Lerngelegenheiten in der Lehrerinnen- und Lehrerausbildung wird über administrative Vorgaben gesichert, die in Deutschland auf Bundes- und Landesebene sowie in einem zweiten Schritt in Studien- und Prüfungsordnungen auf Hochschulebene erlassen werden. Die Umsetzung der Vorgaben in konkrete Lerngelegenheiten der universitären Lehrerinnen- und Lehrerausbildung erfolgt in einem komplexen Transformationsprozess, der von verschiedenen Faktoren abhängt und im Rückgriff auf schulische Steuerungsmodelle (z.b. Scheerens/Bosker 1997) verdeutlicht werden kann (siehe Abbildung 1).

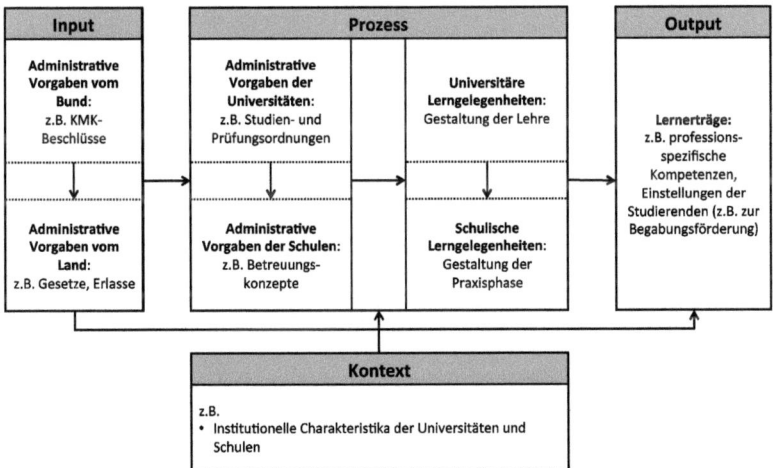

Abb. 1: Modell zum Transformationsprozess administrativer Vorgaben zu (aufgabenorientierten) Lerngelegenheiten in der Lehrerinnen- und Lehrerbildung (Quelle: eigene Darstellung, in Anlehnung an Scheerens/Bosker 1997)

Als Ausgangspunkt des Modells fungieren auf der Input-Ebene die administrativen Vorgaben von Bund und Land. Auf der Prozessebene interpretieren und konkretisieren die Universitäten und Schulen die administrativen Vorgaben in Form von Curricula und Konzepten, wie zum Beispiel Studien- und Prüfungsordnungen, und generieren so Lerngelegenheiten, die später von Dozierenden und Mentorierenden in Lehrveranstaltungen und in den Praxisphasen realisiert werden sollen. Beide Teile der Prozessebene werden von verschiedenen Faktoren an den Universitäten und Schulen (Kontext) beeinflusst, sodass letztlich je nach Universitäts- und Schulstandort unterschiedliche Konzepte und Umsetzungen zu erwarten sind. Der Output des Prozesses zeigt sich schließlich zum Beispiel in den erworbenen Kompetenzen der Studierenden.

Mit der Verwendung des Begriffs der Lerngelegenheiten, der auch in der Lehrerinnen- und Lehrerausbildung untrennbar mit Aufgabenorientierung verknüpft ist, geht die Differenzierung in ein *intendiertes*, ein *implementiertes* und ein *erreichtes Curriculum* einher (McDonnell 1995), auf die auch in TEDS-M und der LEK-Studie zurückgegriffen wird:

- Dabei meint das intendierte Curriculum ein institutionell vorgegebenes Curriculum; das betrifft zum Beispiel die Vorgaben zu den Praxisphasen sowohl auf Bundes- und Landesebene als auch auf der Hochschul- und Schulebene.

- Das implementierte Curriculum bezeichnet das tatsächlich realisierte Curriculum, das in der Regel mehr oder weniger starke Unterschiede zum eigentlich intendierten Curriculum aufweist und die von Dozierenden und Mentorierenden in der Lehre und den Praxisphasen angeleiteten und angebahnten Lerngelegenheiten umfasst.

- Das erreichte Curriculum schließlich rekurriert auf die Erträge des intendierten und des implementierten Curriculums, die sich zum Beispiel in den Kompetenzen und Einstellungen der Studierenden zeigen (Darge et al. 2012).

Dabei gilt es zu bedenken, dass diesem Modell ein Angebots-Nutzungs-Gedanke zugrunde liegt: Die von den Dozierenden und Mentorierenden geschaffenen Lerngelegenheiten stellen ein Angebot dar, dessen Nutzung durch die Studierenden wiederum von vielfältigen Faktoren, unter anderem ihren individuellen Voraussetzungen, abhängen. Dies führt dazu, dass bei den Studierenden in Abhängigkeit von ihrer Angebotsnutzung unterschiedliche Lernerträge erreicht werden können (vgl. dazu Angebots-Nutzungs-Modelle, z.b. Helmke 2014).

3.2 Ein heuristisches Modell zur Analyse von Aufgaben in einer kompetenzorientierten Lehrerinnen- und Lehrerausbildung[1]

Betrachtet man die Entwicklung der verschiedenen Wirkungsmodelle der letzten Jahre und Jahrzehnte in Bezug auf den Unterricht als Kerngeschäft von Lehrpersonen, so entfernen sie sich immer weiter von starken Determinationsannahmen hin zu reziproken Angebot-Nutzungs-Annahmen (vgl. Helmke 2014), das heißt sie unterstreichen zunehmend die Eigenheiten der verschiedenen beteiligten Akteure, Akteursgruppen und deren Kontexte mit Blick auf die Gestaltung der Angebote, Lerngelegenheiten und deren Nutzung. Im Grunde handelt es sich also in der Lehrerinnen- und Lehrerbildung und der Frage nach ihrer Wirksamkeit um zwei verschachtelte Angebot-Nutzungs-Modelle:

> »Die Lerngelegenheit *Lehrerbildung* wird von den angehenden Lehrpersonen genutzt; die Lerngelegenheit *Unterricht* wird von Schülern und von angehenden Lehrpersonen genutzt. Und schließlich berücksichtigen diese Nutzungsmodelle zahlreiche Voraussetzungen, Einflussfaktoren, Rahmenbedingungen etc. des Prozesses der Lehrerbildung sowie von Unterrichtsprozessen« (Reintjes et al. 2016: 436).

Aufgaben in der Lehrerinnen- und Lehrerbildung lassen sich damit grundsätzlich als Angebote und damit als Ausgangspunkte zur Entwicklung von professioneller Kompetenz verstehen. Sie stellen in gewisser Weise explizit geschaffene Lerngelegenheiten dar, die professionalisierende Entwicklungen bei angehenden Lehrpersonen initiieren können, und zwar in den Bereichen (Professions-)Wissen, Überzeugungen, motivational-selbstregulative Merkmale oder auch im Kontext von Handlungsprozessen in konkreten beruflichen Anforderungssituationen (vgl. z.B. Kunter et al. 2011). Dies kann nach Reintjes et al. (2016) – und unter dieser Perspektive werden Aufgaben in der Lehrerinnen- und Lehrerausbildung hier verstanden – als eine Art formale Implementierung von Lerngelegenheiten betrachtet werden, welche die gesamte Lehrerinnen- und

---

[1]   Die Ausführungen in diesem Kapitel stellen eine gekürzte Fassung des vierten Kapitels aus dem Beitrag von Reintjes et al. (2016) dar.

Lehrerbildung und damit auch alle Ausbildungsbereiche durchzieht. Aufgaben gelten hier – und damit in Abgrenzung zur Bezeichnung von berufsbiografisch vorgegebenen *Entwicklungs*aufgaben – also ausdrücklich als *intentionale Lerngelegenheiten*, die absichtsvolles Lernen in spezifischen Ausbildungskontexten ermöglichen sollen.

In Anlehnung an ein Modell, das von Maier et al. (2010) als Kategoriensystem zur Analyse des kognitiven Potenzials von Aufgaben in *large scale assessments* präsentiert wurde, wird nachfolgend ein *Kategoriensystem zur Analyse von Aufgaben in der Lehrerbildung* vorgestellt. Dieses Ausgangsmodell ist deshalb von Bedeutung, weil es aus allgemeindidaktischer Sicht eine übergeordnete Perspektive auf die fachlich gestellten schulischen bzw. unterrichtlichen Aufgaben richtet. Ähnlich wird auch hier mit Blick auf die Aufgabenanalyse in der Lehrerinnen- und Lehrerbildung eine übergeordnete Sicht angestrebt.

Der angestrebte Diskurs über Aufgaben in der Lehrerinnen- und Lehrerbildung in ihrer Funktion als Bindeglied zwischen Anforderungen professionellen Handelns und der Ausbildungspraxis wird im nun folgenden Abschnitt auf die Basis eines Kategoriensystems gestellt, welches auf dem Modell von Maier et al. (2010) aufbaut bzw. daraus abgeleitet ist. Wie das Ausgangsmodell soll auch dieses heuristische Modell einen fächer- und studienbereichsübergreifenden Charakter haben, das heißt es beabsichtigt zum einen für verschiedene Fachdisziplinen zu gelten, zum anderen Aufgaben aus Fachwissenschaft, Fachdidaktik, Erziehungswissenschaft wie auch den schulpraktischen Studien hinsichtlich ausgewählter Kategorien und Kriterien analysierbar oder mit Blick auf Entwicklungslinien weiterführender Aufgaben beschreibbar zu machen.

Rekurrierend auf das vorliegende und einleitend kurz dargestellte Aufgabenverständnis in der Lehrerinnen- und Lehrerausbildung und damit auf der Basis der grundlegenden Verortung von Aufgaben in der Professionalisierungstheorie bzw. in lerntheoretischen Aspekten lassen sich sechs Analysekategorien beschreiben (vgl. Abbildung 2).

Kategorie	Kriterien			
1	**Bereiche des Profes-sionswissens**	Fachwissen	pädagogisches bzw. bildungswis-senschaftliches Wissen	fachdidaktisches Wissen
2	**Wissensarten**	Fakten	Prozeduren	Konzepte	Metakognition und Reflexion
3	**Kognitive Prozesse**	reprodu-zieren	verstehen	analysieren	entwickeln, transformieren, bewerten
4	**Offenheit der Aufgabe**	definiert/ konvergent	definiert/divergent	offen/divergent
5	**Bezug zur Schul-praxis**	kein	gering	situiert/ authentisch	immersiv
6	**Relationierung der Bezugsdomänen (FD, FW, EW, Bpst.)**	fachbezogene Relationierung (innerhalb einer Domäne/Fach, z.b. Englisch)	studienbereichsbezogene Relatio-nierung (innerhalb versch. Fachdi-daktiken bzw. der EW-Sektionen)	studienbereichsüber-greifende Relationie-rung (z.b. EW, FD, FW, BpSt)

Abb. 2: Modell zur Analyse und Konzeption von Aufgaben in der Lehrerinnen- und Lehrerbildung (Reintjes et al. 2016: 439)

Die erste, professionsspezifische Kategorie spricht die Bereiche des *Professionswissens* an (Kategorie 1). Es handelt sich um jene Wissensdimensionen, die auch im Modell von Baumert und Kunter (2006) das Professionswissen und damit (zusammen mit motivationalen und selbstregulativen Fähigkeiten) den Kern der pädagogischen Professionalität bilden.

Bei der Beschreibung verschiedener *Wissensarten* (Kategorie 2) orientieren sich Reintjes et al. (2016) genau wie Maier et al. (2010) an der von Anderson und Krathwohl (2001) genutzten Unterscheidung in Fakten-wissen, prozeduralem Wissen, konzeptuellem Wissen und metakogniti-vem Wissen. Dabei wird angenommen, dass auch hier unabhängige und kategoriale Dimensionen vorliegen, wobei zur Lösung einer bestimmten Aufgabe jedoch verschiedene Wissensarten notwendig sein können. Fak-tenwissen bezeichnet dabei verbalisierbares und für eine bestimmte Fachdomäne relevantes Wissen, in der Lehrerinnen- und Lehrerbildung zum Beispiel Wissen in einem Unterrichtsfach.

In Kategorie 3 sind *kognitive Prozesse* benannt, die durch Aufgaben ausgelöst oder von diesen eingefordert werden. In diesem Falle handelt es sich um eine hierarchische Stufung, welche bei Anderson und Krathwohl (2001) in Anlehnung an die Bloom'sche Lernzieltaxonomie vorgenommen wird.

In Kategorie 4 ist die *Offenheit von Aufgaben* angesprochen und damit die Frage nach dem Determinationsgrad der Lösung. Auch hier ist eine Hierarchisierung mit zunehmender Komplexität von links nach rechts impliziert.

»*Definierte und konvergente* Aufgaben haben einen eindeutigen Arbeitsauftrag und eine klar identifizierbare Fragestellung. Eine einzige Lösung ist gesucht bzw. richtig, wobei diese nicht unbedingt sichtbar sein muss. *Definierte und divergente* Aufgaben haben einen eindeutigen Arbeitsauftrag bzw. eine klar identifizierbare Fragestellung, allerdings sind mehrere Lösungen (bzw. Lösungswege) denkbar bzw. gesucht. In der Regel werden die Lernenden als Teil des Arbeitsauftrags auf diesen Umstand hingewiesen. Bei *offenen und divergenten* Aufgaben erhalten die Lernenden Informationen über ein Problem bzw. eine Situation, es sind aber unterschiedliche Antwortalternativen und deshalb auch automatisch mehrere Lösungen (bzw. Lösungswege) denkbar bzw. richtig. Diese müssen jedoch theoretisch begründet bzw. argumentativ verteidigt werden. Maier et al. (2010) sprechen in diesem Zusammenhang von *ungenau definierten* Aufgaben, wobei wir diesen eher negativ konnotierten Ausdruck durch die positive Bezeichnung offen ersetzen wollen. Wir tun dies aus der Überlegung heraus, dass solche offenen Aufgaben für die Lehrerbildung typisch sind, sowohl wenn komplexe Probleme in Fachdidaktik, Fachwissenschaft oder Erziehungswissenschaft angegangen, als auch wenn Unterricht in den Berufspraktischen Studien geplant, durchgeführt oder evaluiert werden soll« (Reintjes et al. 2016: 441).

Kategorie 5 ist wiederum im Bereich der Professionalisierungsdebatte zu verorten, weil sie die Spezifik der *Lernorte* und der damit verbundenen Lernsettings von theoretischer und praktischer Ausbildung fokussiert. Aufgaben in der Lehrerinnen- und Lehrerbildung, gerade wenn sie als Bindeglied zwischen Anforderungen professionellen Handelns und der Ausbildungspraxis verstanden werden, müssen diese Spezifik einbeziehen, denn hier laufen Kernelemente der Ausbildung zusammen, die in besonderer Weise analytisch-systematische Einsichten zu diesem Zusammenwirken intendieren.

Der Einbezug dieses strukturellen Aspekts der Lehrerinnen- und Lehrerbildung ist parallel zu einer letzten, ebenfalls professionalisierungsspezifischen Kategorie zu sehen (Kategorie 6). In konkreten pädagogischen Handlungssituationen muss Wissen aus verschiedenen Domänen flexibel abrufbar und kombinierbar sein (Koch-Priewe 1997) und gar in ein eigenes »Relationierungswissen« (Helsper 2007: 575) münden,

zu dem nach Helsper ebenfalls kasuistisches und »selbstreflexives (be-
rufs-)biographisches Wissen« (Helsper 2007) gehört. Der Aufbau von
pädagogischer Professionalität in der Lehrerinnen- und Lehrerausbildung setzt folglich ein aktives und kritisches »In-Beziehung-Setzen« von
Erfahrungen, Tätigkeiten, Kommunikationen und Produkten der Lernorte »Schule« und »Hochschule« voraus (Jünger/Reintjes 2017). Es braucht
dazu unter anderem eine Aufgabenkultur, die zwischen den Bereichen
und Orten vermittelnd, integrierend und relationierend wirkt. Und ob-
wohl pädagogische Handlungskompetenz während des Studiums pri-
mär in schulischen Praktika seine unmittelbare Wirkung entfaltet, kann
eine solche *Relationierung* nicht einfach einem Studienbereich (den schulpraktischen Studien) überantwortet werden. Vielmehr müssen entsprechende Prozesse der Relationierung in allen Studienbereichen durch dafür geeignete Aufgaben ausgelöst, unterstützt und begleitet werden. Bezogen auf den strukturellen Aspekt der Ebene Curriculum wird deshalb
im heuristischen Modell eine Differenzierung in fachbezogene, studien-
bereichsbezogene und studienbereichsübergreifende Relationierung vorgeschlagen. Am Beispiel der individuellen Begabungsförderung wird
nun im folgenden Kapitel der aufgabenorientiert-relationierende Erwerb
professioneller Handlungskompetenz im Rahmen einer diversitätssensiblen Lehrerinnen- und Lehrerbildung skizziert.

4 Entwicklung professioneller Handlungskompetenz von Lehramtsstudierenden am Beispiel der individuellen Begabungsförderung

Professionalität bzw. professionelles Handeln im Schulfeld ist der Ziel-
punkt jeder Lehrerbildung. Nach Mulder, Messmann und Gruber (2009)
ist professionelles Handeln der sicht- und messbare Ausdruck von Professionalität. Den Studierenden stellen sich sowohl in ein- wie auch in
zweiphasigen Qualifikationsmodellen multiple Herausforderungen im
Professionalisierungsprozess. Einerseits gilt es, sich das fachwissenschaftliche und fachdidaktische Grundlagenwissen aus einem, zwei oder
mehr (Unterrichts-)Fächern anzueignen. Dazu tritt die Erziehungswissenschaft als eigene Referenzdomäne, in der angehende Lehrpersonen
das für die kompetente Berufsausübung bedeutsame pädagogische Wissen erwerben sollen. Gleichzeitig sollen diese Ansprüche an das Wissen

eine sichtbare Wirkung in der Schulpraxis zeigen. In schulischen Praxisphasen sollen die angehende Lehrpersonen sukzessive die Komplexität beruflichen Handelns kennen und dieses Handeln eigenverantwortlich gestalten lernen (vgl. Reintjes/Bellenberg/im Brahm 2018).

In der Professionsforschung ist in diesem Kontext hinreichend gezeigt worden, dass die lineare, »technologisch verstandene Transmission von Theoriewissen in die Schulpraxis zumeist an der Komplexität und Kontingenz realer Handlungssituationen« scheitert (Fraefel 2018: 17) und diese Vorstellung folglich keine besonders tragfähige Konzeption für die intendierten Ziele einer »unterstützten eigenverantwortlichen Professionalisierung« ist (Radtke/Webers 1998: 205). Eine simple und oft herbeigewünschte »Anwendbarkeit« wissenschaftlichen Wissens ist beispielsweise nicht gegeben, weil jede pädagogische Situation nichts weniger »als ein situatives und individuelles Fallverstehen voraussetzt« (Radtke/Webers 1998: 205).

Fenstermacher und Richardson (2005) lenken in diesem Kontext den Blick auf eine weitere Dimension von Professionalität: die Lernerfolgsorientierung. Um es deutlich hervorzuheben: im Kontext der Lehrerinnen- und Lehrerbildung geht es bei der Erfolgsorientierung noch nicht um tatsächlich erzielte, messbare Schülerinnen- und Schülerleistungen, sondern vielmehr um das Bewusstsein und das Engagement der Studierenden für Lern- und Entwicklungsfortschritte ihrer Schülerinnen und Schüler.

Im Sinne einer hieraus ableitbaren systematischen Kopplung von kompetenz- und aufgabenorientierter Lehrerinnen- und Lehrerbildung sowie individueller Schülerförderung wurden an der Universität Münster Qualifizierungsformate für interessierte Lehramtsstudierende zur individuellen Begabungsförderung im Kontext des Forschenden Lernens konzipiert (Förder-Forder-Projekt Advanced). Die individuelle Begabungsförderung ist eine Aufgabe und Herausforderung, die im schulischen Unterricht in Deutschland noch nicht hinreichend von Lehrpersonen angenommen wird, wie aktuelle internationale Schulvergleichsstudien belegen. So stagnieren die Anteile der Schülerinnen und Schüler, welche die höchsten Kompetenzstufen erreichen, weitestgehend (vgl. Prenzel et al. 2013; Reiss et al. 2016), was sich auch in einem Ungleichgewicht von Angeboten für leistungsschwache und leistungsstarke Schülerinnen und Schüler widerspiegelt (vgl. Bos et al. 2012). Dies impliziert, dass es zukünftig neben gezielter Unterstützung von Schülerinnen und Schülern auf den unteren Kompetenzstufen auch der gezielten Förderung von begabten Kindern auf den oberen Kompetenzstufen bedarf (vgl. Wendt et al. 2013). Nach Rott (2017) ist individuelle Begabungsförderung zu definieren als

> »planvolles pädagogisches Handeln von Lehrpersonen (...), das das Ziel verfolgt, Schülerinnen und Schüler in ihren Begabungen herauszufordern, indem ihre Ressourcen und Potenziale erkannt, anerkannt und zielgerichtet weiter entwickelt werden, wobei nicht alleine schulische Leistungen, sondern vielmehr Bildungsprozesse allgemein als Zieldimensionen benannt werden, die der Ganzheitlichkeit der einzelnen Person entsprechen und diesen Entwicklungsmöglichkeiten bietet« (Rott 2017: 59).

Das Konzept umfasst neben schulischen Enrichmentprojekten, in denen bedeutsame Entwicklungen der teilnehmenden Schülerinnen und Schüler in ihren Kompetenzen zum selbstregulierten Lernen erzielt werden konnten (Fischer 2006; Bayer 2009), auch universitäre Qualifizierungsformate für (angehende) Lehrpersonen bezogen auf den Erwerb adaptiver Lehrkompetenz zur individuellen Lernbegleitung bzw. Begabungsförderung, in welchen angelehnt an Helmke (2011) vier studienbereichsübergreifende und somit im Zuge des Erwerbs professioneller Handlungskompetenz zu relationierende Kompetenzbereiche (vgl. Kap. 3.2) fokussiert werden: fachliche Kompetenzen (z.b. Begabung, Lernkompetenz), diagnostische Kompetenzen (z.b. Beobachtung, Testverfahren), didaktische Kompetenzen (z.b. selbstreguliertes und forschendes Lernen) und kommunikative Kompetenzen (z.b. Coaching, Mentoring) (vgl. Fischer/Fischer-Ontrup/Rott 2017: 51).

Erste Befunde deuten darauf hin, dass professionelle Handlungskompetenz in der individuellen Begabungsförderung bezogen auf fachliche, diagnostische, didaktische und kommunikative Kompetenzen verbunden mit der (Um-)Wandlung zu einer potenzialorientierten Haltung durch das Forschungspraktikum bereits im Studium angebahnt werden kann (vgl. Rott 2018).

Die berechtigte Kritik am Aufbau von Wissensbeständen, die in der schulischen Praxis ungenutzt bleiben, hat – wie das skizzierte Projekt exemplarisch zeigt – an den Lehrerinnen- und Lehrerbildungsstandorten im deutschsprachigen Raum zu vielversprechenden (hochschuldidaktischen) Anstrengungen geführt, Wissen mit Handeln enger zu verknüpfen, theoretische und praktische Ausbildungselemente stärker aufeinander abzustimmen und damit den Kompetenzaufbau mittels kohärenter curricularer Steuerung zu begünstigen.

Parallel dazu erscheint es gleichwohl unerlässlich, auf Grundlage des hier vorgestellten heuristischen Modells bzw. der damit verbundenen Absicht, einen Diskurs über die in der Lehrerinnen- und Lehrerbildung verwendeten Aufgaben zu stimulieren, neben der Aufgabenanalytik auch einen begleitenden, programmatischen und damit vielleicht auch normativen Diskurs über Aufgaben in der Lehrerinnen- und Lehrerbildung entlang des in Kap. 3.1 skizzierten Transformationsmodells zu führen. Dieser könnte beispielsweise Indikatoren zu den vorgeschlagenen Kriterien diskutieren, Qualitätsfragen ansprechen und gegebenenfalls zu erreichende Niveaus festlegen. Sowohl der Lehrerinnen- und Lehrerausbildung als auch der Forschung zur Professionalisierung von Lehrpersonen sowie nicht zuletzt der fachdidaktischen Unterrichtsforschung könnte dies weiterführende Impulse verleihen.

Wenig konzeptualisiert ist zudem mit Blick auf die im heuristischen Modell als bedeutsame Kategorie herausgearbeitete Relationierung die Ebene der Person und damit der notwendigen (personalen) Prozesse. Einen vielversprechenden Zugang zu den personalen Prozessen der Relationierung sehen Jünger und Reintjes (2017) an der Grenze zwischen Person und Curriculum im Bereich konkreter Aufgaben in der Lehrerinnen- und Lehrerbildung, welche Prozesse des Relationierens evozieren und unterstützen können. Für die beteiligten Studienbereiche und Disziplinen liegt hier eine besondere Chance, sich systematisch mit dem *Lernen des Relationierens* auseinanderzusetzen und so gemeinsame Kriterien und Bedingungen abzustimmen.

Unterhalb der Ebene von Aufgaben in mehr oder minder strukturierten Lerngelegenheiten versteckt sich aus Sicht der Professionsforschung zusätzlich das Thema der Bewältigung der individuellen Ausbildungsrealität als genuine Entwicklungsaufgabe (vgl. Košinàr 2014): Im Vergleich zu früheren Konzeptionen von phasenkonformen, linearen Bildungsbiografien (vgl. Wildt 1996) haben die Hochschulen es heute vermehrt mit phasenvermischten und nicht-linearen berufs- und bildungsbiografischen Verläufen zu tun. Viele Studierende arbeiten beispielsweise bereits während des Studiums als Lehrperson (vgl. u.a. Bäuerlein et al. 2018) und organisieren die zu belegenden Studienmodule nur bedingt im Sinne einer kumulativen Kompetenzentwicklung, sondern eher im Sinne ihres Terminkalenders. Die Gestaltung theoretischer und schulpraktischer Lerngelegenheiten bedarf folglich neben der institutionellen und curricularen Abstimmung in hohem Masse auch eine individualisiert-adaptive Komponente. Eine so verstandene (aufgabenorientierte) Unterstützung individueller Professionalisierungsprozesse stellt die distanzierte Betrachtung und pädagogische Reflexion schulischer Interaktionen und Artefakte gleichermaßen in das Zentrum des Relationierens (vgl. Berndt/ Häcker/Leonhard 2017).

Literatur

Anderson, L. W., Krathwohl, D. R. (Hg.) (2001): A Taxonomy for Learning, Teaching and Assessing: A Revision of Bloom's Taxonomy of Educational Objectives. New York: Longman.

Arnold, K.-H., Gröschner, A., Hascher, T. (2014): Pedagogical field experiences in teacher education: Introduction to the research area. In: Arnold, K.-H., Gröschner, A., Hascher, T. (Hg.): Schulpraktika in der Lehrerbildung: Theoretische Grundlagen, Konzeptionen, Prozesse und Effekte. Münster: Waxmann, S. 11-26.

Bäuerlein, K., Reintjes, C., Fraefel, U., Jünger, S. (2018): Selbstprofessionalisierung in der Schule? – Eine Bestandsaufnahme hinsichtlich der studienunabhängigen Lehrtätigkeit von Lehramtsstudierenden im Schulfeld. In: Forschungsperspektiven PH Wien, Jg. 10 (in Druck).

Baumert, J., Kunter, M. (2006): Stichwort: Professionelle Kompetenz von Lehrkräften. In: Zeitschrift für Erziehungswissenschaft, Jg. 9, Nr. 4, S. 469-520.

Bayer, A. (2009): Individuelle Förderung von Strategien selbstgesteuerten Lernens im Regelunterricht. Münster: Eigenverlag.

Berndt, C., Häcker, T., Leonhard, T. (Hg.) (2017): Reflexive LehrerInnenbildung revisited – Konzepte, Befunde, Perspektiven und Rahmungen. Bad Heilbrunn: Klinkhardt.

Blömeke, S., Kaiser, G., Lehmann, R. (Hg.) (2010): TEDS-M 2008 – Professionelle Kompetenz und Lerngelegenheiten angehender Mathematiklehrkräfte für die Sekundarstufe I im internationalen Vergleich. Münster: Waxmann.

Bohl, T., Hanke, U., Koch-Priewe, B., Zierer, K. (2013): (Zusammenstellung und Betreuung des Thementeils) Neuere Ansätze der Allgemeinen Didaktik. Jahrbuch für Allgemeine Didaktik 2013. Baltmannsweiler: Schneider.

Bos, W., Wendt, H., Köller, O., Selter, C. (Hg.) (2012): TIMSS 2011. Mathematische und naturwissenschaftliche Kompetenzen von Grundschulkindern in Deutschland im internationalen Vergleich. Muünster: Waxmann.

Büchter, A., Leuders, T. (2005): Mathematikaufgaben selbst entwickeln. Lernen fördern – Leistung überprüfen. Berlin: Cornelson Scriptor.

Darge, K., Schreiber, M., König, J., Seifert, A. (2012): Lerngelegenheiten im erziehungswissenschaftlichen Studium. In: König, J., Seifert, A. (Hg.): Lehramtsstudierende erwerben pädagogisches Professionswissen. Ergebnisse der Längsschnittstudie LEK zur Wirksamkeit der erziehungswissenschaftlichen Lehrerausbildung. Münster: Waxmann, S. 87-118.

Doyle, W. (1983): Academic Work. In: Review of Educational Research, Jg. 53, Nr. 2, S. 159-199.

Fenstermacher, G.D., Richardson, V. (2005): ON making determinations of quality in teaching. In: Teachers College Record, Jg. 107, Nr. 1, S. 186-213.

Fischer, C. (2006): Lernstrategien in der Begabtenförderung: Eine empirische Untersuchung zu Strategien Selbstgesteuerten Lernens in der individuellen Begabungsförderung. Münster (Habilitationsschrift).

Fischer C., Fischer-Ontrup C., Rott D. (2017): Individuelle Lernbegleitung in der Begabtenförderung. Beispiel eines schulischen Enrichmentprojekts. In: Schweizerische Zeitschrift für Heilpädagogik, Jg. 23, Nr. 9, S. 47-54.

Fraefel, U. (2018): Hybride Denkräume an der Schnittstelle von Hochschule und Schulfeld. Ein zukunftsweisendes Konzept der Professionalisierung von Lehrpersonen. In: Pilypaitytė, L., Siller, H.-S. (Hg.): Schulpraktische Lehrerprofessionalisierung als Ort der Zusammenarbeit. Wiesbaden: Springer, S. 13-43.

Grell, J., Grell, M. (1983): Unterrichtsrezepte. Weinheim/Basel: Beltz.

Grell, J., Grell, M. (2010): Unterrichtsrezepte. Weinheim/Basel: Beltz.

Hascher, T. (2011): Vom Mythos Praktikum. In: Journal für LehrerInnenbildung, Jg. 11, S. 8-15.

Helmke, A. (2011): Forschung zur Lernwirksamkeit des Lehrerhandelns. In: Terhart, E., Bennewitz, H., Rothland, M. (Hg.): Handbuch der Forschung zum Lehrerberuf. Münster: Waxmann, S. 630-643.

Helmke, A. (2014): Unterrichtsqualität und Lehrerprofessionalität. Diagnose, Evaluation und Verbesserung des Unterrichts. Seelze-Velber: Friedrich Verlag.

Helsper, W. (2007): Eine Antwort auf Jürgen Baumert und Mareike Kunter. In: Zeitschrift für Erziehungswissenschaft, Jg. 10, Nr. 4, S. 567-579.

Heins, J. (2017): Lenkungsgrade im Literaturunterricht. Wiesbaden: Springer.

Jünger, S., Reintjes, C. (2017): Lehrer/innenbildung im hybriden Raum – Anforderungen an eine kooperative Professionalisierung. In: Jahrbuch für Allgemeine Didaktik: Allgemeine Didaktik und Lehrer/innenbildung, Jg. 7, S. 102-121.

Keller, S., Bender, U. (Hg.) (2012): Aufgabenkulturen. Fachliche Lernkulturen herausfordern, begleiten, reflektieren. Seelze: Klett/Kallmeyer.

Keller, S., Reintjes, C. (Hg.) (2016): Aufgaben als Schlüssel zur Kompetenz. Didaktische Herausforderungen, wissenschaftliche Zugänge und empirische Befunde. Münster: Waxmann.

Kleinknecht, M., Lankes, E.-M. (2012): Kompetenzvermittlung im Unterricht: Eine neue Lern- und Aufgabenkultur an der Schule etablieren. In: Schulleitung und Schulentwicklung, Jg. 57, Nr. 2, S. 1-16.

Kleinknecht, M., Bohl, T., Maier, U., Metz, K. (Hg.) (2013): Lern- und Leistungsaufgaben im Unterricht: Fächeruübergreifende Kriterien zur Auswahl und Analyse, Bad Heilbrunn: Klinkhardt.

Klieme, E., Avenarius, H., Blum, W., Döbrich, P., Gruber, H., Prenzel, M., Reiss, K., Riquarts, K., Rost, J., Ternoth, H.-E., Vollmer, H.J. (2007): Zur Entwicklung nationaler Bildungsstandards. Bundesministerium fuür Bildung und Forschung: Expertise. Bonn, Berlin.

Koch-Priewe, B. (1997): Grundlegung einer Didaktik der Lehrerbildung. Der Beitrag der wissenspsychologischen Professionsforschung und der humanistischen Pädagogik. In: Bayer, M., Carle, U., Wildt, J. (Hg.): Brennpunkt: Lehrerbildung. Strukturwandel und Innovationen im europäischen Kontext. Opladen: Springer, S. 139-164.

Köller, O. (2014): Entwicklung und Erträge der jüngeren empirischen Bildungsforschung. In: Zeitschrift für Pädagogik, 60. Beiheft, S. 102-122.

König, J., Seifert, A. (2012): Lehramtsstudierende erwerben pädagogisches Professionswissen. Ergebnisse der Längsschnittstudie LEK zur Wirksamkeit der erziehungswissenschaftlichen Lehrerausbildung. Münster: Waxmann.

König, J., Peek, R. & Blömeke, S. (2010): Ausbildungsgangeffekte im Lehramtsstudium am Beispiel des pädagogischen Wissens. In: Schwarz, B., Nenniger, P., Jäger, R. S. (Hg.): Erziehungswissenschaftliche Forschung - nachhaltige Bildung. Landau: Verlag Empirische Pädagogik, S. 163-169.

Košinár, J. (2014): Professionalisierung in der Lehrerausbildung. Anforderungsbearbeitung und Kompetenzentwicklung im Referendariat. Opladen: Barbara Budrich.

Kunter, M., Kleickmann, T., Klusmann, U., Richter, D. (2011): Die Entwicklung professioneller Kompetenz von Lehrkräften. In: Kunter, M., Baumert, J., Blum, W., Klusmann, U., Krauss, S., Neubrand, M. (Hg.): Professionelle Kompetenz von Lehrkräften – Ergebnisse des Forschungsprogramms COACTIV. Münster: Waxmann, S. 55-68.

Leisen, J. (2006): Aufgabenkultur im mathematisch- naturwissenschaftlichen Unterricht. In: Der mathematische und naturwissenschaftliche Unterricht, Jg. 59, Nr. 5, S. 260-266.

Lipowsky F. (2015): Unterricht. In: Wild, E., Möller, J. (Hg.): Pädagogische Psychologie. Heidelberg: Springer, S. 70-98.

Luthiger, H., Wilhelm, M., Wespi, C., Wildhirt, S. (Hg.) (2018): Kompetenzförderung mit Aufgabensets. Theorie – Konzept – Praxis. Bern: HEP Verlag.

Maier, U. (2012): Lehr-Lernprozesse in der Schule: Studium. Allgemeindidaktische Kategorien für die Analyse und Gestaltung von Unterricht. Bad Heilbrunn: Klinkhardt-UTB.

Maier, U., Kleinknecht, M., Metz, K., Bohl, T. (2010): Ein allgemeindidaktisches Kategoriensystem zur Analyse des kognitiven Potenzials von Aufgaben. In: Beiträge zur Lehrerbildung, Jg. 28, Nr. 1, S. 84-96.

McDonnell, L. M. (1995): Opportunity to learn as a research concept and a polity instrument. In: Educational Evaluation and Policy Analysis, Jg. 17, Nr. 3, S. 305-322.

Ministerium für Schule und Bildung des Landes Nordrhein-Westfalen (2014): Schulgesetz für das Land Nordrhein-Westfalen (Schulgesetz NRW - SchulG) Vom 15. Februar 2005 (GV. NRW. S. 102) zuletzt geändert durch Gesetz vom 6. Dezember 2016 (GV. NRW. S. 1052).

Mulder, R.H., Messmann, G., Gruber, H. (2009): Professionelle Entwicklung von Lehrenden als Verbindung von Professionalität und professionellem Handeln. In: Zlatkin-Troitschanskaia, O., Beck, K., Sembill, D., Nickolaus, R., Mulder, R. (Hg.): Lehrprofessionalität. Weinheim: Beltz. S. 401-409.

Neubrand, J. (2002): Eine Klassifikation mathematischer Aufgaben zur Analyse von Unterrichtssituationen: Selbsttätiges Arbeiten in Schuülerarbeitsphasen in den Stunden der TIMSS-Video-Studie. Hildesheim: Franzbecker.

Prenzel, M., Sälzer, C., Klieme, E., Köller, O. (Hg.) (2013): PISA 2012 Fortschritte und Herausforderungen in Deutschland. Münster: Waxmann.

Radtke, F.-O., Webers, H.-E. (1998): Schulpraktische Studien und Zentren für Lehramtsausbildung. Eine Lösung sucht ihr Problem. In: Die Deutsche Schule, Jg. 90, Nr. 1, S. 199-216.

Ralle, B., Prediger, S., Hammann, M., Rothgangel, M. (2014): Einleitung. In: Ralle, B., Prediger, S., Hammann, M., Rothgangel, M. (Hg.): Lernaufgaben entwickeln, bearbeiten und prüfen. Münster: Waxmann, S. 9-11.

Reinfried, S. (2016): Kompetenzorientierte Lernaufgaben – alter Wein in neuen Schläuchen?. In: Geographie aktuell & Schule, Jg. 38, Nr. 223, S. 4-14.

Reintjes, C., Bellenberg, G., im Brahm, G. (Hg.) (2018): Mentoring und Coaching als Beitrag zur Professionalisierung angehender Lehrpersonen. Münster: Waxmann.

Reintjes, C., Keller, S., Jünger, S., Düggeli, A. (2016): Aufgaben (in) der Ausbildung von Lehrerinnen und Lehrern. Theoretische Konzepte, Entwicklungs- und Forschungsperspektiven. In: Keller, S., Reintjes, C. (Hg.): Aufgaben als Schlüssel zur Kompetenz. Didaktische Herausforderungen, wissenschaftliche Zugänge und empirische Befunde. Münster: Waxmann. S. 429-447.

Reiss, K., Sälzer, C., Schiepe-Tiska, A., Klieme, E., Köller, O. (Hg.) (2016): PISA 2015. Eine Studie zwischen Kontinuität und Innovation. Münster: Waxmann.

Reusser, K. (2013): Aufgaben als Substrat der Lerngelegenheiten. In: Profi-L, Jg. 3, S. 4-6

Reusser, K. (2014): Aufgaben – Träger von Lerngelegenheiten und Lernprozessen im kompetenzorientierten Unterricht. In: Seminar, Jg. 4, S. 77-101.

Rott, D. (2017): Die Entwicklung der Handlungskompetenz von Lehramtsstudierenden in der individuellen Begabungsförderung. Forschendes Lernen aufgezeigt am Forder-Förder-Projekt Advanced. Münster: Waxmann.

Rott, D. (2018): Entwicklung der studentischen Handlungskompetenz. Individuelle Begabungsförderung in Praxisphasen. In: Krüger, A., Radisch, F., Willems, A., Häcker, T., Walm, M. (Hg.): Empirische Bildungsforschung im Kontext von Schule und Lehrer*innenbildung. Bad Heilbrunn: Klinkhardt, S. 209-222.

Scheerens, J., Bosker, R.J. (1997): The foundation of educational effectiveness. Oxford: Pergamon.

Schlömerkemper, J. (2006): Wie kultiviere ich die Bildung mit dem Standard? Zur Organisation kompetenz- und prozessintensiven Lernens. In: Die Deutsche Schule, Jg. 98, S. 264-269.

Seel, N. M. (1981): Lernaufgaben und Lernprozesse. Stuttgart: Kohlhammer.

Terhart, E., Bennewitz, H., Rothland, M. (Hg.) (2014): Handbuch der Forschung zum Lehrerberuf. Münster: Waxmann.

Thonhauser, J. (Hg.) (2008): Aufgaben als Katalysatoren von Lernprozessen: Eine zentrale Komponente organisierten Lehrens und Lernens aus der Sicht von Lernforschung, Allgemeiner Didaktik und Fachdidaktik. Münster: Waxmann.

Weinert, F. E. (1999): Die fünf Irrtümer. In: Psychologie heute, Jg. 6, S. 28-34.

Wendt, H., Willems, A.S., Tarelli, I., Euen, B., Bos, W. (2013): Ausreichend geförderte Talente? – Zu den deutschen Ergebnissen von leistungsstarken Viertklässlerinnen und Viertklässlern in IGLU 2011 und TIMSS 2011. In: Fischer, C. (Hg.): Schule und Unterricht adaptiv gestalten. Fördermöglichkeiten für benachteiligte Kinder und Jugendliche. Münster: Waxmann, S. 23-34.

Wildt, J. (1996): Reflexives Lernen - wissenschaftliches Wissen und Handlungswissen in einer reformierten Lehrerbildung. https://www.sowi-online.de/sites/default/files/wildt.pdf. Zugriff am 26.06.2018, S. 1-13.

Winkler, I. (2011): Aufgabenpräferenzen für den Literaturunterricht. Eine Erhebung unter Deutschlehrkräften. Wiesbaden: Verlag für Sozialwissenschaften.

Wilhelm, M., Luthiger, H., Wespi, C. (2014): Mit Aufgaben Kompetenzen und Vorstellungen erfassen. Ein Kategorienssytem und ein Prozessmodell als Hilfe zur Planung von Aufgaben. In: Unterricht Chemie, Jg. 149, S. 9-15.

Winter, F., Canonica, C. (2012): »Ich hätte nie gedacht, dass es so schwierig ist, eine wirklich offene Aufgabe zu stellen« – ein allgemeindidaktisches Seminar zum Thema Aufgaben. In: Keller, S., Bender, U. (Hg.): Aufgabenkulturen. Seelze: Kallmeyer, S. 244-265.

Judith Lagies

Inklusive Begabungsförderung innerhalb der Lehrer- und Lehrerinnenbildung

1 Professionalisierung von Lehrerinnen und Lehrern

Um Lehrerinnen und Lehrer auf ihren späteren Beruf vorzubereiten, gibt es verschiedene Modelle und Ausrichtungen, die jeweils eine optimale Ausbildung für sich beanspruchen. Inzwischen hat sich in den 16 Bundesländern in Deutschland durchgesetzt, dass ein erster Teil der Ausbildung in der Universität bzw. Pädagogischen Hochschule stattfindet, wobei die wissenschaftliche Komponente fokussiert wird, und ein zweiter Teil an einem Studienseminar in Kooperation mit einer Schule, wobei hier die praktische Seite im Vordergrund steht. Innerhalb einer dritten Phase gibt es dann Raum für (selbst initiierte) Fort- und Weiterbildungen (vgl. z.B. Terhart 2016). Die Professionalisierung einer Lehrkraft vollzieht sich also in mehreren Phasen und kann als berufsbiografische Entwicklungsaufgabe verstanden werden (vgl. Bonnet/Hericks 2014). Unabhängig davon, inwiefern sich nun eine Lehrkraft professionalisieren kann, können zentrale Themen für die Lehrer- und Lehrerinnenbildung aus aktuellen bildungspolitischen Diskussionen abgeleitet werden: Neben der Inklusion sind auch Fragen in Bezug auf (mehr) Bildungsgerechtigkeit zu klären (z.B. United Nation 2006; Giesinger 2007; OECD 2016). Als Querverbindung zu diesen beiden Themen kann Begabungsförderung gedacht werden (z.B. Solzbacher/Behrensen 2015). Durch einen weiten Inklusionsbegriff, der darauf abzielt, jedes Kind bzw. jeden Jugendlichen unabhängig seiner bzw. ihrer Lernvoraussetzungen zu fördern und zu fordern und damit ebenfalls die Prämissen von einem gerechten Bildungszugang zu erfüllen, soll jedem Kind und jedem Jugendlichen nach dem Prinzip der individuellen Förderung die Möglichkeit gegeben werden, eigene Potenziale sichtbar zu machen und in Leistung zu überführen. Eine inklusive Begabungsförderung ist also unbedingt vereinbar mit den Standards für Lehrerinnen und Lehrer, die neben unterrichten, erziehen, beraten, bewerten, evaluieren, kooperieren und innovieren (vgl. KMK 2004) eben auch die Persönlichkeitsentwicklung im Blick haben sollen.

© Springer Fachmedien Wiesbaden GmbH, ein Teil von Springer Nature 2019
C. Kiso und J. Lagies (Hrsg.), *Begabungsgerechtigkeit*,
https://doi.org/10.1007/978-3-658-23274-0_10

Durch diesen Anspruch lassen sich sicherlich Modulstrukturen innerhalb der Lehrer- und Lehrerinnenbildung auf der Meso-Ebene[1] der Einzel-Universität erkennen, die genau diese Themen bedienen möchten. Dieser Beitrag möchte nun fokussieren, wie bereits auf der Mikro-Ebene eine inklusive Begabungsförderung praktiziert, das Problem des Form-Inhalts-Anspruches also gelöst wird: Wenn die Lehrer- und Lehrerinnenbildung angehende Lehrerinnen und Lehrer dahingehend ausbilden möchte, später eine inklusive Begabungsförderung im Unterricht zu praktizieren, dann sollte es auf der Ausbildungsebene ebenfalls schon praktiziert werden, damit durch das Vorbild-Lernen die Studierenden bestmöglich vorbereitet werden. Daher folgt zunächst ein Verständnis einer inklusiven Begabungsförderung, um darauf aufbauend einzelne Schritte für die Universität ableiten bzw. bewerten zu können.

2 Inklusive Begabungsförderung

Für diesen Artikel wird das Verständnis einer inklusiven Begabungsförderung nach Solzbacher und Behrensen (2015: 14f.) grundgelegt:

>»Inklusive Begabungsförderung bedeutet, Heranwachsende in ihren individuellen Fähigkeiten unter Berücksichtigung ihrer Lebenssituation und ihrer biografischen Erfahrungen, ihren spezifischen Lernvoraussetzungen, (Lern-)bedürfnissen, (Lern-)wegen, (Lern-)zielen und (Lern-)möglichkeiten zu fördern und hierfür angemessene Bedingungen zu schaffen. Basierend auf einem breiten und dynamischen Begabungsverständnis sowie einer pädagogischen Diagnostik, die sich aus dem Beobachten der Lebens-, Lern-und Entwicklungsbedürfnisse des Einzelnen speist, geht inklusive Begabungsförderung von der Begabung eines jeden Kindes aus, für deren Entfaltung unterschiedliche Bedingungen erfüllt sein müssen. Zu diesen Bedingungen gehören – in sehr unterschiedlichem Maße – auch Assistenz und Unterstützung bei Kommunikation oder Kooperation. Inklusive Begabungsförderung verbindet daher einen individuellen Fokus, im Sinne der Verschiedenheit von Begabungen und Bedürfnissen, mit einem gemeinschaftsorientierten Fokus, im Sinne einer grundsätzlichen Angewiesenheit von Menschen aufeinander. In der Praxis verlangt inklusive Begabungsförderung mehrdimensionales Denken, damit didaktische Umsetzungen gelingen. Im Rahmen einer noch nicht inklusiven Gesellschaft und Schullandschaft ist inklusive Begabungsförderung als eine grundlegende Haltung zu verstehen.«

Als Grundpfeiler einer gelingenden inklusiven Begabungsförderung schlagen sie die Selbstkompetenzförderung, Ressourcenorientierung, individuelle Förderung sowie eine pädagogische Haltung vor. Dabei

---

[1]   Im schultheoretischen Diskurs unterscheidet Fend (2008) in seinem Mehrebenenmodell drei Strukturen: die Mikro-Ebene (z.B. unterrichtsbezogen), Meso-Ebene (z.B. Einzelschule) und Makro-Ebene (z.B. Bildungssystem).

gehen sie davon aus, dass jedes Kind begabt ist. Im Folgenden werden diese vier Grundpfeiler kurz vorgestellt und dann auf die praktizierende Mikro-Ebene innerhalb der Universität bezogen. Bei diesem Vorgehen steht ein explorativer Charakter im Vordergrund, weshalb keine Aussagen aufgrund empirischer Ergebnisse getroffen werden (können). Die Erfahrungen basieren entweder auf eigenen Erlebnissen an der Universität Osnabrück oder auf Ergebnissen aus dem wissenschaftlichen Diskurs – das ist dann kenntlich gemacht. Bevor es allerdings um diese Grundpfeiler geht, sollte ein Herangehen an das (eigene) Begabungsverständnis von (angehenden) Lehrkräften ebenfalls thematisiert werden.

2.1 Begabungsverständnis

Damit Lehrkräfte den wesentlichen Punkt des Diagnostizierens und Beobachtens von Begabungen überhaupt leisten können (z.B. Solzbacher/Heinbokel 2014), wäre eine Auseinandersetzung des eigenen Begabungsverständnisses eine gute Voraussetzung. Der Schulpädagoge Helsper (2018) fordert insgesamt in der Lehrer- und Lehrerinnenbildung ein selbstreflexives biografisches Arbeiten am eigenen als auch ein kasuistisch-rekonstruktives Arbeiten am fremden Fall (vgl. Helsper 2018: 132ff.), damit sich eine Lehrkraft professionalisieren kann. Eine Möglichkeit wäre die Annäherung an das Begabungsverständnis von angehenden Lehrerinnen und Lehrern durch das Bearbeiten von Vignetten. Vignetten sind konstruierte Geschichten, die Fallbeispiele thematisieren. Eine Stellungnahme zu diesen Geschichten kann das Begabungsverständnis offen legen (vgl. Schratz/Schwarz/Westfall-Greiter 2012). Hier gilt also der Zugang des Thematisierens von fremden Fällen: durch die Auseinandersetzung mit Fallgeschichten anderer können eigene Begabungsverständnisse abgeleitet und reflektiert werden. Durch ein Bewusstmachen eigener Verständnisse können dann Diagnostik und Förderung abgeleitet werden. Da es allerdings manchmal schwierig ist, unbewusste Verständnisse zu explizieren und offen zu legen, eignet sich neben den Vignetten als Zugang beispielsweise dafür auch das Zürcher-Ressourcen-Modell (ZRM) nach Frank Krause und Maja Storck (z.B. 2016). Durch ausgewählte Bildkarten sollen Assoziationen und somatische Marker helfen, intuitiv gewählte Motive erklärbar zu machen: welches Begabungsverständnis könnte hinter der selbst gewählten Karte mit

Bildmotiv liegen? Durch das Nutzen von »Fremdhirnen« sollen verschiedene Lesarten produziert und schließlich auf die eigene Vorstellung übertragen werden. Ein tieferliegendes Verständnis kann so offen gelegt werden (vorausgesetzt, alle lassen sich auf dieses »Spiel« ein). Ein reflektierter Zugang kann somit schon einmal grundgelegt werden: Welche Verständnisse werden welche Förderungen überhaupt zulassen und welche behindern diese? Durch Perspektivwechsel und Austausch kann hier eine erste Ebene der Reflexion erreicht werden, die eben unabdingbar ist, um später in einem zukunftsunsicheren und komplexen Feld arbeiten und eben überhaupt Begabungsverständnisse der eigenen Schülerinnen und Schüler erkennen zu können. Neben diesem intuitiven Zugang kann auch ein (kognitives) Durchkonjugieren eines Trilemmas (Empowerment, Normalisierung und Dekonstruktion) mit Boger in diesem Band dazu führen, sich bewusst zu werden, in welcher Narration man sich selbst verortet. Diese Verortung hilft dabei, Diagnostik und Förderung abzuleiten und dabei kongruent zu handeln.

2.2 Selbstkompetenzförderung

Als zentralen Baustein für eine inklusive Begabungsförderung sehen Solzbacher und Behrensen die Selbstkompetenzförderung. Sie verstehen diese als die Affektregulation von Gefühlen und Emotionen, um schließlich das eigene Potenzial in Leistung überführen zu können (Solzbacher/Behrensen 2015: 16f.; vgl. auch Heller/Perleth/Hany 1994). Sie lassen sich mit Künne und Sauerhering (2012) in Einzelkomponenten gliedern, auch bezeichnet als »Haus der Selbstkompetenz«: Das Urvertrauen in sich und die Welt, der Selbstausdruck sowie die Selbstwahrnehmung, die ganzheitliche Aufnahme von Rückmeldungen, die Selbstmotivierung und Selbstberuhigung und schließlich die integrative Kompetenz, um Widersprüche aushalten zu können. Wenn das also Schlüsselerlebnisse für die Selbstkompetenzförderung sind, um Kinder bei der Begabungsförderung zu unterstützen, sollten angehende Lehrerinnen und Lehrer selbst Selbstkompetenzförderung genießen. Mit Sauerhering und Doll (2014) wird auch vorausgesetzt, dass Lehrkräfte selbst selbstkompetent sein müssen, um Schülerinnen und Schüler in ihrer Selbstkompetenz fördern zu können. Wie aber kann die Selbstkompetenzförderung an der Universität gelingen, wenn dieser doch eine hohe Anonymität als Masseninstitution vorgeworfen wird (z.B. Sloane/Fuge 2012)? Beispielsweise kann es dadurch gelingen, dass die Studierende durch Wertschätzung und Anerkennung merken: »Ich bin gemeint!«[2] (Solzbacher/Behrensen 2014). Für die Begabungsförderung innerhalb des Schulkontextes kann diese Botschaft auch innerhalb eines Klassenverbandes transportiert werden, indem die Pädagogen und Pädagoginnen beziehungssensibel agieren (vgl. Graf 2012; Solzbacher et al. 2012). Dafür braucht es neben Wertschätzung, Respekt und Wärme (vgl. Tausch/Tausch 1973) eine anregende Lernumgebung und eine ressourcenorientierte Feedbackkultur (siehe unten). Wie aber kann das innerhalb der Universität nun umgesetzt werden? Beziehungssensibilität kann nicht nur in Seminaren wirken (weniger vielleicht in Vorlesungen, aber auch dort möglich/machbar), sondern eben auch in sensiblen Betreuungssituationen während (der Phasen von) Abschlussarbeiten (vgl. Kiarang 2018). Ein sich Zeit-Nehmen, vorbereitet sein und auch ein Besprechen des Arbeitsprozesses können unterstützend wirken, wenn Einzelkomponenten wie Selbstberuhigung oder Selbstmotivierung nicht von selbst praktiziert werden können, weil beispielsweise der Selbstzugang verstellt ist (vgl. Künne/Kuhl 2014). Das Thematisieren von Selbstkompetenzförderung auf einer kognitiven und theoretischen Ebene kann ein erster Türöffner sein, um Selbstkompetenzförderung bei Studierenden zu initiieren. Allerdings bedarf es dann auch initiierter Erfahrungsräume, die Reflexionsprozesse in Gang setzen. Beispielsweise können hier Übungen zur Stressbewältigung durchgeführt werden (eiförmigen Flummi im Kreis werfen: siehe hierzu Kruse-Heine 2015), um dann in einem reflexiven Prozess eigene Selbstkompetenzen bewusst wahrzunehmen und gegebenenfalls weiter ausbauen zu können. Beispielsweise Helsper (2018) warnt allerdings: Methoden, die sich an therapeutische Praxen annähern, können nicht verpflichtend für die Lehrer- und Lehrerinnenbildung etabliert werden. Freiwilligkeit ist zentrale Voraussetzung für solche Übungen. Wenn Studierende sich nicht mit sich selbst in diesem Bezug auseinandersetzen wollen, wären hier das Durchkonjugieren fremder Fälle (Kasuistik) in Bezug auf vorhandene und auszubauende Selbstkompetenzen eine mög-

---

[2] Beispielsweise können über ein webbasiertes E-Tutorium Aufgaben und Reflexionsfragen durch die Studierenden bearbeitet werden, die durch Lehrende kommentiert werden. So kann direkt das Gefühl entstehen: »Ich bin gemeint«. Neben fachlichen Dimensionen können hier auch persönlichkeitsbetreffende Entwicklungen forciert werden.

liche und handhabbare Lösung[3]. Das explizit für die Lehrerinnen- und Lehrerbildung entwickelte Modell »WERT« nach Kuhl, Solzbacher und Zimmer (2016) fokussiert die Förderung von Selbstkompetenzen von angehenden Lehrerinnen und Lehrern. Dabei spielen die Komponenten Wissen, Erleben, Reflexion und Transfer entscheidende Rollen. Durch einen individuellen Zugang über verschiedene Bausteine soll ein mehrperspektivisches Auseinandersetzen, wie beispielsweise ein psychomotorischer Zugang, gewährleistet sein.

2.3 Ressourcenorientierung

Innerhalb der inklusiven Begabungsförderung hat sich ein Paradigmenwechsel etabliert: nicht mehr die Schwächen und Defizite der Kinder und Jugendlichen stehen im Mittelpunkt, sondern deren Begabungen und Ressourcen. Davon ausgehend kann eine inklusive Begabungsförderung ansetzen. Ressourcen gehen auf den Ansatz der Salutogenese (Gesunderhaltung) nach Antonovsky (1997) zurück und können in personale und umweltbedingte Ressourcen unterschieden werden. Die Schulpädagoginnen Kiso und Lotze (2014: 140) haben für den Bereich Schule die Verwendbarkeit und den Nutzen von Ressourcen herausgearbeitet und sehen einen Konsens darin, »dass:

- Ressourcen als etwas Positives gesehen werden,
- es sich bei Ressourcen um Aspekte, Hilfsmittel oder Möglichkeiten handelt, die einem Menschen zur Bewältigung von Lebenssituationen zur Verfügung stehen,
- jedem Menschen Ressourcen zur Verfügung stehen, die mehr oder weniger aktiviert sind,
- eine Aktivierung von Ressourcen erlernt werden kann,
- Ressourcen von Mensch zu Mensch unterschiedlich ausfallen können und auch die Situation Entscheidungsträger bei dem ist, ob eine Fähigkeit sich als Ressource herausstellt,
- es personale und Umweltressourcen gibt, Ressourcen folglich nicht nur im Menschen vorhanden sind, sondern auch aus seinem direkten Umfeld kommen können,

---

[3]   Für Theoriebezüge siehe auch Solzbacher in diesem Band.

- Ressourcen zur Unterstützung der Weiterentwicklung und/oder zur Kompensation von Defiziten genutzt werden können, und dass Ressourcen zur Resilienz beitragen können.«

Strukturell könnten Begabungen und Interessen der Studierende innerhalb der Universität schon durch die Fächerwahl im Lehramtsstudium abgebildet werden. Allerdings stellen hier teilweise Zugangsbeschränkungen Barrieren dar, sodass nicht jede Studierende und jeder Studierender ihren bzw. seinen Begabungen entsprechend sich weiter ausbilden kann. Bei diesem Denkmodell liegt auch eine begabungsspezifische Tradition zugrunde, da sonst nicht davon ausgegangen werden kann, dass Begabungen in einzelnen Bereichen und unabhängig voneinander entfaltet werden können (z.b. Heller/Perleth/Hany 1994; Gardner 1985). Wie können nun aber persönliche Begabungen und Ressourcen in der Universität genutzt werden? Es kann nicht erwartet werden, dass die Studierenden von sich aus einen reflektierten Umgang mit eigenen Ressourcen von Anfang an können, sondern dies erlernen (müssen). Übungen wie das Ressourcen-ABC oder das Nutzen eines Ressourcenbaumes (Kiso/Lotze/Behrensen 2014) oder einer Biografiearbeit (Graalmann 2016) sowie das Einsetzen von Story-Telling (z.B. Duss 2016) können dabei unterstützend wirken, dass die Studierende sich ihrer eigenen Ressourcen bewusst werden und reflektieren, bei welchen möglichen (Krisen-) Situationen (z.B. Helsper 2016; Oevermann 1996) diese konstruktiv und produktiv eingesetzt werden können. Insgesamt zeigt es, dass persönlich gestaltete Beziehungen unabdingbar sind, damit Studierende sich selbst näher kommen, um letztendlich professionell[4] handeln zu können (für einen engeren Bezug zwischen Ressourcen und Begabungsförderung siehe Kiso in diesem Band). Denkt man das Phänomen des Underachievements (siehe Greiten in diesem Band) aus der Perspektive der Ressourcenorientierung, könnte ein Überwinden von Underachievement angedacht werden: versuchen Lehrkräfte die Ressourcen eines jeden Kindes zu mobilisieren, damit die Begabungen in Leistungen überführt werden, könnten individuelle Bedürfnisse angenommen werden. Dann gibt es auch nicht mehr das Phänomen des Underachievements (siehe hierzu auch Boger in diesem Band).

---

[4] Für eine weitere Ausdifferenzierung des Professionalitäts-Begriffs siehe beispielsweise Herzmann/König 2016.

2.4 Individuelle Förderung

Wenn in einem weiten Inklusionsbegriff gedacht wird, dass jeder Mensch unabhängig verschiedener Heterogenitätsdimensionen seinem Potenzial entsprechend gefördert und gefordert wird, dann ist die schulbezogene Konsequenz das Konzept der individuellen Förderung als Antwort auf die bildungspolitische Rahmung zu verstehen. Solzbacher und Behrensen verstehen unter individueller Förderung:

> »alle pädagogischen Handlungen, die mit der Intention erfolgen, die Begabungsentwicklung und das Lernen jedes einzelnen Kindes zu unterstützen, unter Aufdeckung und Berücksichtigung seines je spezifischen Potenzials, seiner je spezifischen (Lern-) Voraussetzungen, (Lern-)Bedürfnisse, (Lern-)Wege, (Lern-)Ziele und (Lern-)Möglichkeiten (Behrensen/Solzbacher 2012, S. 5). Bei individueller Förderung geht es also darum, jedem Einzelnen bei der Ausgestaltung von Bildungsangeboten gerecht zu werden (Bräu/Schwerdt 2005; Boller et al. 2007)« (Solzbacher/Behrensen 2015: 15).

Hier wird individuelle Förderung also nicht auf einer engen, didaktischen Ebene der Binnendifferenzierung in Form von verschiedenen Materialien gedacht, sondern als grundsätzliche Haltung. Wenn individuelle Förderung also als Grundhaltung basal ist, damit eine inklusive Begabungsförderung gelingen kann, wie kann sich diese im Universitätskontext wiederfinden? Studierende müssen gleiche Prüfungs- und Studienleistungen erfüllen, haben einen Rahmen, was die Regelstudienzeit betrifft und haben mehr oder weniger Wahlfreiheit bei der Belegung der Kurse. Wo kann bei diesem doch eher standardisierten System eine individuelle Förderung als Haltung greifen? Die Studierendenschaft ist sehr heterogen – wie können Lehrende diesen unterschiedlichen Voraussetzungen begegnen? Wie kann jede bzw. jeder Einzelne abgeholt werden? Eine Vorlesung folgt in der Regel einem straffen und regulierten Zeit- und Themenplan – hier können höchstens Empfehlungen zu Literatur ausgesprochen werden, damit fachlich eine ähnliche Ausgangslage vorausgesetzt werden könnte. Die Besonderheit von Lehramtsstudiengängen ist auch die strukturelle Heterogenität: Kurse und Vorlesungen können (vor allem) in den bildungswissenschaftlichen/pädagogischen/psychologischen Bereichen von allen besucht werden. Die Grundzüge von Begabungsförderung sind neben Fundamentum und Additum (Leißing/Dirkers 2015) das »Enrichment« und die »Akzeleration« (Heinbokel 2008); diese spielen also nur peripher eine Rolle. Die Kombination von Enrichment und Akzeleration wird für die Schule als Kombination für passgenaue und individuelle Bedürfnisse propagiert. Für die Universität ist diese individuelle Kombination nicht eindeutig erkennbar. Die Vertiefung zusätzlicher oder/und weiterer Inhalte können Studierende durch den freiwilligen und interessengeleiteten Besuch von Veranstaltungen selbstständig und auf eigene Kosten anstreben. Das Beschleunigen der Laufbahn kann ebenfalls durch persönlichen Einsatz initiiert werden. Das schnellere Studieren als in Regelstudienzeit wurde beispielsweise durch das BAföG-Amt durch Teilerlassmöglichkeiten (Dauer oder Leistung) bis 2012 honoriert[5]. Im 2007 gegründeten Studienkolleg wurden das erste Mal Lehramtsstudierende in den Blick von Begabtenförderungswerken genommen. Zeichnen sich Studierende innerhalb des Lehramts besonders aus und fallen (zufällig) den Bezugsprofessoren und -professorinnen auf, können diese an Kurse weiter vermittelt werden. Neben einer finanziellen steht vor allem eine ideelle Förderung im Zentrum; neben fachlichem Input stehen Vernetzungsangebote untereinander in Form von Werkstätten und Akademien auf der Agenda (vgl. Gleibs 2017). Um diese Strukturen besser nutzen zu können, sollten Informationen an Lehrende innerhalb der Universität kontinuierlich kommuniziert werden, damit sich so eine Kultur der Stiftungen und Werke überhaupt etablieren kann. Hier sei angemerkt, dass sich darüber ausgetauscht werden müsse, was denn genau Begabungen von Lehrerinnen und Lehrern auszeichnet: wer wird überhaupt vorgeschlagen? Nach welchem Kriterienkatalog kann eine Selbst- oder Fremdnominierung vorgenommen werden? Die Stiftung der Deutschen Wirtschaft (sdw) fokussiert beispielsweise vor allem angehende Führungspositionen. Hier sollen »begabte Studierende« auf mögliche Leitungs- und Führungsaufgaben vorbereitet werden, damit beispielsweise das Amt der Schulleitung attraktiv (bleibt) und von kompetenten Personen angestrebt werden soll (vgl. Gleibs 2017).

2.5 Wertschätzung und Reflexion als professionelle Haltung

»Inklusive Begabungsförderung baut auf einer wertschätzenden Haltung auf, die von der Anerkennung der Einzigartigkeit eines jeden Menschen ausgeht. Dies bildet nicht nur die Grundlage für die Entwicklung individueller Begabungen unter Berücksichtigung der individuellen Widerstände und Benachteiligungen, sondern auch für das Lernen, das immer in Gemeinschaft stattfindet (Muños 2012, S. 34) und immer auf die Verschiedenheit angewiesen ist (Eichholz 2013, S. 87). Dabei ist die Anerkennung von Begabungen als ein wichtiger Aspekt für die Aner-

---

[5]   https://www.bafoeg-rechner.de/FAQ/teilerlass-bafoeg.php (Zugriff am 13.05.2018).

kennung des Kindes als Person in seiner Besonderheit zu verstehen. Diese Anerkennung ist ein zentraler Baustein, um das Kind in seiner Entwicklung zu unterstützen. Dies wirkt sich wiederum auf die Begabungsentfaltung aus« (Solzbacher/Behrensen 2015, S. 19).

Solzbacher und Behrensen sprechen sich für einen Paradigmenwechsel aus, dass oben genannte Konzepte wie Selbstkompetenzförderung, Ressourcenorientierung und individuelle Förderung sich in einer wertschätzenden und professionellen Haltung niederschlagen, wenn es darum geht, Begabungen in inklusiven Settings zu entfalten. Noch ist die Universität insbesondere hinsichtlich Lehrer- und Lehrerinnenbildung kein inklusiver Ort (vgl. Hollen in Vorbereitung), dennoch könnte aufseiten der Lehrenden eine wertschätzende und begabungsfördernde Haltung gegenüber den Lernenden praktiziert werden, um mögliche Begabungen bei ihnen wahrzunehmen, anzuerkennen und zu entfalten. Hier wäre allerdings die Frage, was denn spezifische Begabungen bei angehenden Lehrern und Lehrerinnen sein könnten? Es gibt spezifische Modelle von beispielsweise einer mathematischen Begabung (z.b. Käpnick 1998) oder einer Sprachbegabung (z.b. Giesecke 2012), nicht aber explizit für angehende Lehrkräfte. Abgesehen davon erstreckt sich die Diskussion über die Professionalisierung von Lehrkräften auf ein breites Kontinuum (von Blömeke/Kaiser/Lehmann 2010 über Baumert/Kunter 2006, Bonnet/ Hericks 2014, Terhart 2016, Herzmann/König 2016 hin zu Helsper 2018). Krauss et al. (2008) schlagen beispielsweise »die Expertenlehrkraft« vor: »[sie] verfügt über viel fachdidaktisches Wissen und viel Fachwissen, sie hat eine konstruktivistische Sichtweise von Lernen und berichtet von angemessener Disziplin in der eigenen Klasse. [...] Sie vertritt ebenfalls nicht die Auffassung, dass Schüler jederzeit kleinschrittig angeleitet werden müssen« (Krauss et al. 2008 S. 247). Hier lässt sich eine Ausbildung in fachwissenschaftlichen und fachdidaktischen Anteilen ausmachen, aber auch in pädagogisch-psychologischen Anteilen. Eine Lehrkraft, die in allen Bereichen des Studiums sehr gute Leistungen in Form von Noten zeigt, als ›besonders begabt‹ zu bezeichnen, wäre zu kurz gedacht. Die besonderen Herausforderungen einer Lehrkraft, in ungewissen Situationen handeln zu können, werden damit beispielsweise noch nicht abgedeckt.

Wie aber können Lehrende an der Universität eine wertschätzende Haltung praktizieren? Wenn wie bei der Selbstkompetenzförderung davon ausgegangen werden kann, dass Pädagogen und Pädagoginnen bei Lernenden Selbstkompetenz fördern, indem sie selbst selbstkompetent sind (vgl. Sauerhering/Doll 2014), müssten die Lehrenden bei ihren Selbstkompetenzen ansetzen und diese ausbilden. Denn ein selbstkompetenter Zugang zu sich selbst und seinem Handeln bilden ein gewisses Rückgrat für eine Haltung, die Widersprüche aushält und Handeln in ungewissen Kontexten ermöglicht (vgl. Kuhl/Schwer/Solzbacher 2014). Für eine inklusive Begabungsförderung ist es also unabdingbar, eine wertschätzende Haltung innezuhaben. Sie zeigt sich demnach in einem Grundverständnis den Studierenden gegenüber und weniger in konkreten und spezifischen Lernsettings. Geht man davon aus, dass jeder bzw. jede Studierende begabt sein kann, bleibt die Frage, wer zuständig ist, sich in dem großen Apparat einer Universität verantwortlich zu fühlen. Beispielsweise haben Trumpa und Janz (2014) in Bezug auf den Inklusionsprozess an Schulen herausgearbeitet, dass Lehrer und Lehrerinnen darauf warten, dass die bildungspolitische Ebene tätig wird, damit Inklusion gelingen kann, und das Ministerium darauf wartet, dass Lehrerkräfte Bereitschaft zeigen und auf der Mikroebene beginnen, Inklusion als Einstellung zu betreiben. Wenn das auf die Universität und die Etablierung einer inklusiven Begabungsförderung übertragen wird, bleibt die Frage offen, ob ähnliche Verantwortungszuschreibungen vorgenommen werden (siehe hierzu auch Solzbacher in diesem Band) und dadurch ein Ausbleiben möglicher solcher Prozesse (leider) garantiert ist.

2.6 Ausblick: Bezug Bildungsgerechtigkeit

Wenn mit Graalmann (in diesem Band) davon ausgegangen wird, dass Begabung intersektional als Heterogenitätsdimension angelegt wird, um den Anspruch von Bildungsgerechtigkeit zu erfüllen, wie sieht das dann im Kontext von Universität aus? Werden bei Bewertungen von Studierenden-Leistungen verschiedene Heterogenitätsdimensionen intersektional miteinbezogen, damit Benachteiligungen nicht entstehen können? Oder werden auch hier beispielsweise nur Aufgaben produziert (siehe Reintjes in diesem Band), die von einer bestimmten Studierendengruppe bearbeitet werden können? Und was bedeutet das dann für die Begabungsförderung? Wird an Universitäten, insbesondere in der Lehrer- und Lehrerinnenbildung, nur ein Prototyp begünstigt, der dann letztendlich im Lehrerinnen- und Lehrerberuf landet? Wie kann es gelingen, unterschiedlichen Begabungspotenzialen im Raum Universität zu begegnen und dabei keine Gruppe zu benachteiligen (Frauen/Männer; keine/eine Migrationsgeschichte; gesund/behindert etc.). Es müssen also auch hier Reflexionsprozesse angestoßen werden: welches Begabungsverständnis haben die Lehrenden an der Universität? Welche Fördermaßnahmen leiten sie daraus ab? Wie sind diese Reflexionsräume mit den Rahmenbedingungen von Forschung und Lehre vereinbar? In welchen Räumen können diese Reflexionsprozesse stattfinden? Im Rahmen von Hochschuldidaktik? Oder in fachgruppenspezifischen Workshops, in denen Übungen und Fragestellungen bearbeitet werden? Und inwiefern muss an dieser Stelle eine Freiwilligkeit erwartet werden oder können/müssen diese reflexiven Erfahrungsräume doch strukturell verankert werden? Es gilt, diese spannenden Fragen vielleicht auch mal empirisch einzufangen, um dann Antworten forschungsbasiert ableiten zu können.

3 Mentoring

Auf der theoretischen Ebene klingen die verschiedenen Grundpfeiler kongruent und in sich stimmig. Aber auch hier ist die Frage der konkreten Umsetzung gefordert. Die Ansprüche, die oben aufgezählte Punkte implizieren, stellen ein hohes Maß an individueller Betreuung und Kontinuität dar. Allerdings können solche individuellen Entscheidungen für angehende Lehrerinnen und Lehrer nur eingeschätzt werden, wenn Lehrende ihre Lernenden kennen und den Entwicklungsprozess begleitend beobachten können, um sich überhaupt Urteile erlauben zu dürfen. Bei punktuellen Begegnungen im Studium ist das nicht leistbar. Die Struktur von vielen verschiedenen Kursen, Veranstaltungen und somit wechselnden Dozierenden (befristete Verträge vor allem im Mittelbau bestärken diesen Prozess) lässt das in der Regel also nicht zu, dass Studierende des Lehramts »informelle Mentoren und Mentorinnen« bekommen, die genau solche Perspektiven einschätzen und überhaupt aufzeigen können. Mentoring-Programme bieten genau solche Erfahrungsräume: In vielen Universitäten werden Mentoring-Programme mit unterschiedlichsten Zielgruppen und Bedürfnissen angeboten. An dieser Stelle können sich Studierende in der Regel selbst abermals aufbauend auf den Prinzipien der Freiwilligkeit und Interessen Mentoring-Programme suchen. Verpflichtend und fest etabliert in der Lehrer- und Lehrerinnenbildung sind Mentoring-Programme noch nicht (siehe für eine entsprechende Empfeh-

lung: Graalmann/Lagies 2017). Inwiefern Mentoring-Programme innerhalb einer individuellen Förderung für die Begabungsentwicklung und
Potenzialentfaltung von angehenden Lehrerinnen und Lehrern sinnvoll
sind, können evtl. mit den oben aufgemachten Kategorien Selbstkompetenzförderung, Ressourcenorientierung und einer wertschätzenden Haltung abgeleitet werden: durch beispielsweise das Mentoring-Programm
»Balu und Du«[6] können diese Kategorien abgedeckt werden: Schlüssel-
dimensionen sind hierbei die ressourcenorientierte Feedbackkultur in
einem Online-Tagebuch-Tool, die nah am Studierenden Reflexionsebe-
nen und -räume eröffnen und so bestimmte Prozesse initiieren kann.
Selbstkompetenz kann bei den Studierenden durch das Besprechen von
Handlungssituationen im Mentorat in Begleitseminaren reflexiv ausgebildet und bearbeitet werden. Die aufwendige und qualitätsabgesicherte
Arbeit in dem Programm passen auf die individuellen Bedürfnisse der
Mentoren und Mentorinnen, indem die Koordinatorinnen und Koordina-
toren mit einer wertschätzenden und anerkennenden Haltung den Studierenden begegnen. Das Ernstnehmen der Studierenden, das Begegnen
auf Augenhöhe sowie das Abholen der Studierenden auf der Stufe, auf
der sie stehen, begünstigt die Ressourcenorientierung, Selbstkompetenzförderung und einer individuellen Förderung. Die Studierenden können
u.a. auch aus dem Lehramt kommen – allerdings liegt hier auch ein anderer Personalschlüssel zugrunde (ca. im Durchschnitt: 1:15 statt 1:40 oder
1:200). Es ist eine immer wieder aufkommende Konsensfrage: Worin
wird investiert? Es zeigt sich, dass das Thema der inklusiven Begabungsförderung innerhalb des Kontextes Universität schwierig einzufangen ist,
da sich besonders hier die Antinomie zwischen Förderung und Selektion
zeigt. Neben dem Programm Balu und Du zeigt sich auch im Osnabrü-
cker Mentoring-Programm »HoPe – Hochschulperspektiven für alle«[7] für
angehende Lehrerinnen und Lehrer in Bezug auf den Hochschulüber-

---

[6] »Das bundesweite Mentorenprogramm Balu und Du fördert Grundschulkinder im
außerschulischen Bereich. Junge, engagierte Leute übernehmen ehrenamtlich mindestens ein Jahr lang eine individuelle Patenschaft für ein Kind. Sie helfen ihm durch
persönliche Zugewandtheit und aktive Freizeitgestaltung, sich in unserer Gesellschaft zu entwickeln und zu lernen, wie man die Herausforderungen des Alltags erfolgreich meistern kann.« (www.balu-und-du.de. Zugriff am 13.05.2018).

[7] »HoPe ist ein umfassendes Mentoringprogramm für studieninteressierte SchülerInnen
(Baustein 1) sowie für Studierende in der Eingangsphase (Baustein 2). Ein besonderer
Fokus liegt hierbei auf der Unterstützung von *First Generation Students* aus nicht-
akademischen Familien und mit Migrationsgeschichte.« (www.hope.uni-osnabrueck.
de. Zugriff am 13.05.2018).

gang oben aufgemachte Kategorien. Neben einer Selbstkompetenzförderung durch die Unterstützung von Mentees in Bezug auf die Studienwahlentscheidung können sie ihren Mentees durch eine Ressourcenorientierung begegnen und ihnen dadurch Orientierung und Halt geben. Das impliziert auch eine wertschätzende Haltung, die den Studierenden im Seminar entgegengebracht wird. Durch die persönlich gesetzte inhaltliche Schwerpunktsetzung kann an dieser Stelle auch eine individuelle Förderung ansetzen (Grunau/Buse 2017).

Mentoring-Programme unterschiedlichster Art bieten eine niedrigschwellige Angriffsfläche, um oben aufgezeigte Pfeiler einer inklusiven Begabungsförderung an der Universität bereits entstehen zu lassen. Inwiefern das strukturell verankert werden kann, bedarf sicherlich Entscheidungen auf der Meso- bzw. wenn nicht sogar auf der Makro-Ebene innerhalb der Hochschule. Allerdings können Lehrende bereits auf der Mikro-Ebene tätig werden und mit ein wenig Engagement Mentoring-Programme fundiert initiieren.

4 Fazit

In diesem Artikel wurde aufgezeigt, inwiefern eine inklusive Begabungsförderung an der Universität praktiziert werden könnte, damit angehende Lehrerinnen und Lehrer schon in ihrer Ausbildung selbstkompetente, ressourcenorientierte und wertschätzende Prozesse erfahren, um sie später selbst anwenden zu können. Die Annahme, dass das besser gelingt, wenn sich nicht nur theoretisch über die inklusive Begabungsförderung auseinandergesetzt wird, sondern eben auch praktisch, kann an dieser Stelle nur vermutet werden. Der Überwindung von einer Diskrepanz zwischen Form und Inhalt wäre damit allerdings ein Schritt nähergekommen. Es zeigt sich, dass eine Habitussensibilität (Helsper 2018) nicht nur für Lernende an der Universität gelten sollte, sondern auch (und vor allem) aufseiten der Lehrenden. Allerdings sei auch noch einmal darauf hingewiesen, dass neben dieser reflexiven und persönlichkeitsanstrebenden Praxis weiterhin eine theoretisch fundierte Auseinandersetzung mit Inhalten aus dem Studium unabdingbar ist. Hier soll diesem Aspekt keine Wertigkeit abgesprochen werden. Weiter müsste auch die Frage thematisiert werden, ob es überhaupt anzustreben ist, innerhalb der Lehrer- und Lehrerinnenbildung gleiche Formate anzuvisieren: müssen überhaupt in Schule und Hochschule gleiche Strukturen gelten? Oder muss die Universität aufgrund der Zielgruppe von Erwachsenen statt Kindern und Jugendlichen anders ausbilden als die Schule später ihre Schülerinnen und Schüler? Damit eine inklusive Begabungsförderung bereits an der Universität gelingen kann und derzeitige Lernende später zu Lehrenden werden, die eine inklusive Begabungsförderung ebenfalls praktizieren, braucht es verschiedene Anlässe der Selbstkompetenzförderung, Ressourcenorientierung, individueller Förderung sowie das reflektierte Auseinandersetzen mit Verständnissen, möglicher Diagnostik und abgeleiteter Förderung von Begabungen in professionellen Kontexten, um sich sowohl kognitiv als auch emotional mit diesem Thema zu beschäftigen.

Literatur

Antonovsky, A. (1997): Salutogenese: zur Entmystifizierung der Gesundheit. Tübingen: dgvt-Verlag.

Balu und Du: www.balu-und-du.de. Zugriff am 13.05.2018.

Baumert, J., Kunter, M. (2006): Stichwort: Professionelle Kompetenz von Lehrkräften. In: Zeitschrift für Erziehungswissenschaft, Jg. 9, Nr. 4, S. 469-520.

Blömeke, S., Kaiser, G., Lehmann, R. (2010): TEDS-M 2008 Primarstufe: Ziele, Untersuchungslage und zentrale Ergebnisse. In: Blömeke, S., Kaiser, G., Lehmann, R. (Hg.): TEDS-M 2008. Professionelle Kompetenz und Lerngelegenheiten angehender Primarstufenlehrkräfte im internationalen Vergleich. Münster: Waxmann, S. 11-38.

Boger, M.A. (2018): Implikationen des Dekategorisierungsdiskurses der Inklusionspädagogik für den Begabungsbegriff. In: Kiso, C., Lagies, J. (Hg.): Begabungsgerechtigkeit. Perspektiven auf stärkenorientierte Schulgestaltung in Zeiten von Inklusion. Wiesbaden: Springer, S. 71-101.

Bonnet, A., Hericks, U. (2014): Professionalisierung und Deprofessionalisierung im Lehrer/innenberuf. Ansätze und Befunde aktueller empirischer Forschung. In: Zeitschrift für interpretative Schul- und Unterrichtsforschung, Jg. 3, S. 3-8.

Duss, D. (2016): Storytelling in Beratung und Führung. Theorie. Praxis. Geschichten. Wiesbaden: Springer.

Fend, H. (2008): Schule gestalten. Systemsteuerung, Schulentwicklung und Unterrichtsqualität. Wiesbaden: Springer.

Gardner, H. (1985): Frames of mind. The theory of multiple intelligences. New York: Basic Books.

Giesecke, C.-S. (2012): Erscheinungsformen von Sprachbegabung – Studie zur Sprachbegabung von Schülerinnen und Schülern an einem Münsteraner Gymnasium. Emsdetten: Eigenverlag.

Giesinger, J. (2007): Was heißt Bildungsgerechtigkeit? In: Zeitschrift für Pädagogik, Jg. 53, Nr. 3, S. 362-381.

Gleibs, H.E. (2017): Schule gemeinsam gestalten: Das Studienkolleg – Ein Stipendienprogramm für Lehramtsstudierende. In: Drahmann, M., Köster, A.J., Scharfenberg, J., Stiftungs der Deutschen Wirtschaft (sdw), Robert Bosch Stiftung (Hg.): Schule gemeinsam gestalten. Beiträge für Wissenschaft und Praxis aus dem Studienkolleg der Stiftung der Deutschen Wirtschaft und Robert Bosch Stiftung. Münster: Waxmann, S. 18-25.

Graalmann, K. (2016): »Schulische Übergänge«: Erkenntnisse aus der (Transitions-)Forschung. In: Fiegert, M., Graalmann, K., Kunze, I. (Hg.): Schulische Übergänge gestalten – Brücken bauen. Konzepte – Umsetzung – Konsequenzen. Osnabrück: Hausdruckerei Universität Osnabrück, S. 19-29.

Graalmann, K., Lagies, J. (2017): Mentoring für die LehrerInnenbildung nutzbar machen. In: Grunau, J., Buse, M. (Hg.): Wege ins Studium für First Generation Students. Theoretisch-konzeptionelle Bezüge und projektspezifische Erfahrungen. Detmold: Eusl-Verlag, S. 129-151.

Graf, U. (2012): »Du kannst etwas. Ich möchte es mit dir herausfinden.« Überlegungen zu einer ressourcenorientierten und beziehungssensiblen pädagogischen Diagnostik. In: Solzbacher, C., Müller-Using, S., Doll, I. (Hg.): Ressourcen stärken! Individuelle Förderung als Herausforderung in der Grundschule. Köln: Carl Link, S. 123-137.

Grunau, J., Buse, M. (Hg.) (2017): Wege ins Studium für First Generation Students. Theoretisch-konzeptionelle Bezüge und projektspezifische Erfahrungen. Detmold: Eusl-Verlag.

Heinbokel, A. (2008): Akzeleration oder Enrichment für Hochbegabte? In: Fischer, C., Mönks, F.J., Westphal, U. (Hg.): Individuelle Förderung: Begabungen entfalten – Persönlichkeit entwickeln. Münster: LIT Verlag, S. 350-367.

Heller, K. A., Perleth, C., Hany, E. (1994): Hochbegabung – ein lange Zeit vernachlässigtes Forschungsthema. In: Einsichten – Forschung an der Ludwig-Maximilians-Universität München, Jg. 3, Nr. 1, S. 18-22.

Helsper, W. (2016): Lehrerprofessionalität – der strukturtheoretische Ansatz. In: Rothland, M. (Hg.): Beruf Lehrer/Lehrerin. Ein Studienbuch. Stuttgart: Waxmann, S. 103-125.

Helsper, W. (2018): Lehrerhabitus. Lehrer zwischen Herkunft, Milieu und Profession. In: Paseka, A., Keller-Schneider, M., Combe, A. (Hg.): Ungewissheit als Herausforderung für pädagogisches Handeln. Wiesbaden: Springer, S. 105-140.

Herzmann, P., König, J. (2016): Lehrerberuf und Lehrerbildung. Bad Heilbrunn, Bad Heilbrunn: Klinkhardt.

Hochschulperspektiven für alle (HoPe): www.hope.uni-osnabrueck.de. Zugriff am 13.05.2018.

Hollen, M. (in Vorbereitung): Zum Verhältnis von Fachdidaktik und der sozialen Innovation Inklusion. Eine exemplarische Rekonstruktion latenter Sinnstrukturen und handlungsbezogener Deutungsmuster von Fachdidaktik(en) im Kontext von Inklusion. Osnabrück: repOSitorium.

Käpnick, F. (1998): Mathematisch begabte Kinder. Frankfurt/Main: Peter Lang.

Kiarang, I. (2018): Betreuung von Abschlussarbeiten – www.orange-consult.de. Intern. Zugriff am 13.04.2018.

Kiso, C., Lotze, M. (2014): Ressourcenorientierung als Grundhaltung? Mögliche Konsequenzen pädagogischer Diskurse für die Kooperation verschiedener Professionen. In: Schwer, C., Solzbacher, C. (Hg.): Professionelle pädagogische Haltung. Historische, theoretische und empirische Zugänge zu einem viel strapazierten Begriff. Bad Heilbrunn: Klinkhardt, S. 139-156.

Kiso, C., Lotze, M., Behrensen, B. (2014): Ressourcenorientierung in KiTa & Grundschule. nifbe-Themenheft Nr. 24. Osnabrück: Eigenverlag.

Kultusministerkonferenz (KMK) (2004): Standards für die Lehrerbildung. Bildungswissenschaften. Beschluss der Kultusministerkonferenz vom 16.12.2004.

Krause, F., Storck, M. (2016): Ressourcen aktivieren mit dem Unbewussten. Manual und ZRM-Bilddatei. Göttingen: Hogrefe.

Künne, T., Kuhl, J. (2014): Was ist eigentlich Selbstkompetenz? Persönlichkeits-System-Interaktionen als Grundlage von Selbstkompetenzförderung. Die PSI-Theorie. In: Solzbacher, C., Calvert, K. (Hg.): »Ich schaff das schon …«. Wie Kinder Selbstkompetenz entwickeln können. Freiburg im Breisgau: Herder, S. 35-52.

Künne, T., Sauerhering, M. (2012): Selbstkompetenz(-förderung) in Kita und Grundschule. Nifbe-Themenheft. Osnabrück: Eigenverlag.

Krauss, S., Neubrand, M., Blum, W., Baumert, J., Brunner, M., Kunter, M., Jordan, A. (2008): Die Untersuchung des professionellen Wissens deutscher Mathematik-Lehrerinnen und -Lehrer im Rahmen der

COACTIV-Studie. In: Journal für Mathematikdidaktik, Jg. 29, Nr. 3-4, S. 223-258.

Kruse-Heine, M. (2015): Selbst-Wollen-Können: Selbstkompetenz von pädagogischen Fach- und Lehrkräften im beruflichen Alltag. In: Grimm, A., Solzbacher, C., Behrensen, B., Lotze, M. (Hg.): Individuelle Förderung als Weg zur inklusiven Schule – Lernen anders verstehen. Reihe: Loccumer Protokolle Band 61/14. Rehburg-Loccum: Eigenverlag, S. 115-130.

Kuhl, J., Schwer, C., Solzbacher, C. (2014): Professionelle pädagogische Haltung: Versuch einer Definition des Begriffs und ausgewählte Konsequenzen für Haltung. In: Schwer, C., Solzbacher, C. (Hg.): Professionelle pädagogische Haltung. Historische, theoretische und empirische Zugänge zu einem viel strapazierten Begriff. Bad Heilbrunn: Klinkhardt, S. 107-120.

Kuhl, J., Solzbacher, C., Zimmer, R. (Hg.) (2016): WERT: Wissen, Erleben, Reflektion, Transfer. Ein Konzept zur Stärkung der Selbstkompetenz von pädagogischen Fach- und Lehrkräften. Baltmannsweiler: Schneider Hohengehren.

Leißing, G., Dirkers, K.-H. (2015): Steuern über differenzierte Aufgaben und Angebote. In: Grimm, A., Solzbacher, C., Behrensen, B., Lotze, M. (Hg.): Individuelle Förderung als Weg zur inklusiven Schule – Lernen anders verstehen. Reihe: Loccumer Protokolle Band 61/14. Rehburg-Loccum: Eigenverlag, S. 21-29.

OECD (2016): Low-Performing Students: Why They Fall Behind and How to Help Them Succeed. PISA, OECD Publishing: Parishttp://dx.doi.org/10.1787/9789264250246-en. Zugriff am 28.04.2018.

Oevermann, U. (1996): Theoretische Skizze einer revidierten Theorie professionalisierten Handelns. In: Combe, A., Helsper, W. (Hg.): Pädagogische Professionalität. Untersuchungen zum Typus pädagogischen Handelns. Frankfurt/Main: Suhrkamp, S. 70-182.

Sauerhering, M., Doll, I. (2014): Und wenn ich glaub, ich schaff's nicht mehr: Selbstkompetenz als Ankerpunkt für eine professionelle Gestaltung von Bildungsprozessen. In: Solzbacher, C., Calvert, K. (Hg.): »Ich schaff das schon …«. Wie Kinder Selbstkompetenz entwickeln können. Freiburg im Breisgau: Herder, S. 215-223.

Schratz, M., Schwarz, J.F., Westfall-Greiter, T. (Hg.) (2012): Lernen als bildende Erfahrung. Vignetten in der Praxisforschung. Innsbruck: StudienVerlag.

Sloane, P.F., Fuge, J. (2012): Mentoring an Universitäten. Eine hochschuldidaktische Rekonstruktion. In: Zeitschrift für Hochschulentwicklung, Jg. 7, Nr. 3, S. 96-109.

Solzbacher, C., Behrensen, B. (2014):»Ich bin gemeint!« Selbstkompetenzförderung durch Beziehungsarbeit. In: Friedrich Jahresheft »Fördern«, Jg. 32, S. 100-102.

Solzbacher, C., Behrensen, B. (2015): Inklusive Begabungsförderung und individuelle Förderung: Grundlegungen, Chancen und Herausforderungen einer vielversprechenden Symbiose. In: Solzbacher, C., Weigand, G., Schreiber, P. (Hg.): Begabungsförderung kontrovers? Konzepte im Spiegel der Inklusion. Weinheim, Basel: Beltz, S. 13-27.

Solzbacher, C., Heinbokel, A. (2014): Grundsatzartikel Hochbegabung. In: Krüger, R. (Hg.): Praxisratgeber zur Betreuung und Beratung von Kindern und Jugendlichen Problemsituationen, Unterstützungsangebote und rechtliche Möglichkeiten in besonderen und schwierigen Lebenslagen. Merching: Forum-Verlag, S. 379-427.

Solzbacher, C., Behrensen, B., Sauerhering, M., Schwer, C. (2012): Jedem Kind gerecht werden? Sichtweisen und Erfahrungen von Grundschullehrkräften. Köln: Carl Link.

United Nation (2006): Convention on the Rights of Persons with Disabilities.

Tausch, R., Tausch, A.-M. (1973): Erziehungspsychologie: Psychologische Prozesse in Erziehung und Unterricht. Göttingen: Hogrefe.

Terhart, E. (2016): Geschichte des Lehrerberufs. In: Rothland, M. (Hg.): Beruf Lehrer/Lehrerin. Ein Studienbuch. Stuttgart: Waxmann, S. 17-32.

Trumpa, S., Janz, F. (2014):»Ich mach´mir die Welt, wie sie mir gefällt«. Rekontextualisierungen und Verantwortungsübernahme im Implementationsprozess der Inklusion. In: Trumpa, S., Seifried, S., Franz, E., Klauß, T. (Hg.): Inklusive Bildung. Erkenntnisse und Konzepte aus Fachdidaktik und Sonderpädagogik. Weinheim, Basel: Beltz Juventa, S. 61-78.

Verzeichnis der Autorinnen und Autoren

Algermissen, Ulf, Dr., ist Lehrbeauftragter der Universität Hildesheim im Fachbereich Angewandte Pädagogik. Schwerpunkte seiner wissenschaftlichen Arbeit liegen u.a. in den Bereichen individuelle Lernförderung in der Grundschule, Pädagogik bei sozialemotionalen Herausforderungen, Integration und Inklusion in Grundschule und Sekundarstufe, Kooperative Pädagogik, Dimensionen des Lehrer- und Lehrerinnenhandelns, sensible Lernbegleitung und -bewertung. Er ist außerdem Leiter der St. Ansgar Schule Hildesheim.

Boger, Mai-Anh, Dr., ist wissenschaftliche Mitarbeiterin an der Universität Bielefeld, Fakultät für Erziehungswissenschaft. Ihre Forschungsschwerpunkte sind Inklusion und Philosophien der Alterität und Differenz; Psychoanalytische Pädagogik.

Draber, Heike, ist Lehrerin und Konrektorin an der vom Deutschen Schulpreis ausgezeichneten Grundschule auf dem Süsteresch in Schüttorf (Niedersachsen). Ihre Arbeitsschwerpunkte sind vor allem die individuelle Begabungsförderung.

Graalmann, Katharina, ist wissenschaftliche Mitarbeiterin im Fachgebiet Schulpädagogik (Institut für Erziehungswissenschaft) der Universität Osnabrück und dort unter anderem in dem Mentoring-Programm Hochschulperspektiven für alle (HoPe) tätig. Ihre Forschungsschwerpunkte liegen vor allem in den Bereichen Bildungsgerechtigkeit, Lehrerinnen- und Lehrerhabitus und Übergänge.

Greiten, Silvia, Dr., ist wissenschaftliche Mitarbeiterin in der Bergischen Universität Wuppertal und u.a. in den Projekten KoLBi (Kohärenz in der Lehrerbildung), BMBF-Projekt IKU (Interprofessionelle kooperative Unterrichtsreihenplanung in der Sekundarstufe I) und BMBF-Projekt BEaGLE (Berufsorientierung im Gemeinsamen Lernen der Sekundarstufen) tätig.

Kiso, Carolin, ist wissenschaftliche Mitarbeiterin in der Schulpädagogik der Universität Osnabrück und Mitarbeiterin im Projektband Schulentwicklungsforschung Erziehungswissenschaft im Rahmen von GHR 300. Zuvor war sie als wissenschaftliche Mitarbeiterin im nifbe (niedersächsisches Institut für frühkindliche Bildung und Entwicklung) in der Forschungsstelle Begabungsförderung tätig.

© Springer Fachmedien Wiesbaden GmbH, ein Teil von Springer Nature 2019
C. Kiso und J. Lagies (Hrsg.), *Begabungsgerechtigkeit,*
https://doi.org/10.1007/978-3-658-23274-0

Lagies, Judith, ist wissenschaftliche Mitarbeiterin an der Universität Osnabrück am Institut für Erziehungswissenschaft/Schulpädagogik sowie bei dem Mentoring-Programm Balu und Du und dem Mentoring-Programm Hochschulperspektiven für alle (HoPe). Beides sind Programme für den Ausgleich von Benachteiligungen und für mehr Bildungsgerechtigkeit. Ein Forschungsschwerpunkt ist Lehrer- und Lehrerinnenprofessionalisierung.

Reintjes, Christian, Prof. Dr., ist Professor für Schulpädagogik mit dem Schwerpunkt empirische Schul- und Unterrichtsforschung am Institut für Erziehungswissenschaft an der Universität Osnabrück. Seine Arbeits- und Forschungsschwerpunkte sind in der empirisch ausgerichteten Erziehungswissenschaft verortet und lassen sich der Schul- und Unterrichtsforschung (u.a. gymnasiale Lehr-Lernkultur, Umgang mit Unterrichtsausfall) sowie Professionalisierungsforschung (z.B. Angebot und Nutzung von Lerngelegenheiten in Praxisphasen, Auswahlverfahren im Lehrerberuf, Mentoringkonzepte sowie die Analyse von arbeitsmarktbedingten Rekrutierungsmaßnahmen zur Deckung des Personalbedarfs) zuordnen. Neuere Arbeiten fokussieren zusätzlich ein als blinder Fleck auf der Forschungslandkarte der Lehrerinnen- und Lehrerbildung wahrgenommenes Themenfeld: Die Frage nach professionalisierenden Aufgaben (in) der Lehrerbildung.

Solzbacher, Claudia, Prof. Dr., ist Professorin für Schulpädagogik und geschäftsführende Leiterin des Instituts für Erziehungswissenschaft der Universität Osnabrück. Von 2008 bis 2016 leitete sie die interdisziplinäre Forschungsstelle Begabungsförderung des nifbe. Zu Ihren Forschungsschwerpunkten gehören Fragen der inklusiven Begabungsförderung, der professionellen pädagogischen Haltung sowie der individuellen Förderung. Zudem hat sie die Projektleitung des Mentoring-Programmes »Hochschulperspektiven für alle! (HoPe)« innerhalb der Schulpädagogik inne.

MIX
Papier aus verantwortungsvollen Quellen
Paper from responsible sources
FSC® C105338

FSC
www.fsc.org

If you have any concerns about our products,
you can contact us on
ProductSafety@springernature.com

In case Publisher is established outside the EU,
the EU authorized representative is:
**Springer Nature Customer Service Center GmbH
Europaplatz 3, 69115 Heidelberg, Germany**

Printed by Libri Plureos GmbH
in Hamburg, Germany